入选国家出版业"十四五"时期发展规划

金银器的春秋

扬之水　著

浙江人民出版社

图书在版编目（CIP）数据

金银器的春秋 / 扬之水著. -- 杭州 ：浙江人民出
版社，2025. 8. -- ISBN 978-7-213-11889-0

Ⅰ. K876.434

中国国家版本馆CIP数据核字第2025BY2329号

金银器的春秋

扬之水　著

出版发行：浙江人民出版社（杭州市环城北路177号　邮编　310006）
　　　　　市场部电话：(0571)85061682　85176516

责任编辑：余慧琴　柴艺华

营销编辑：张紫懿　杨　悦

责任校对：汪景芬

责任印务：程　琳

封面设计：毛勇梅　罗焙予　王　芸

电脑制版：杭州兴邦电子印务有限公司

印　　刷：浙江海虹彩色印务有限公司

开　　本：710毫米×1000毫米　1/16　　印　张：24.5

字　　数：314千字　　　　　　　　　　插　页：6

版　　次：2025年8月第1版　　　　　　印　次：2025年8月第1次印刷

书　　号：ISBN 978-7-213-11889-0

定　　价：128.00元

目　次

小　引　· 001

第一章　"西风吹渭水"：唐代金银器皿　· 007

第一节　装饰纹样之大要　· 013

第二节　风格演变概略　· 044

第三节　酒食器　· 055

第四节　香器　· 086

第五节　日常杂用之器　· 094

第二章　"千花百草争明媚"：宋代金银器皿　· 115

第一节　酒食器　· 120

第二节　妆具　· 184

第三节　香器　· 191

第四节　余论　· 198

第三章 "一生爱好是天然"：明代金银首饰 · 205

第一节 纹样一：花鸟 · 213

第二节 纹样二：龙凤 · 240

第三节 纹样三：人物 · 263

第四节 纹样四：其他 · 310

第五节 金镶玉 · 317

附论：设计史视野中的金银器

    ——以隋唐以前的几件实物为例 · 351

图片来源总览 · 364

后 记 · 389

小　引

一

金银器研究，是由现代考古学的发展而催生的。因为金银器不具备高雅的品味，历来不入鉴赏与收藏，自然可以由于式样不时兴而被销熔，另外打制新样，或索性制成金铤银锭，收藏性质的传世品中便鲜有清代以前之物。如果没有考古发现的大量实例，我们就很难仅仅依据文献记载来真切了解构筑侈丽奢华之生活的用器究竟何等样貌。

随着金银器的不断出土，许多相关的政治事件、历史人物乃至重要的以及失载的史实也重现于世。帝王将相，才子佳人，附体于"物"的主人往往背负着或惨戚或悲壮的各种故事，乃至一座墓葬，一处窖藏，即可演述一部情节丰满的传奇。不过直面研究对象，核心问题仍然是：它本身是什么，即它的名称包括纹饰与用途毕竟如何，所谓"本土特色"，其要在此。本书担负叙事功能的是金银器本身，它以自己的造型和纹样来讲述生长它的时间和空间里的故事。这个时间和空间，就是以数千年为跨度的华夏大地。作为外来工艺，在金银器进入中土的第一个千年亦即夏至西周，今天能够见到的遗存尚属凤毛麟角。至第二个千年，它方渐露峥嵘。真正形成本土特色并融入日常生活，则要到秦汉以后才逐渐完成，从此走向繁盛。

"金银器里的中国"，是出版社最初的命题。在这一仅可意会的语境里，我把"中国"理解为是指我们这个古老的文明，一个在分裂与统一、包容与凝聚的历史进程中文脉始终不断的华夏文明。至于"中土化"或曰"汉化"，我把它定义为是对西周建立起来、之后又不断丰富和完善的礼乐文明的认同，包括部分认同或有所限制的认同。非汉族的政权，一旦立国，总不免"汉化"，即便并未放弃保持本民族固有习俗的努力。因为礼乐文明中包含的政治制度和治国方略多是行之有效，且很容易得到被征服者的拥护，而其中制度化的细则其实也每每在历史进程中不断吸纳不同地域不同民族的文化。在此意义上，"汉化"中的"汉"，"中土化"之"中土"，便不是民族之义，亦非疆土之特指，而是如前所述，乃指以几千年为跨度的漫长历史中为历代各个政权所遵奉的礼乐文明，所谓"化"，则即由此生长出来的审美趣味和艺术风格。

然而这毕竟是一个太大的题目，便不能不有所取舍。斟酌再三，选定了各有代表性的三个时段作为本书之三章，即唐代金银器皿、宋代金银器皿、明代金银首饰。第一章以"西风吹渭水"标目，落墨却在"西风吹渭水"之后，即异域元素与传统纹样和社会风习交汇融合的中土化进程。第二章"千花百草争明媚"，意在约略概括宋代金银器以使用的普遍而有百花竞艳之繁茂，且形成"自一家春色"。第三章明代金银首饰以《牡丹亭》中语作为标题，"一生爱好是天然"，这里的"好"，读作好坏的"好"。美人所爱之"好"，自然也是金银首饰设计与制作者的追求，于是在继承前代的基础上，发展为金银首饰的集大成。三章分别选择不同的切入点，各有侧重，而不采用平均分配笔墨的方式，主旨便在于金银器进入中土后，如何在不同的社会潮流和风习之下成为艺术以及生活中的艺术。

夏丏尊曾为贾祖璋《鸟与文学》写过一则题记，虽是九十多年前的文字，却一点儿也不过时，因择要引述在这里："壁上挂一把拉皮黄调的胡琴与悬一张破旧的无弦古琴，主人的胸中的情调是大不相同的。一盆芬芳的蔷薇与一枝枯瘦的梅花，在普通文人的心目中，也会有雅俗之分。这事实可用民族对于事物的文学历史的多寡而说明。琴在中国已有很浓厚的文学背景，普通人见了琴就会引起种种联想。胡琴虽时下流行，但在近人的咏物诗以外却举不出文学上的故事和传说来，所以不能为联想的原素。蔷薇在西洋原是有长久的文学的背景的，在中国究竟不能与梅花并列。如果把梅花放在西洋的文人面前，其感兴也当然不及蔷薇的吧。……民族各以其常见的事物为对象，发为歌咏或编成传说，经过多人的歌咏及普遍的传说以后，那事物就在民族的血脉中，遗下某种情调，呈出一种特有的观感。这些情调与观感，足以长久地作为酵素，来温暖润泽民族的心情。……事物的文学背境愈丰富，愈足以温暖润泽人的心情，反之，如果对于某事物毫不知道其往昔的文献或典故，就会兴味索然。"近年有不少学者把文本研究开拓为物质文化研究，作为本身就是"物质文化"的金银器，对它的研究也不妨开启一个反向的视角，即揭发在它成为"物质文化"的过程中，是哪些"文本"即"往昔的文献或典故"，亦即"酵素"在起作用。

二

对早期金制品的检测分析，显示出先秦时期金制品的技术发展脉络，可以认为，战国时期与金相关的金属加工工艺大抵有八种，即锤鍱、包金、贴金、铸造、镶嵌、错金、鎏金和金珠（陈建立《中国古代金属冶铸文明新探》，科学出版社二〇一四年）。那么可知古代金银器制作的几种基本方法，先秦时代已大体具备。金银器制作不需要多人的通力合作，因此往往规模很小，乃至以一人之力即可完成制作，也因此流动性很大，技术传播方便而迅速。科技含量既不高，发展的空间便很有限，千年以来，就几项基础工艺而言，变化不大，制作工具也是如此。

工艺既不复杂，造型与纹样的设计便显得格外重要。用心观察物象，从物象的变化预测吉凶，是上古以来的传统。其时凡有所行动皆须占卜，即《汉书·艺文志》所谓"杂占者，纪百事之象，候善恶之征"。趋吉避凶，推究鬼神意旨，器用纹饰的取材自然也与此密切相关，甚至在某种意义上也可以说，它是艺术创造的一个迸发点。《易·系辞下传》："古者包牺氏之王天下也，仰则观象于天，俯则观法于地，观鸟兽之文，与地之宜，近取诸身，远取诸物，于是始作八卦，以通神明之德，以类万物之情。"下文又道："是故《易》者，象也；象也者，像也。"意即《周易》一书，就是象征，便是模拟外物以喻义。这是阐述创制八卦的思维过程。如此意旨，也可以移用于制器的设计理念。《易》之成，是将具象的万物转化为抽象的喻理符号；若制器，则是将具象的万物转化为寄意的艺术形象。设计者必要有对物象的细微审视和准确把握，即所谓"制器尚象"。

与设计相关的词汇，可以从古文献中拈出"经营"与"意匠"。"经营"多用于工程营建，如《书·召诰》："卜宅，厥既得卜，则经营。"但也颇以此指称艺术构思，如诗文，如书画，而又常与"意匠"合说。《文心雕龙·丽辞》"至于诗人偶章，大夫联辞，奇遇适变，不劳经营"，此言诗文。杜甫《丹青引》"诏谓将军拂绢素，意匠惨淡经营中"，此谓绘事。苏辙《石苍舒醉墨堂》"经营妙在心，舒卷功随手"，则云书法。又有曾巩《山水屏》，开篇云"吴缣落寒机，舒卷光乱目。秋刀剪新屏，尺寸随折曲。搜罗得珍匠，徒倚思先属。经营顷刻内，千里在一幅"。绘制折叠屏风的山水，其构思，与纯粹的画作自然不同，它要考虑特定的尺寸与陈设的效果，这里所云"搜罗得珍匠，徒倚思先属。经营顷刻内，千里在一幅"，便很有设计的意味了。不必说，金银器的造型与纹样设计，也是与此相通的。

纹样的传递并不同时伴随观念的传递。格里芬的形象先秦时期即进入中土，来通和多曲长杯都是唐代酒器中的宠儿，希腊神话中的海神也为唐代纹样增添新奇。但纹样和器物原有的名称并没有随之而来。宋人名之曰"满池娇"的莲塘水禽也是辽代装饰领域的流行纹样，然而取意却在于捺钵制度中的"春水"，元代依然。至明代，则成为吉祥图案。佛教艺术中的化生、观音、摩尼、宝塔，乃至拈花的菩萨手，转化为首饰中的装饰纹样，便都逐渐脱离了原初的语境，而成就为新的艺术语汇。诸如此类造型与纹样的设计与演变，是本书的重点。

三

张荫麟《中国史纲》的《初版自序》说到写书时为自己悬了三个鹄的，前两项是："（一）融会前人研究结果和作者玩索所得以说故事的方式出之，不参入考证，不引用或采用前人叙述的成文，即原始文件的载录亦力求节省；（二）选择少数的节目为主题，给每一所选的节目以相当透彻的叙述，这些节目以外的大事，只概略地涉及以为背景。"本书便也援此先例作为标准。

四

即将付梓之际，出版社提出可否改换书名使之上口。首先想到"金银器的四季"，学友廉萍博士则认为不若将"四季"易为"春秋"。比较之下，"四季"似有节奏感，而"春秋"更富蕴涵，于是乎取了后者，遂成今名。

第一章

『西风吹渭水』：

唐代金银器皿

如果用四季的概念来拟喻金银器发展史，

那么可以说唐代之前是百卉初萌的春日，

入唐，

便骤然进到芬芳播海隅，

风光动四邻的夏季。

强盛，繁荣，

开放，包容，

自有海阔从鱼跃，

天空任鸟飞的艺术创造空间。

图 1　小金盆（春秋）
陕西宝鸡凤翔上郭店村出土

　　与首饰相比，隋唐之前纯金纯银打制的器皿，考古发现中是很少的，整个先秦时期似寥寥可数（图 1），且多集中在东周（图 2）。考古发现固然有偶然性，但这毕竟可以表明一个总体趋势。至两汉魏晋南北朝，金银器的制作与使用已颇见于载籍，发现的实物以银盘、银盆为主，多出自西汉王墓（图 3）。设计意匠来自波斯安息王朝的凸瓣纹银盒，显示着金银器制作开启了吸纳与融合的思路（图 4）。北魏时期式样与漆耳杯相同的银耳杯，当是本土制作。一件比较特殊的银器发现于河北赞皇东魏司空李希宗与妻崔氏合葬墓。墓葬出土酒器一组中有一只银盏，内底心两周连珠纹为边框，内里打作凸起的一朵宝妆莲花，由莲花入水漾起的三十二道水波曲曲弯弯漫向杯缘（图 5）。它是中土意象与异域工艺完美结合的作品。李希宗之父乃北魏定州刺史李宪，联姻的博陵崔氏为当时的名门望族。

　　另一方面，南北朝时期以前所未有的规模涌入了舶来品（图 6），它每被视作域外珍奇而用来夸示豪富和炫耀势力。这样一股新潮流进入上流社会的日常生活，对本土的金银器制作自是一个很大的推力，也预示着将要出现一番新面貌了。

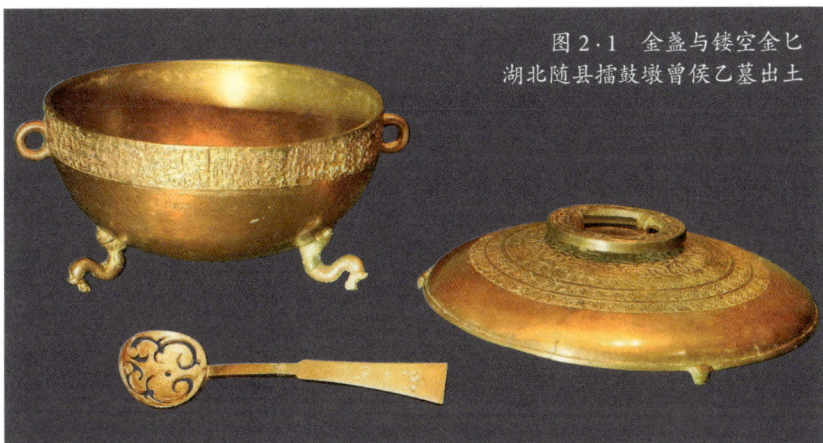

图2·1 金盏与镂空金匕
湖北随县擂鼓墩曾侯乙墓出土

图2·2 玉耳金铤
浙江绍兴三〇六号战国墓出土

图2·3 小金盒
山东淄博临淄单家庄战国墓出土

图 3　云气纹银盘
山东临淄西汉齐王墓陪葬坑出土

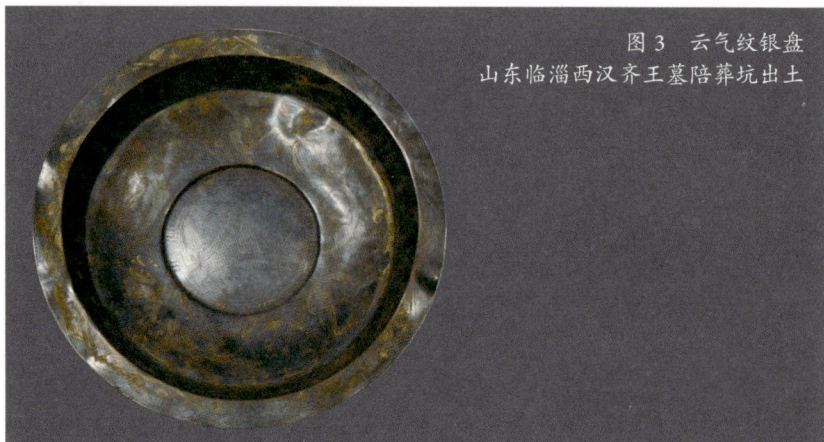

图 4　银盒
广州西汉南越王墓出土

图 5　酒器一组
河北赞皇东魏司空李希宗夫妇墓出土

图 6·1 鎏金银碗
内蒙古正镶白旗伊和淖尔
北魏墓群三号墓出土

图 6·2 银鎏金胡瓶
宁夏固原南郊北周李贤
夫妇墓出土

诚如滕固在《中国美术小史》中所言，"中国艺术，在魏晋南北朝时，被外来思想与外来式样引诱了后，中国艺术的本身，得了一种极健全、极充实的进展力"（《滕固艺术文集》，上海人民美术出版社二〇〇三年）。如果用四季的概念来拟喻金银器发展史，那么可以说唐代之前是百卉初萌的春日，入唐，便骤然进到芬芳播海隅，风光动四邻的夏季。强盛，繁荣，开放，包容，自有海阔从鱼跃，天空任鸟飞的艺术创造空间。

有赖于两项重大考古发现，唐代金银器高端制作的冰山一角浮出海面。分别置放在两个大瓮里的金银器二百余件，出土于西安南郊何家村，其中有铭者时代最晚的一件是"开元十九年（七三一）庸调"银饼。发现于陕西扶风法门寺地宫的金银器百余件，多出自皇家，同出并有咸通十五年（八七四）入藏时所刻物账碑（题作"监送真身使应从重真寺随真身供养道具及恩赐金银器物宝函等并新恩赐到金银宝器衣物等如后"）。此外有镇江丁卯桥晚唐银器窖藏包括钗钏在内的制品近千件，是官作之外的南方金银器制作。

与前面所说北朝时期金银器多为舶来品不同，唐代出自官府制作的大量金银器已是进入皇室显宦的日常生活。此际以酒令艺术的兴盛与发达，发展并完善了筵席用器。单环耳的酒卮、扁壶，盆式尊及与之构成组合的鸭头勺等传统酒具，皆为唐代金银器所取用而形成时代风格。酒器之外，尚有香器，又温酒、碾茶、煎药、炊煮，日常杂用之器，也尽可用金银彰显贵富。

第一节　装饰纹样之大要

两汉魏晋时期，活跃于装饰领域的是云气纹，经南北朝至隋唐，这一流行纹样渐为缠枝卷草所取代。它几乎充塞于各个装饰空间而形成特有的时代风格，乃至被接受唐文化的日人呼作"唐草"。

缠枝卷草以及同为流行纹样的莲花和摩竭，都有着异域元素与本土传统相融合的演变过程。卷草之一种，即为今人称作"忍冬纹"者（图7），原系近世方始采用的名称，虽然目前已是约定俗成，然而这却不是中土固有的命名。这一纹样的源头可溯至巴比伦—亚述，递经传

图7·1　金花银碗　弗利尔美术馆藏

图7·2　鸳鸯莲瓣纹金碗局部　西安南郊何家村窖藏

图 8·1　雅典的希腊建筑遗迹

图 8·2　科林斯柱头
阿富汗北部阿伊哈努姆出土

播演变，至科林斯柱头而成为典型样式，纹样名称汉译名为莨苕叶（图 8），而在中土装饰艺术中，最初它便只是外来的"一种图案中产生的幻想叶子"（林徽因《敦煌边饰初步研究》，载常沙娜编著《中国敦煌历代装饰图案》，清华大学出版社二〇〇四年），却并非某种特定植物的写实。《艺文类聚》卷八十五《布帛部》"锦"条录《梁皇太子谢敕赍魏国所献锦等启》曰："山羊之毳、东燕之席尚传；登高之文、北邺之锦犹见。胡绫织大秦之草，戎布纺玄菟之花。""大秦"原是两汉时代对罗马的称谓，而在拜占庭帝国取代罗马帝国之后，中土文献便改称"大秦"为"拂林"。那么这里"大秦之草"的所谓"大秦"，便只是以此"极西"的古称来概指西方，正如以古郡名之"玄菟"来概指"极东"。如此，把"大秦之草"理解为当日对来自西方的各式草叶纹样包括所谓"忍冬"的统称，应无大误。而这一类纹样与中国原产的忍冬亦即金银花原本毫无关系，因此我们如果对它作客观陈述，毋宁舍"忍冬"这一似是而非的名称而仍概称为蔓草或卷草。卷草经由中亚，进入新疆，并继续沿着佛教东传之路进入中原地区，至唐代而完全融入本土的装饰艺术。

　　缠枝的形成，"如意蔓"是来源之一。其名出自佛经，也称"如意树""天意树"，又或音译为"劫波树""劫波娑树"。慧琳《一切经音义》卷二十五："天意树，诸天有树，随天意转，所求皆遂，故得名也。"失译《大乘悲分陀利经》卷四曰"众生随所乐衣，于如意树上取而著之"。隋达摩笈多译《起世因本经》卷一曰，"复有劫波树"，"悉有种种叶花与果，从彼果边，自然而出种种杂衣，悬在树间"；"又有种种璎珞之树"，"悉有种种叶华与果。彼等诸果，随心而出种种璎珞，悬垂而住"。它在印度早期佛教艺术中已经出现，也为犍陀罗美术所采用。随着佛教东传，"大秦之草"与"如意蔓"，不同来源的异域意匠与本土传统的二方连续图案相结合，经南北朝而隋唐，便已如杂花生树一般妖娆多姿，成为佛教艺术中施用最广泛、运用最灵活的艺术语汇。拆分出一个单位纹样，它可以是天空中的流云花雨；连缀为缠枝，则成边饰。在需要画中有画的时候，又不妨用它来开光，光内又可以组合为花台，布置灵禽瑞兽，舞人乐伎和童子。而这些手法又无一不绚烂于日常生活的装饰领域，以此形成最见特色的唐代装饰纹样。时人或名此曰"连枝"，它每每在织绣中寄寓柔情——白居易《绣妇叹》"连枝花样绣罗襦"；牛峤《女冠子》"鸳鸯排宝帐，荳蔻绣连枝"——移用于金银器，也同样带着诗韵（图9）。

摩竭是印度神话中的河水之精，或曰源出鲸鱼，或曰源出鳄鱼，在

图9·1　银金花八棱卮杯
西安韩森寨电车二厂出土

图9·2　缠枝花鸟银盖碗
弗利尔美术馆藏

图9·3　金筐宝钿佩佩件　西安唐李倕墓出土

印度造型艺术中摩竭的形象便似鲸鱼与鳄鱼的合体。佛经则或称摩伽罗鱼，释为鲸鱼。玄应《一切经音义》卷一曰，"摩伽罗鱼，亦云摩竭鱼，正言摩伽罗鱼，此云鲸鱼，谓鱼之王也"。出现在佛经中的摩竭鱼，多用于比喻贪欲，如马鸣《大庄严论经》卷二"然此多欲人，常生于欲想；贪利无有极，如摩竭鱼口"，如鸠摩罗什译《杂譬喻经》"昔有五百贾客，乘船入海欲求珍宝，值摩竭鱼出头张口欲食众生"，云云。不过摩竭鱼虽有恶行，却也颇有善业，即如鱼身化为船渡越商主之类，见《大唐西域记》卷八《摩揭陁国·上》。又《洛阳伽蓝记》卷五录宋云使西域行纪曰：至辛头大河（即印度斯河），"河西岸上有如来作摩竭大鱼从河而出，十二年中以肉济人处，起塔为记，石上犹有鱼鳞纹"。印度桑奇二塔浮雕中有摩竭张口吞食小鱼的形象，但它又会口衔莲花，而印度造型艺术中的药叉女与恒河女神也常常是足踏摩竭，如巴尔胡特栏楯雕刻，如贝格拉姆出土的印度牙雕（图10·1）。桑奇大塔浮雕中吹送出如意蔓的摩竭鱼，也当是善类（图10·2）。摩竭的形象随佛教而东传，然而在中土却很少出现于佛教艺术，却是多为生活用品的装饰所用。人们对它的接受，大约主要在图像，既未必对异域故事都清楚了解，又或者由传闻而生出志怪小说，如《拾遗记》卷十曰瀛洲"东有渊洞，有鱼长千丈，色斑，鼻端有角，时鼓舞群戏，远望水间有五色云；就视，乃此鱼喷水为云，如庆云之丽，无以加也"。图像中，长鼻向上翻卷正是摩竭鱼的主要特征，当即"鼻端有角"之谓。"庆云"则是自汉以来的传统祥瑞，为"太平之应"。"喷水为云，如庆云之丽"，自然有着很好的寓意。作为流行纹样，它的形象便是出没于浪涛的精灵（图11）。用作酒器，更可意取双关。一则注酒之后得见摩竭在水中隐现，一则暗寓饮者酒量之大，所谓"饮如长鲸吸百川"是也。而"金鲸泻酒如飞泉"（温庭筠《堂堂曲》），则即肖形摩竭的金杯，虽然尚未发现如此式样的唐代金银器，瓷器却不止一件，且不乏宋代实例（第二章，图13）。在摩竭纹十分盛行的唐代，摩竭有的已添加双翅，此乃后世"飞鱼"之滥觞。

图 10·1　恒河女神牙雕
阿富汗贝格拉姆古城遗址出土

图 10·2　摩竭鱼
印度桑奇大塔栏楯浮雕

图 11　银金花摩竭戏珠纹四曲盆
内蒙古鄂尔多斯市杭锦旗出土

狮子也属外来，却是久已"定居"中土，山东青州出土的石狮子颈有铭曰"雒陽中東門外劉漢所作師子一雙"。南北朝时狮子不仅活跃于佛教艺术，且用于墓室装饰。大量施用于金银器，是在唐代。"其为状也，则筋骨纠缠，殊文异质，阔臆修尾，劲毫柔毳，钩爪锯牙，藏锋蓄锐，弭耳宛足，伺间借势。暨乎奋鬣舐唇，倏来忽往，瞋目电曜，发声雷响"，虞世南《狮子赋》原是为康国所献狮子画像，西安南郊何家村窖藏狮纹金铛内底心追逐撕咬的双狮与此似之（图12·1）。法门寺地宫出土四天王盝顶银金花宝函四披卷草间的双狮驰骋戏珠，俱为怒容，便正是"瞋目电曜，发声雷响"之状（图12·2）。不过作为装饰纹样的狮子取意多不在于它的凶猛之性，而是赞其"服猜心与猛气，遂感德以依仁；同百兽之率舞，共六扰而来驯"，是包蕴了祥瑞之意的。这里的"六扰"，指六畜。青海都兰热水墓群二〇一八血渭一号墓出土金镶宝双狮日月牌饰，双狮对吻日月的构图，则体现着不同文化的交融（图12·3）。

图 12·1　狮纹金铛内底心
西安南郊何家村窖藏

图 12·2　四天王盝顶银金花宝函局部
法门寺地宫出土

图 12·3　金镶宝双狮日月牌饰
青海都兰热水墓群二〇一八血渭一号墓出土

鹿是捕猎对象，也是讨人喜欢的兽类。《诗·小雅·鹿鸣》"呦呦鹿鸣，食野之苹"，毛传："兴也。苹，蓱也。鹿得蓱，呦呦然鸣而相呼，恳诚发乎中。以兴嘉乐宾客，当有恳诚相招呼以成礼也。"毛传虽未必完全符合诗之原意，但这一解释是被接受了，并且作为燕乐嘉宾的故典一直延用。类书中汇聚了不少关于鹿的传说。如《初学记》卷十一引谢承《后汉书》曰："郑弘为临淮太守，行春，有两白鹿随车，夹毂而行，弘怪问主簿黄国鹿为吉凶，贺曰：闻三公车辐画作鹿，明府当为宰相。弘后果为太尉。"可知鹿主吉，且为三公之车的装饰纹样。若白鹿，则更是祥瑞。《艺文类聚》卷九十五引晋殷仲堪《上白鹿表》曰："巴陵县清水山，得白鹿一头，白者，正色；鹿者，景福嘉义。"《初学记》卷二十九"鹿"条引虞世南《白鹿赋》："惟皇王之盛烈，表帝德之休符。有金方之瑞兽，乃曜质于名都。既驯洽于郊甸，亦腾倚于山隅。素毚呈彩，霜毫应图。宴嘉宾于雅什，偶仙客于天衢。故能著美祥瑞，流名典谟。"同条又有"孙柔之《瑞应图》曰：黄帝时西王母使使乘白鹿，献白环之休符，有金方也"。虞赋即颇从此中取意。白鹿又是仙人的坐骑，以往天庭求取长生不老之药。汉乐府《长歌行》"仙人骑白鹿，发短耳何长。导我上太华，揽芝获赤幢。来到主人门，奉药一玉箱。主人服此药，身体日康强"。汉画像石中便多有骑鹿仙人的形象。鹿在先秦时代即被取用为艺术品造型，如山西曲沃晋侯墓地出土的姿态各异的玉鹿饰（图13）。金银器中也有它的身影，如辽宁凌源三官甸子青铜短剑墓出土的金鹿饰（图14）。唐代鹿纹一面延续了传统造型，如西安市南郊曲江池乡出土银平脱雌雄双鹿纹漆盒（图15），如正仓院藏木画紫檀木棋局所饰口衔璎珞的奔鹿，一面又有新创，即鹿角不是写实的权桠式，而是状如灵芝（图16），后世形容它是"麋角轮囷生肉芝"（金赵秉文《呼群鸣鹿图二首》其一）。灵芝既是祥瑞，也是仙药，那么这里当是两意并取。

图13　玉鹿饰
山西曲沃北赵晋侯墓地出土

图14　金鹿饰
辽宁凌源三官甸子青铜短剑墓出土

图 15　银平脱双鹿纹漆盒
西安南郊曲江池乡出土

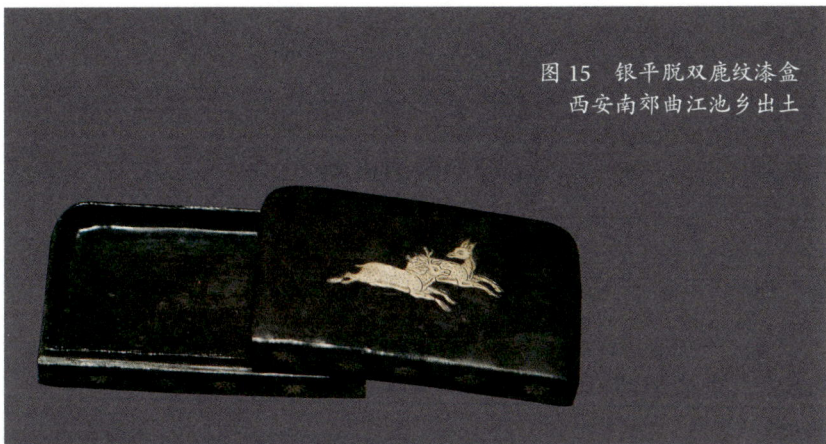

图 16·1　卧鹿纹银金花盘
赤峰喀喇沁旗哈达沟窖藏

图 16·2　银金花鹿纹菱花口三足盘
河北宽城大野鸡峪村出土

图 17·1　猰狸纹银盘
赤峰敖汉旗李家营子出土

图 17·2　鹿纹银碗
西安沙坡村出土

　　狮子与鹿之外，以动物为主体纹样者，数量不算多。赤峰敖汉旗李家营子出土猰狸纹银盘（图 17·1）、西安沙坡村出土鹿纹银碗（图 17·2），都属于唐代前期，或认为是输入的粟特银器（齐东方《唐代金银器研究》，中国社会科学出版社一九九九年）。何家村窖藏中一组被定为盛唐时期的银盘，尺寸大致相当，风格也大体一致，全器光素无纹，惟内底心装饰鎏金纹样（图 18·1 ～ 4），或龟，或熊，或狐狸，或凤凰，龟纹盘和双狐纹盘的造型均取式于桃。又有一件盘心纹样为兽首鸟身蹄足之物（图 18·5），今称它为"飞廉"。"飞廉"之外，盘心选择的物象都是盛唐时期宫廷所认定的来自传统的祥瑞。成书于开元二十七年（七三八）的《唐六典》卷四述礼部职掌云"凡祥瑞应见，皆辨其物名"。以下分类列出"大瑞""上瑞""中瑞""下瑞"百数十端，神龟、凤、鸾，均属大瑞，赤熊、玄狐，属上瑞。同属大瑞的又有富贵和吉利。由太原晋阳古城遗址出土带有"富贵"和"吉利"

18·1	18·4
18·2	18·5
18·3	

图 18·1　金花银龟纹盘
图 18·2　金花银熊纹盘
图 18·3　金花银狐狸纹盘
图 18·4　金花银凤纹盘
图 18·5　金花银"吉利"纹盘
西安南郊何家村窖藏

图 19·1 晋阳古城遗址出土"大齐天宝元年造"北朝空心砖拓片

图 19·3 北朝空心砖残件一
晋阳古城遗址出土

图 19·2 北朝空心砖残件二
晋阳古城遗址出土

榜题的北朝空心砖（图 19·1～3），可知兽首鸟身蹄足之神兽便正是如此祥瑞。造型大致相同、细节稍稍有别者也见于墓室装饰纹样，如太原北齐徐显秀墓墓门浮雕（图 20·1）。而兽首鸟翼凤尾蹄足的形象早已出现在安徽马鞍山三国吴朱然墓漆樏图案，并且是与同心鸟、比目鱼等祥瑞安排在一起，不过凤尾的描绘比较简率，约略见意而已（图 20·2）。那么所谓"飞廉"，正是至少自三国以来即被视作祥瑞的"吉利"。

金银器的春秋

图 20·1　徐显秀墓墓门浮雕（左为东门扇，右为西门扇）

图 20·2　漆樏及局部　安徽马鞍山三国吴朱然墓出土

　　纹样中的禽鸟，以鸳鸯、鸿雁、仙鹤、鹦鹉、鸬鹚、戴胜为多。鸳鸯早在先秦时代就成为《诗》中的意象。"鸳鸯于飞""鸳鸯在梁"，是《小雅·鸳鸯》中"君子万年，福禄宜之""君子万年，宜其遐福"之比兴。毛传："鸳鸯，匹鸟。"郑笺："匹鸟，言其止则相耦，飞则为双，性驯耦也。"后世所取则多是"君子万年，宜其遐福"之美意。而夫妻、兄弟、友朋，也都可以寄情于鸳鸯。嵇康《兄秀才公穆入军赠诗十九首》之三："鸳鸯于飞，啸侣命俦。朝游高原，夕宿中洲。交颈振翼，容与清流。咀嚼兰蕙，俛仰优游。"晋郑丰《答陆士龙诗四首·鸳鸯六章》之四："鸳鸯于飞，乘云高翔。有嘤其友，戢翼未翔。澹淡素波，容与趋倡。虽曰戢止，和音远扬。我有好爵，与子偕尝。"嵇康诗题中的"兄"虽历来有不同的解释，不过就诗意而言，兄弟、友朋，皆宜。汉魏乐府《古诗为焦仲卿妻作》"东西植松柏，左右种梧桐。枝枝相覆盖，叶叶相交通。中有双飞鸟，自名为鸳鸯"。魏晋无名氏《古绝句四首》其四："南山一桂树，上有双鸳鸯。千年长交颈，欢爱不相忘。"此自是两情之喻。鸳鸯又是祥瑞。《拾遗记》卷十《蓬莱山》曰："南有鸟名鸳鸯，形似雁，徘徊云间，栖息高岫，足不践地，生于石穴中，万岁一交则生雏，千岁衔毛学飞，以千万为群，推其毛长者高骞万里。圣君之世，来入国郊。"鸳鸯至迟在汉代就进入装饰领域，《古诗十九首》其十八"客从远方来，遗我一端绮。文彩双鸳鸯，裁为合欢被"。唐代更为流行。李德裕《鸳鸯篇》"夜夜学织连枝锦，织作鸳鸯人共怜"；卢汝弼《鸳鸯》"双浮双浴傍苔矶，蓼浦兰皋绣帐帏"。金银器纹饰中的鸳鸯也每与织绣相通。"朝飞绿岸，夕归丹屿。顾落日而俱吟，追清风而双举。时排荇蒂，乍拂菱华。始临涯而作影，遂蘸水而生花"（梁简文帝《鸳鸯赋》），银匠手底水边花间或照影或从风的鸳鸯便好似追摹古赋的传神之笔（图21）。

凫鹜，鸭属，也或单名为称，曰凫、曰鹜。或云凫"似鸭而小，长尾，背上有文"（《尔雅·释鸟》郭璞注），或曰凫"大小如鸭，青色，卑脚短喙"（陆玑《毛诗草木鸟兽虫鱼疏》）。今则谓家鸭为鹜，绿头鸭即野鸭为凫。装饰纹样所取当为野鸭。《焦氏易林》卷二《剥之二三》："凫舞鼓翼，嘉乐尧德。"凫又是东汉时颇有神仙之术的叶令王乔往来京师之坐御，见《搜神记》中的《叶令王乔》。西安雁塔区月登阁村唐杜华墓出土双凫纹银盒（图22·1），出自何家村窖藏的金花银匜以凫衔绶带为饰（图22·2），

图 21·1　金花银三足罐
西安市东郊国棉五厂六五号墓出土

图 21·2　金花银蚌式盒

图 21·3　银盝顶盒侧面局部　西安南郊何家村窖藏

　　它也是西安沙坡村出土金花银碗上面的一个单位图案（图 22·3）。

　　流行纹样中又有鸿雁及鸿雁衔瑞（图 23·1 ～ 3）。鸿雁衔瑞的图式大约源自古老的雁衔芦的传说。《淮南子·修务训》曰"夫雁顺风，以爱气力，衔芦而翔，以备矰弋"，高诱注："矰，矢。弋，缴。衔芦，所以令缴不得截其翼也。"矰缴猎雁的"弋射"虽然后世渐渐不用，以至于矰缴也会写作"缯缴"，不过雁衔芦的传说却依然流行不衰。晋崔豹《古今注·鸟兽》曰"雁自河北渡江南，瘦瘠能高飞，不畏缯缴。江南沃饶，每至还河北，体肥不能高飞，恐为虞人所获，尝衔长芦可数寸，以防缯缴"。此说似乎颇解"雁情",衔芦故事的情节也添加了曲折,于是它成为咏雁之作中常用的典故而继续流衍。不过在唐代的装饰领域,鸿雁已是换了角色的喜剧形象,不仅纳入舆服制度,且与鸾鸟、鹦鹉、仙鹤、鸳鸯一起编入衔瑞禽鸟的仙班,飞舞于丝帛,盘旋于铜镜、琵琶、阮、棋局、书案,乃至牙尺、钗簪(图23·4)。金银器自然也与之同风。

图22·1 双凫纹银盒
西安雁塔区月登阁村唐杜华墓出土

图22·2 凫衔绶带纹银匜
西安南郊何家村窖藏

图22·3 金花银花鸟纹碗
西安沙坡村出土

图 23·1　鸿雁花卉纹银杯
西安长安区南里王村景龙二年韦洵墓出土

图 23·2　毬路鸿雁纹金花银笼子局部
法门寺地宫出土

图 23·3　鎏金大银盆局部
白鹤美术馆藏

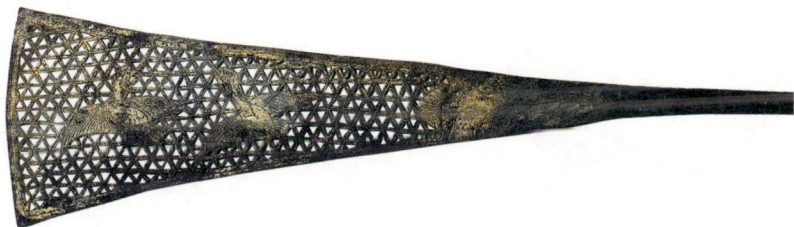

图 23·4　鸿雁纹金花银簪　中国国家博物馆藏

鹦鹉能言，教人觉得异于凡鸟，南北朝时期不仅见于记述地方风物的笔记，更有不少披有神异色彩的传说。南朝刘敬叔《异苑》卷三中的鹦鹉救火、张华与白鹦鹉，都是传之久远的故事，佛经中也不少关于鹦鹉的纪事，而《艺文类聚》卷九十一所引魏阮瑀《鹦鹉赋》"惟翩翩之艳鸟，诞嘉类于京都；秽夷风而弗处，慕圣惠而来徂"，也是令君王启颜之诵。它在唐代不仅大为兴盛，且有了"时乐鸟"的命名与"绿衣使者"之封号。前者见《酉阳杂俎·前集》卷十六，曰玄宗时，"有五色鹦鹉能言，上令左右试牵帝衣，鸟辄瞋目叱吒。岐府文学能延京，献《鹦鹉篇》以赞其事。张燕公有表贺，称为'时乐鸟'"。张燕公即张说，他在贺表中说道，《南海异物志》有时乐鸟，鸣皆太平，天下有道则见。臣验其图，丹首红臆，朱冠绿翼，与此鹦鹉无异，而心聪性辩，护主报恩，故非常品凡禽，实《瑞经》所谓'时乐鸟'也"。后者见张说的《绿衣使者传》，原作不传，乃有王仁裕《开元天宝遗事》卷上《鹦鹉告事》一则述其梗概。此虽公案小说，但末称府尹奏闻，明皇叹讶久之，遂封鹦鹉为绿衣使者，付后宫喂养。此与《时乐鸟》篇正可互见，诚所谓"传旨不在惩恶扬善，乃言鸟之灵性，而灵鸟出于明皇治下，又受明皇册封，是则颂美之意见焉"（李剑国《唐五代志怪传奇叙录》，中华书局二〇一七年）。将鹦鹉与时乐鸟对应，便成"天下有道则见"，"鸣皆太平"的祥瑞，鹦鹉自然持续成为装饰领域的骄子。或栖身于繁花密叶（图 101），或颠倒相向抱作团窠（图 24·1），或对衔瑞草将翱将翔（图 24·2），金银器中的鹦鹉也是百态千姿（图 24·3）。

鸳鸯、鸿雁、小鸭、游鱼都是寄寓美意的祥瑞，又以姿态不同而被时人分别锡以嘉名。比照许昌博物馆藏唐祥瑞

图 24·1　银鎏金鹦鹉纹盒盖面
镇江丁卯桥银器窖藏

图24·2　银金花鹦鹉衔枝纹碟式盒
印尼勿里洞黑石号沉船出水

图24·3　鹦鹉纹银盒盒底
镇江丁卯桥银器窖藏

生肖镜（图25），花台上对望的水禽，即为"同心鸟"；两相依偎而并举双翅者，则为"比翼鸟"；并蒂者，则"合欢"。贴体并游的双鱼，便是"比目鱼"（图26）。《尔雅·释地》："东方有比目鱼焉，不比不行，其名谓之鲽。"旧说此鱼止一目，须两鱼相并始能游行。《乐府诗集》卷四十八录晋诗《西曲歌·三洲歌三曲》之二"愿作比目鱼，随欢千里游"。"同心""比翼""合欢""比目"，固有两情相系之意，同时亦为人们眼中的祥瑞。《艺文类聚》卷九十九《祥瑞部》引《瑞应

图25　唐祥瑞生肖镜
许昌博物馆藏

图26　四曲花口荷叶双鱼纹金花银酒
船内底心　陕西耀县柳林背阴村出土

图27　双鱼纹金花银碗
西安南郊何家村窖藏

图》曰"比目鱼者，王者明德则见。"西安西北工业大学基建工地出土"李勉奉进"双鲤亦即比目鱼纹金花银盘（图38·1），纹样设计当是如此取意。此外还有早已出现在《诗》中的鲇鱼（图27）。《诗·小雅·鱼丽》"鱼丽于罶，鰋鲤"，毛传："鰋，鲇也。"长须和长长的背鳍是其特色。而前举《艺文类聚·祥瑞部》中列出的龙、凤、鸾、比翼、燕、雀、白鹿、狐、兔、龟等，也都被取用为金银器纹饰。

凤与鸾，皆为祥禽，本是二鸟，却又常以鸾凤并称而指凤。《山海经》卷七《海外西经》曰轩辕之国，"鸾鸟自歌，凤鸟自舞"。陶渊明《读山海经诗》曰"灵凤抚云仪，神鸾垂玉音"。是均言鸾凤有别。《焦氏易林》卷二《需之坤》曰："温山松柏，常茂不落，鸾凤以庇，得其欢乐。"《初学记》卷三十《鸟部》"凤"条下引晋桓玄《凤皇赋》曰"惟羽族之殊诞，独鸾皇而称杰"。则鸾凤、鸾皇均指凤。而凤与鸾之别，古人的区分也常常是模糊的。《艺文类聚》卷九十《鸟部上》"鸾"条引《决录注》曰：辛缮治春秋谶纬，隐居华阴，"有大鸟高五尺，鸡头燕颔，蛇颈鱼尾，五色备举而多青，栖缮槐树，旬时不去，弘农太守以闻，诏问百寮，咸以为凤。太史令蔡衡对曰：凡象凤者有五，多赤色者凤，多青色者鸾……今此鸟多青，乃鸾，非凤也"。这里提到了毛羽色彩的区别。然而绘画与织绣之外，单色的图像该如何表现二者之相异呢，仅从唐代铜镜的两种主要表现样式来看，似乎是在尾羽上强调二者的不同。即尾羽集为一束者，鸾也；尾羽一束而多歧且层层卷曲者，凤也。《中国青铜器全集》第十六卷《铜镜》著录日人千石唯司藏一面"鑑若止水"唐镜，镜铭自谓纹样曰"鸾翔凤舞，龙腾麟跳"，而内区纹样便是狮子与麒麟相对，尾羽不同的鸾与凤相对，可为一证。依此，则前引何家村金花银凤纹盘盘心纹样为凤，出自西安北郊坑底村的"裴肃进"团凤纹金花银盘盘心纹样便是双鸾（图28）。不过鸾凤的表现形式是多变的，似未必各有为工匠所遵循的标准样式。

燕雀多飞舞于缠枝花间，又每每衔瑞。"瑞"，可以是琪花瑶草，

图28 "裴肃进"团凤纹金花银盘盘心
西安北郊坑底村出土

也可以是绶带、花结及下系流苏或花结的吉语幡。吉语幡，南北朝岁时风俗的立春剪彩花，是纹样的来源之一。剪彩花的式样有多种，而以花树蜂蝶和对飞的衔瑞鸟雀为盛。唐代出自宫禁者制作多用绢帛。《酉阳杂俎·前集》卷一："立春日，赐侍臣彩花树。"所云"剪彩"以及"彩花树"之彩，虽与彩通，但彩的原义主要是指织物或织物有彩。《集韵·海韵》："彩，缯也。"《广韵·海韵》："彩，绫彩。"慧琳《一切经音义》卷八十七"纹彩"条注引《考声》曰："彩，缯帛有色者也。"李远《立春日》"钗斜穿彩燕，罗薄剪春虫"，此春虫，乃游蜂粉蝶之类。更有《剪彩》一首："剪彩赠相亲，银钗缀凤真。双双衔绶鸟，两两度桥人。叶逐金刀出，花随玉指新。愿君千万岁，无岁不逢春。""双双衔绶鸟"所衔绶带，意取长寿。唐玄宗《千秋节赐群臣镜》："铸得千秋镜，光生百炼金。分将赐群后，遇象见清心。台上冰华澈，窗中月影临。更衔长寿带，留意感人深。"张说奉和之作"宝镜颁神节，凝规写圣情。千秋题作字，长寿带为名"，句下自注："以长绶为带，取长寿之义。"（《奉和圣制赐王公千秋镜应制》）所咏虽是玄宗千秋节时颁赐群臣的盘龙镜，但衔绶的寓意与李远诗"愿君千万岁"之意并无不同。河北定州静志寺塔基地宫出土掌心大小的玉盒一枚，盒盖一对鸿雁衔绶，盒底分行镌刻吉语"千秋万岁"

图 29　玉盒
河北定州静志寺塔基地宫出土

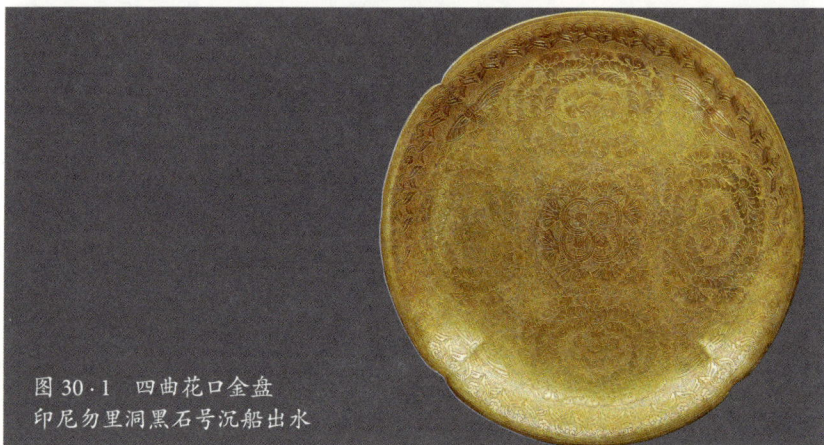

图 30·1　四曲花口金盘
印尼勿里洞黑石号沉船出水

图 30·2　金委角方盘
印尼勿里洞黑石号沉船出水

（图29），图案的含义，在这里恰好清楚点明。长绶带亦即长寿带也或独立出来另外组织纹样，如同簪钗和瓷器。出自印尼勿里洞黑石号沉船的一件四曲花口金盘，盘心以花叶组成的方胜里卧一枚挽作同心结的长寿带（图30·1）。同出另一件金委角方盘，却是以花枝花叶簇拥的四枚长寿带布置于四方，中心花叶起舞，舞出一个万字符（图30·2）。金盘的设计构思很可能是来自铜镜纹样的启发，连同飞舞着的蝴蝶和蜜蜂。

以本土元素为根基发展出来且运用纯熟的装饰纹样，莲荷是一大类。莲花纹样在中土出现得很早，先秦时代莲花的造型艺术即已十分成熟，如河南新郑李家楼出土一对春秋中期器鹤莲方壶、山西太原出土莲盖方壶，又湖北枣阳九连墩战国一号墓出土彩绘龙凤纹莲花漆豆。数百年后佛教东传，随风吹来新的种籽，遂与本土传统嫁接，在佛教艺术中放出新花。此后不过经历一轮两轮更新换代，便迅疾完成了中土化。而佛教艺术之外，莲花作为日常生活中始终不断延续着的装饰纹样，其中的宗教含义其实是很微弱的。诗歌的百花苑里，莲荷早是蔚然成景，造型与纹样的素材自可随手采撷。与莲花相比，荷叶似乎是配角，但在诗人眼中绿叶却丝毫不输红花。梁元帝《采莲曲》"莲花乱脸色，荷叶杂衣香"，梁刘孝威"莲香隔蒲渡，荷叶满江鲜"。莲花开处，都有荷叶相伴。单独为荷叶写照，似乎更多俊句。梁江洪《咏荷》"碧叶喜翻风"，南齐谢朓《游东田》"鱼戏新荷动"，唐郑谷《莲叶》："移舟水溅差差绿，倚槛风摇柄柄香。多谢浣纱人不折，雨中留得盖鸳鸯。"荷叶自然也同莲花一起进入装饰领域。荷叶仰可为杯，如隋殷英童"藕丝牵作缕，莲叶捧成杯"（《采莲曲》）；覆可为盖，如白居易"小舫宜携乐，新荷好盖杯"（《分司初到洛中偶题六韵兼戏呈冯尹》）。唐代金银器中的器盖、器足、承盘，便每取风翻荷叶之势，卷起的荷叶边或涂金，以见风中水中的摇漾之趣。又或在荷叶上面添饰摩竭或游鱼（图31）。金银荷叶意欲模仿的自是水中新荷，却是以一枝一茎而擎出一池莲塘。至于各种图案每以莲瓣为边框，或认

图31 银盐台荷叶盖
法门寺地宫出土

为最初来自释典的莲花藏世界之说，以莲花能够化生万物，不过更有可能是由异域纹章边框演化而来，逐渐形成图式之后，所存便是美学趣味了。

不过莲荷、石榴、葡萄之外，很少有写实的花卉。灵禽瑞兽多取颂圣的美意，并以突出特征的写真方式塑造形象。若花草，则不同。花花草草多为辅纹，它的设计理念似在于极力铺展烂漫如锦的"百花""众卉"，以使整体纹饰或清畅鲜冶，或茂丽敷腴，而不以一草一木的写真为旨趣。因此腾秀于边饰，缭绕于飞禽奔兽之间形态各异的千花万朵千枝万叶，多无法准确辨识，叫出名字，面对银盏上面的纹样，唐人自己也说"野草花叶细，不辨蓍荠菽"。

流行于各式建筑与各类织绣中的宝相花、团花，同样为金银器所采用（图32）。宝相花的形成，藻井莲花当是主要来源之一。它在碎花丛艳中恣意开放，只要有空间，便可以四外放射无限伸展。缠枝花叶缭绕而成的团花，是连珠团窠的演变形式，内心或灵禽瑞兽，或只是水边林下的生灵，总是鸢飞鱼跃的生机，在适合纹样里留驻韵律（图33）。狩猎、歌舞、仕女，则更多取资于绘画。彼时绘画与工艺尚未截然分明，"画"

图32 金花银花鸟纹提梁罐盖
西安南郊何家村窖藏

图33 金花银碗内底心
大同市博物馆藏

的方式不拘一格。《历代名画记》卷十曰"时有宇文肃，善小画、金玉镌刻之样、禽兽蒳叶之能"，可见绘画与工艺之相通。山林草坡、湖石花木，规整的鱼子地，一丝不苟的鎏金，更有绣针一般錾出的花叶之脉理、禽鸟之羽翼，金银器纹饰也每每有着工笔画的意趣。

此外，尚有人物故事，虽然与其他相比，这一类题材还不很流行。法门寺出土银鎏金人物故事图香宝子，陕西耀县柳林背阴村出土银鎏金三足罐饰春秋故事。大英博物馆藏银鎏金菱花口长盘，内底錾刻许由洗耳图（图34·1）。出自西安市东南洪庆村的一件银鎏金小盒，盈寸大小，盒盖鱼子地上满布缠枝，枝条上是戴着荷叶帽或舞蹈或吹奏的童子。盒底则鱼子地上錾卷草，中间细线錾刻牵衣执手的两个人，前面一人手指处是一条举首蜷身的大蟒蛇，画面上方榜题为典出《易·系辞》的"二人同心"（图34·2）。或认为纹样中的二人是一男一女，不过"二人同心，

图34·1　银鎏金菱花口长盘　大英博物馆藏

图34·2　银鎏金小盒　西安市东南洪庆村出土

其利断金"，意在二人并力合志可度越艰难，历来皆用于形容友朋情深义厚，而非男女情爱之拟喻。何况表现两情相爱的装饰纹样惯常采用象征物，而鲜以具象刻画的方式。银盒既以《系辞》为榜题，自然不宜作他解。蟒蛇，则引出下句，即后世敷演出来的"段金之交"。此是句道兴《搜神记》一卷中的一则——"史记曰：孔嵩者，山阳人也。共乡人范巨卿为友。二人同行，于路见金一段，各自相让，不取遂去。前行百步，逢锄人，语曰：我等二人见金一段，相让不取，今与君。其人往看，唯见一死蛇在地，遂即与锄琢之两段。却语嵩曰：此是蛇也，何言金乎？二人往看，变为两段之金。遂相语曰：天之与我此金也。二人各取一段，遂结段金之交也。"句道兴其人史不见记载，李剑国《唐五代志怪传奇叙录》

图34·3　银金花人物图香宝子局部法门寺地宫出土

考证他大约是自隋入唐的一位下层文人，此书乃类于民间小说，"段金之交"故事或有更早的来源（廉萍《"断金"镜："金代山水人物故事铜镜"新解》，《文史知识》二〇二四年第十期）。银盒图案采自其时广为流布的小说自无疑问，却是以图文合一的方式巧妙完成了情节曲折的叙事。由此可知法门寺地宫

图35·1　鎏金银豆
杭州临安明堂山水丘氏墓出土

图35·2　敦煌莫高窟第一四八窟壁画

图 35·3　捧真身菩萨·莲座下方　法门寺地宫出土

出土香宝子的图案之一，正是相同的故事（图 34·3）。

后世收入《营造法式》中的不少纹样，唐五代已普遍施用，如方胜、毯文（图 23·2）、玛瑙地（图 35·1），而玛瑙地来源之一当是佛教艺术（图 35·2～3）。又有化生、柘支——今习称伎乐（图 35·4）、跨鹤持节的女贞（图 98）以及或捧果盘或擎花枝的飞仙。

总之，金银器的装饰纹样一面引领时尚，一面不断从时尚中撷取资源，丰富创意。像是一场持续很久的全国工匠考试，题目并不多，却要求不得雷同。六朝诗赋里的意象久经发酵，诗意从唐代工匠手底流泻出来。

图 35·4　银金花伎乐图香宝子
法门寺地宫出土

有异域元素，有传统根蒂，由当代的生气串连、融合，成为唐代风格。有胡风，但已是化用。有古意，但不是刻板仿古。诗歌固须"精于造语"，方成佳制，移之于工艺，也同样适合。金银合用，即银花之表涂金，造成明与暗的对比，乃唐代银金花或曰金花银器之匠心。而鱼子地的运用，很有可能受到《考工记》"凡画缋之事，后素功"的启发，鱼子地的效果，也正如同唐张仲素《绘事后素赋》所云"间精微而不乱，蔚明丽之相得"；"发众状而逾出，映繁文而益彰"。可以说，诗歌、绘画，是金银器纹样设计的重要资源。取诗歌之神思，撷绘笔之气韵，得此纹饰之妙丽与飞扬。虽受制于器形与尺寸，却不妨遒飞动于谨严，寓自然于规矩。细叶葳蕤，杂花参差，钩带联络，曲折得宜，几乎所有的图案都被运用自如的线条造化为诗和舞，合着韵律，充满张力。

唐代金银器制作工艺，除了此前已有的模铸、铆焊、切削、抛光、鎏金、金银错、粟粒粘焊之外，更有打制和钑镂。此虽非始自唐代，却是在唐代得以发挥尽致，而形成鲜明的时代特色。金银镶嵌，这时候采用最多的是"金筐宝钿"，它是从魏晋南北朝轻薄细小的金钿、金花宝钿发展而来，又吸纳了由西戎而传至中原的金细工艺，因将纤细的金丝易作细窄的金条，以之勾勒花框，花框边缘或再点缀粟粒，于是花叶、花瓣、花心成为"金筐"，"筐"内嵌宝（图 63·1），所谓"金筐宝钿真珠装"，法门寺出土的七宝银盒即是与同出衣物账碑对应之器。

若引录唐人的文字来讲述唐代金银器纹样与工艺之大略，不妨列举一早一晚两个例子。

（一）张鷟《朝野佥载》卷三："洛阳昭成佛寺有安乐公主造百宝香炉，高三尺，开四门，绛桥勾栏，花草飞禽走兽，诸天妓乐，麒麟鸾凤，白鹤飞仙，丝来线去，鬼出神入，隐起钑镂，窈窕便娟。真珠玛瑙，瑠璃琥珀，玻瓈珊瑚，砗磲碗琰，一切宝贝，用钱三万。府库之物，尽于是矣。""绛桥"至"飞仙"一段，言纹样，我们今天在已发现的唐代金银器中都可以见到，如镇江甘露寺铁塔塔基地宫出土作为舍利容器的银椁（图 36·1）。以下至"便娟"，言金银细工，"丝来线去，鬼出神入，隐起钑镂，窈窕便娟"，唐代金银器的鲜明特色，在此概括得精要。敦煌本《维摩碎金》"纤毫之卯串枝柯，细旋之起突花样"，也是同样的意思。"隐起""起突"，即打制；"钑镂""镂花"，指錾刻和镂镂。以下"真珠"至"宝贝"，俱言嵌饰。甘肃泾川县大云寺遗址出土唐延载元年（六九四）舍利金棺、陕西临潼庆山寺塔基地宫（唐开元二十九年竣工）出土舍利金棺银椁（图 36·2），皆嵌饰诸般"宝贝"。

图 36·1　长干寺舍利银椁盖面
镇江甘露寺铁塔塔基地宫出土

图 36·2　银椁盖面　陕西临潼庆山寺塔基地宫出土

（二）再看韩愈《寄崔二十六立之》。这首长诗的末了一节，言以自家双饮盏中的一只持以赠别："我有双饮盏，其银得朱提。黄金涂物象，雕镌妙工倕。乃令千里鲸，么麽微虿斯。犹能争明月，摆掉出渺瀰。野草花叶细，不辨蔍菜菔。绵绵相纠结，状似环城陴。四隅芙蓉树，擢艳皆猗猗。"诗中的这一节浅白如作平常语，而概括了中晚唐金银器的几个主要特点。第一、造型。既曰"盏"，则造型为圆口或花口，而非长杯亦即酒船。第二、装饰方法。唐人言"金涂"，每指通体鎏金，此曰"黄金涂物象"，则意谓起花处金涂，"雕镌妙工倕"，乃巧手打制纹样，那么这一件必是金花银盏。第三、纹样及纹样布局。其一，"乃令千里鲸，么麽微虿斯。犹能争明月，摆掉出渺瀰"，是盏心为水波中的摩竭戏珠，而刻画微细。"争明月"，戏珠也。内蒙古赤峰喀喇沁旗哈达沟窖藏银金花大盘盘心图案（图 37·1）、白鹤美术馆藏银鎏金大盆盆心图案似之（图 37·2）。其二，盏心之外是缠枝卷草抱合而成的团花，"野草花叶细，不辨蔍菜菔。绵绵相纠结，状似环城陴"，所云是也。西安西北工业大学基

图 37·1　银金花大盘盘心
赤峰喀喇沁旗哈达沟窖藏

图 37·2　银鎏金大盆盆心
白鹤美术馆藏

图 38·1 "李勉奉进"双鲤纹金花银盘
西安西北工业大学基建工地出土

图 38·2 银金花大盘口沿纹样
赤峰喀喇沁旗哈达沟窖藏

建工地"李勉奉进"双鲤纹金花银盘内心纹样似之（图 38·1）。其三，外缘复点缀四枚图案化的折枝，所谓"四隅芙蓉树，擢艳皆猗猗"是也。"擢艳"，在这里可解作折花，折来新花，枝叶猗那娇媚。唐代装饰纹样中的折枝花，"枝"常常是卧在花叶之下而与花叶一起团成一个略近椭圆的图案，点缀于主图之外，前举喀喇沁旗哈达沟窖藏银金花大盘口沿纹样似之（图38·2）。

第二节　风格演变概略

　　分期研究，用考古学的方法做器物的分型分式、纹样的排列对比，分析器形与纹饰的演变规律，这是学界做过的工作，并且已经卓有成就，自可参酌依据。依照《唐代金银器》（陆九皋等，文物出版社一九八五年）的分期，可划分为四：第一期，初唐至高宗时期；第二期，武则天至玄宗时期；第三期，肃宗至宪宗时期；第四期，穆宗至哀帝时期。《唐代金银器研究》（齐东方，中国社会科学出版社一九九九年）则大别为三：一、飞速发展时期，为八世纪中叶以前，即唐高祖至玄宗开元前期；二、成熟时期，为八世纪中叶至八世纪末，即开元后期至宪宗以前；三、普及和多样化时期，为九世纪，即宪宗至唐末。而就造型、纹饰与风格的发展大势而言，或可粗略分为两个阶段，即多被异域之风的前期与全面中土化的后期。至于前后期的分界，很难截然划分，可大略以"安史之乱"前后胡风之盛衰为别。

　　胡瓶、深腹高足杯、单柄錾手杯以及器身打制凸棱者，通常被归属于前期，如河北宽城大野鸡峪村出土银胡瓶（图39·1）、西安沙坡村出土银高足杯、环柄单耳银杯（图39·2～3），都是异域成分比较多的制品。出自赤峰敖汉旗李家营子装饰胡人头的银胡瓶，齐东方认为是粟特地区的输入品（图40），时代约当七世纪后半叶至八世纪中叶。不过，如果

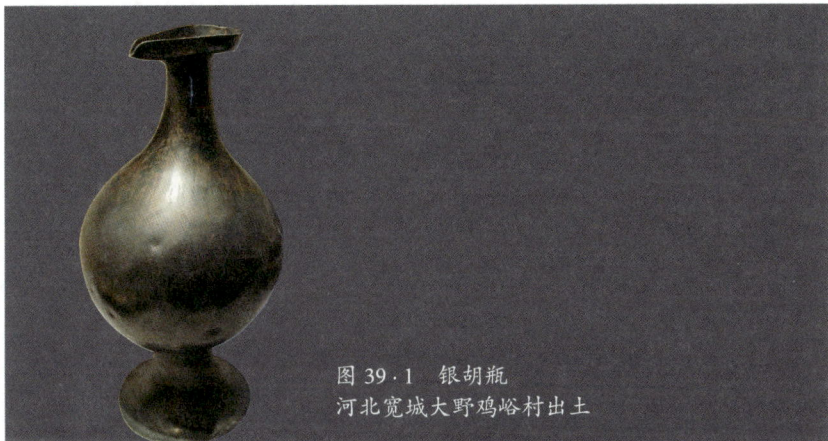

图 39·1　银胡瓶
河北宽城大野鸡峪村出土

图 39·2　银高足杯
西安沙坡村出土

图 39·3　环柄单耳银杯
西安沙坡村出土

图 40　银胡瓶
赤峰敖汉旗李家营子出土

图 41　莲瓣龙纹银碗
西安长安区岔道口村唐李孝则墓出土

说东魏李希宗墓出土水波纹银盏已经是中土化的开端，那么到了唐代，从"拿来"到化用的艺术语汇转换过程，几乎是瞬间。出自西安长安区岔道口村唐永隆二年（六八一）李孝则墓的莲瓣龙纹银碗，内底心徽章式的装饰意匠原是来自异域，但此徽章式绳索纹边框的外缘却添饰一周细密的莲瓣，边框内满布鱼子地，其上打制蟠龙，龙爪下一只螃蟹（图41）。

再细审同属于前期的两件银杯，即分别出自西安南郊何家村窖藏和未央区大明宫乡马旗寨的两件银鎏金仕女狩猎纹杯（图42、图43）。后例失圈足，但尺寸、式样均与前者相近，只是子女图的内容略有不同（今通称的仕女图，唐代文献或称作子女图，如《安禄山事迹》，如《历代名画记》），因此不妨同看。何家村银杯外壁一周仰莲，八个莲瓣托起的图案像是一具缩微的多曲屏风，莲瓣之间柳叶垂条把屏风分作八扇，子女画与狩猎图相间布置于其上。

图 42　银鎏金仕女狩猎纹杯
西安南郊何家村窖藏

图 43　银鎏金仕女狩猎纹杯
西安未央区大明宫乡马旗寨出土

子女画中的一扇，是端端正正对坐于筌蹄的两个美人，一个抱了曲项琵琶手持拨子弹奏，一个相对吹箫。又一扇是主仆二人，主人手里握着团扇，半背着身子的两个侍儿为伊捧物，直项琵琶上套着袋子。又一扇是美人坐在条凳上，看着手拈花叶的小儿扑蝴蝶，双鬟侍儿立在条凳后边。又一扇里的三个美人只是消遣悠闲，张开两臂展弄帔帛也是唐代绘画中常见的姿态。狩猎图更是有章可循，反身射虎，架鹰逐兔，被发持挝子的胡人骑猎者，由两汉而南北朝而隋唐，久已成为图式。鱼子地上的花叶和灌木悬浮在画面上下的空白处，教人体味宫苑与山林。口沿和圈足底边各一周连珠纹，与环柄外缘的半边连珠共同把外壁画面收拢。杯内心细錾水纹，粼粼波光中一只巨鼻象牙的变体摩竭，环绕它的是鲇鱼与莲叶，其外八个莲瓣交错錾刻两两相对的山峦和仙洞。压指板之表一个约略凸起的圆光，光内是鱼子地上的鹿和花。银杯造型规整，见出打制的功夫。物象细微传神，见出錾刻之精到。造型与纹样则显示着对外来元素和善的包容与吸纳。以莲瓣形式呈现的"凸瓣纹"至此已远离故乡，异域之风的狩猎纹则是信手可拈的图式，连珠与摩竭改变了造型语言，压指板也不再是两首背抵的一对胡人头。多源的异域意匠，不同时期、不同路线的东传，传播过程中所浸染的各种不同元素都已融会贯通为本土的艺术语汇，设计者并且把当日流行的表现盛世安养富足的子女图安排为纹样，更使它与时风相谐。

在器皿上打制凸棱以形成纹路，如水波，如或平行或上下错落的各式花瓣，其渊源可追溯到亚述，而兴盛于古波斯阿契美尼德王朝，并逐渐传播广远，乃至千余年中不绝如缕。阿富汗北部席巴尔甘大月氏贵族墓地四号墓出土一件打作花瓣式凸棱的金盘亦即金筐簾，器身外缘刻有希腊文标明重量，出土时垫在墓主人头下，外裹丝绸，时代为一世纪初（图44）。就装饰功用而言，这种工艺会使单一的材质见出明暗起伏而有层次感，查尔斯·辛格《技术史》把它纳入"压花制品"，曰"'压花'这个术语通常

图44 金筐簾
席巴尔甘大月氏贵族墓地四号墓出土

图45 粟特银碗
弗利尔美术馆藏

指用锤子和冲头对金属片进行加工而制作出的装饰性作品，器表应该曲折变幻，以便从不同角度捕捉光线"。此所谓"压花"，即中土工匠习称的"打制"。前举东魏李希宗夫妇墓出土银盏，便可视作西风东渐背景下的作品。唐代此式金银器多借鉴于近邻粟特（图45），而很快融入本土传统，不论造型、纹饰，抑或气韵风格，当然还有设计理念。原初略显生硬的花瓣纹，已用东方气韵浇灌为舒瓣绽放神气自适的莲花，如前举唐永隆二年李孝则墓出土莲瓣龙纹银碗（图41）。在何家村窖藏中即可见出几种不同的

图46　银鎏金海兽水波纹碗　西安南郊何家村窖藏

借鉴方式。其一，属于前期的水波纹金花银碗。银碗内壁通体本色，底心
一枚鎏金饰片：漾洄浪起间一只海兽，两边各一只鸳鸯，既是隔海兽背身
相对，又是擘水波相向而游，十四道水波式凸棱像是漫向边缘的涟漪。外
壁遍施鱼子地，依凸棱波浪之势而成的十四个装饰空间里，各样花枝随形
宛转，口衔绶带结的一个小鸟，荷叶上的一只鸳鸯，草坡一对山羊，花木
中一对小鹿，又或追逐的狐狸，栖枝的戴胜，或者只是风中摇曳的花草。
虽是依水波而布景，却不觉其水波，而只是苑囿，只是闲庭，参差错出，
移步换景，各成小致。外底心是花蔓回环挽结的一朵宝相花（图46）。其
二，同属前期的双狮纹金铛。金铛的设计者将九道水波式凸棱化用为外壁
图案中单位纹样的分隔线，狮子、蔓草、或牵幡胜或衔绶带的鸳鸯和鸟雀
分布在九道波曲间，中央一枚九瓣花好似花蕊，于是外壁的整体视觉乃成
一朵宝装花（图47）。如果说银碗和金铛内底心的徽章式图案尚存西风，
那么图案内容却已是本土样式。缘自异域意匠的水波式凸棱，在此几乎化
用无痕。而更多的是水波变化为莲瓣，如两件莲瓣纹金碗（图48）。碗壁
打制凸棱的方式，是以四枚草叶上下借势接续排列抱合为交错的莲瓣而形

图 47　狮纹金铛
西安南郊何家村窖藏

图 48·1　鸳鸯莲瓣纹金碗之一
西安南郊何家村窖藏

图 48·2　鸳鸯莲瓣纹金碗之二

成纹路，莲瓣内一一布置鱼子地上的灵禽瑞兽。内底心一大朵宝相花，外底心是卷草环抱的一只鸳鸯，均以细密的鱼子铺地显花。

不过器身打制凸棱的做法唐代后期已经不很流行，而多是易作平面錾刻。前引张鷟说安乐公主百宝香炉錾刻之纹"丝来线去，鬼出神入，隐起钑镂，窈窕便娟"，是初唐之际已见神工，至中晚唐更将钑镂发展到极致。前举法门寺地宫出土金花大银盆，口径将及半米，重逾六公斤（图49）。银盆盆心一大朵团花，枝叶绵丽宛折，娇花偃侧与石榴相间，一对鸳鸯分别驻足于两个花心，一只鸳鸯似欲举翼犹未举翼，一只反身俯首仿若喁喁相语。鎏金之外很少的留白以鱼子纹布地，见出明暗。盆壁四曲分别錾刻花台上对望的两只鸳鸯，又各以花叶回绕而成两朵团花，团花四隅铺排花叶，飞着如意云朵。盆心依样稍稍打制花鸟轮廓，因略呈起伏，盆壁内外则分别是平面上的浅錾，鸟羽錾纹纤若游丝，好似细针密线的绣品，正所谓"丝来线去，鬼出神入"。而内外纹样完全相同，竟又像是"双面绣"。银盆外壁两侧各铆接一对衔环兽首，兽首眉间刻一个"王"。盆底錾"浙西"二字。据《唐方镇年表》"浙西亦曰镇海军节度、浙西观察处置等使，兼润州刺史"，此银盆应是浙江西道润州（今江苏镇江）的产品。

陕西咸阳西北医疗器械厂工地出土錾花金壶，属于唐代后期，是纹饰比较程式化的一例，不过仍有细节处理上的可圈可点（图50）。金壶弯柄之表满錾方胜纹，起弯处独独錾一枚荷叶，荷叶上面卧一只小龟，引颈向上，龟口衔环，环系链索，链索另一端的圆环套在壶盖的莲苞钮下。龟游莲叶原也是当日的流行纹样，用在这里，却偏有点睛之妙，于是全器的层层纹饰——仰莲、卷草、水禽、缠枝莲花——以及器盖立墙锥点的水波，一齐提起精神。

图 49　金花大银盆
法门寺地宫出土

图 50　鏨花金壶
陕西咸阳西北医疗器械厂工地出土

第三节　酒食器

　　歌与舞是丰满唐代历史、也丰满唐代生活与艺术的不可或缺的细节。以题写诗板和题壁（寺观，驿亭，公廨，茅亭，江村等）为唐诗传播的重要方式之一，如是而在在浸润日常生活，则"匠"心与"诗"心之相通，当不是空无依据的想象和悬拟。《云溪友议》卷中《辞雍氏》："崔涯者，吴楚之狂生也，与张祜齐名，每题一诗于倡肆，无不诵之于衢路，誉之则车马继来，毁之则杯盘失错。"后者效用类同于今之"网络暴力"。王昆吾《唐代酒令艺术·引言》中的一段话很是精当："酒筵是唐代社会的一个袖珍版本，酒令是这个袖珍本社会的艺术核心。对唐代文化研究来说，它们至关重要。如果我们注意到'燕乐'（宫廷宴飨之乐）对唐代宫廷艺术的巨大影响，注意到酒辞在唐人诗歌中的庞大比重，注意到游艺、戏谑之风弥漫于唐代社会的规模，注意到唐人笔记中那一批又一批关于敏捷、诙谐人物的生动描绘，那么，我们就能非常自然地接受这一事实。"这也正是唐代酒器品类繁盛的背景。甚至还可以说，灌注巧思的酒器与诙谐臻妙的酒令共同构成这个"袖珍本社会"的艺术核心。

　　宽泛而言，酒器是应该包括食具在内的，也就是一席宴会需用之器，因不妨称作酒食器。那么它大致包含以下几类：（一）盛酒器；（二）饮酒器；（三）食器；（四）茶器。此外附带的一项，便是香具。

图 51·1　银提梁酒樽
四川广元旺苍县银器窖藏

图 51·2　银酒勺

　　唐代金银器的品类，差不多包括了一席宴会所需的各项器用。

　　第一项，盛酒器，为罇、壶、瓶。罇或作樽，是筵席盛酒之器的古称亦即雅称，不同时代而樽的形制各有不同。唐代筵席上的盛酒之器多为盆，口径一般在三十厘米以上，前举鄂尔多斯杭锦旗出土银金花摩竭戏珠纹四曲盆，高九点五、口径三十六厘米（图11），可列入酒樽之属。樽中置勺，便可酌酒。敦煌文书托名"江州刺史刘长卿"的《高兴歌》"珊瑚杓，金叵罗，倾酒潹潹如龙涡"，即此。勺叶多做成花口，如四川广元旺苍县银器窖藏中与银提梁酒樽同出的一柄酒勺（图51）。勺柄之端又往往做成长嘴的鸬鹚，李白《襄阳歌》所谓"鸬鹚杓"，便是此类。这是两汉魏晋鸭头勺之遗意，大同七里村北魏墓群二十九号墓壁画有女侍手提鸬鹚杓向酒樽中取酒的情景（图52·1），唐代金银酒杓杓柄之端取式于鸬鹚头者（图52·2～3），是此意匠之延续。陕西长安县南里王村唐墓墓室东壁的一幅宴饮图，绘食案前端矮床上设一具六出花口大盆，盆中置弯柄酒勺，正是樽与勺的使用情景（图53）。

　　《安禄山事迹》说道禄山生日玄宗赐"金花大银盆二"，可见银盆颇有大器。贞观年间唐太宗宴享铁勒诸部时所用大银盆可实百斛。前曾举

图 52·1　大同七里村北魏墓群二十九号墓壁画

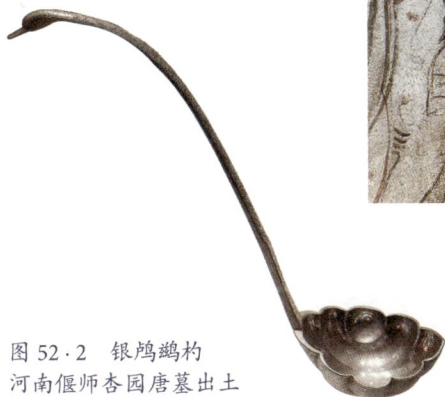

图 52·2　银鸧鹕杓
河南偃师杏园唐墓出土

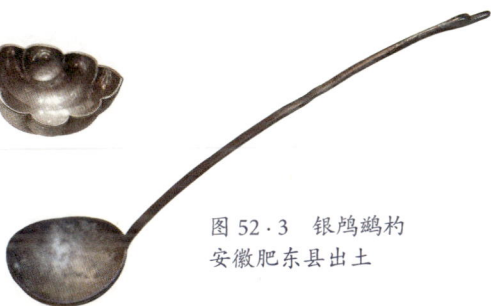

图 52·3　银鸧鹕杓
安徽肥东县出土

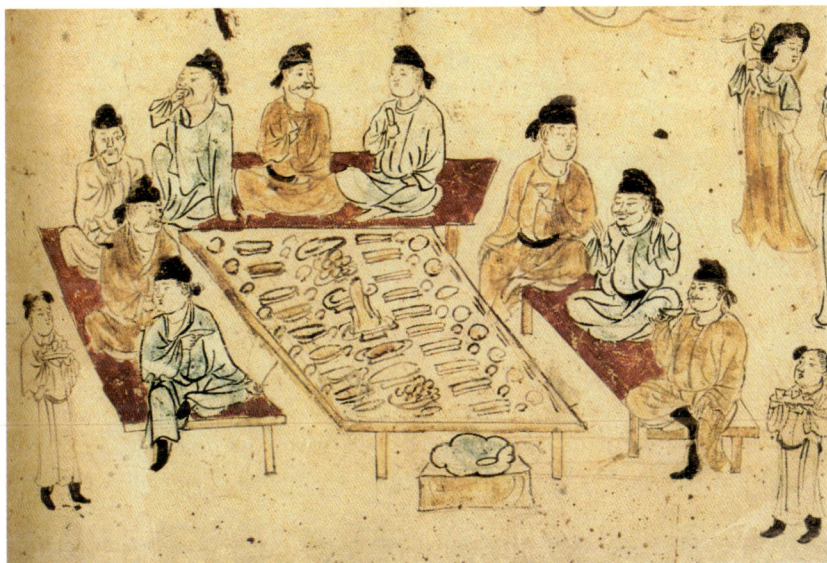

图 53　陕西长安县南里王村唐墓壁画

图 54　鎏金大银盆　白鹤美术馆藏

出的白鹤美术馆藏鎏金大银盆（图 54），内底心是莲瓣环绕的一泓海水，中央一只戏珠摩竭。器壁打作层叠错出的莲瓣，每个莲瓣里都錾出对衔同心结绶带的鸿雁，上方花叶两向披垂，将一对鸿雁半拢，内外同纹。器高二十点五、口径六十八点四厘米，是目前所知唐代金银器中体量最大的一件。

当然银盆也可浴儿，亦即"洗三"。李德裕《次柳氏旧闻》："代宗之诞三日，上幸东宫，赐之金盆，命以浴。"若洗面，则为妆具。王建《宫词》"归到院中重洗面，金盆水里泼红泥"。宋初孙光宪《北梦琐言》卷十八记后唐庄宗刘后贪恪事，曰危难之际，宰相请出内库之藏犒军，"后将出妆具银盆两口"。此外尚有"盂兰盆"，即盛放百味五果，送往佛寺供养之器。《唐六典》卷二十二《中尚署》云：七月十五日，"进盂兰盆"。从《宣和画谱》中记载的唐五代作品，如《竹石金盆鹡鸰图》《竹石金盆戏鸽图》之类来看，金盆也是禁苑以及富贵之家的浴鸽用器。洛阳晚唐赵逸公墓出土壁画，盆沿小团花，外腹大团花，四曲花口，以黑地显花，正是唐

图 55　唐赵逸公墓出土壁画
洛阳古代艺术博物馆藏

代金花银器的样式（图 55）。时代大致相同的安阳刘家庄北地六十八号唐墓壁画中也有相似的内容，金盆的质地更加明显，两侧且有环耳（《考古学报》二○一五年第一期）。

　　盛酒又兼酌酒，则有壶和瓶，而唐宋时代"壶""瓶"之称在很多情况下可以互换，又或者"壶瓶"合作一词。唐前期酌酒之器常见胡瓶和长颈瓶，不过金银制品很少。唐后期多为注子，时也名作"注瓶"，西安市西郊鱼化寨南二府庄出土的"宣徽酒坊"咸通十三年银酒注，便是此类。银酒注肩部两侧有对称的系耳，原初当有提梁（图 56）。四川广元旺苍县

图 56　"宣徽酒坊"款银酒注
西安市西郊鱼化寨出土

图 57·1　银酒注
四川广元旺苍县银器窖藏

图 57·2　银酒注（脱柄）

图 57·3　银酒注（失流）

银器窖藏中的酒注，差可代表唐代酒注的几种主要样式（图 57）。其中银鎏金伎乐图壶亦即酒注一件，通高二十三厘米。喇叭式圈足，壶身下方打作以卷草抱合的三重仰莲，壶腹四个莲瓣式开光，两道弦纹勾边在外，一道连珠纹勾边在内，光内錾卷草和鱼子纹为地，从下方卷草纹中伸展出来微微凸起的一茎成为仅容一足的小舞台，伎乐跷起右足，略屈左足，

金银器的春秋

轻轻倚在如意云朵上，吹笛子、击拍板、吹觱篥，另有一个持帛舞蹈。壶腹的四个莲瓣式开光，其外缘在肩部又形成四枚下覆的莲瓣，内中也是卷草和鱼子纹为地，莲瓣里一对双飞的鸿雁。短颈和弯柄都是鱼子地上錾卷草，口沿与流錾方胜。壶盖满錾缠枝卷草，上方覆一枚四出花叶，顶上铆一个莲苞钮。很有浮雕效果的四个伎乐人以及下方的三重仰莲都是打制而成，与器壁为一体（图58）。

此外尚有一种常见于唐人吟咏的盛酒之器，名作榼，它在白居易的诗里出现最多，如"春风小榼三升酒，寒食深炉一椀茶"（《自题新昌居止因招杨郎中小饮》），"金章未佩虽非贵，银榼常携亦不贫"（《自咏》），"贫无好物堪为信，双榼虽轻意不轻"（《寄两银榼与裴侍郎因题两绝》之一），又《家园三绝》中的"何如家醖双鱼榼"，等等。榼可概指酒器，不过鱼榼通常为扁壶，战国已有制作。唐代鱼榼并不鲜见，但这一类金银器遗存却不多。赤峰喀喇沁旗哈达沟窖藏中的一件金花银双鱼榼（图59），是一对摩竭变身作贴体相对的双鱼，而保留了摩竭鱼长鼻翻卷的特征，大张的鱼口之间是一颗摩尼宝。两肩各有环，穿提梁，壶嘴有盖，盖顶一个宝珠钮。

西安南郊何家村窖藏中的一件银金花舞马衔杯纹壶也是酒具（图60）。唐张说《舞马千秋万岁乐府词》："圣皇至德与天齐，天马来仪自海西。腕足齐行拜两膝，繁骄不进蹄千蹄。鬃鬐奋鬣时蹲踏，鼓怒骧身忽上跻。更有衔杯终宴曲，垂头掉尾醉如泥。""屈膝衔杯赴节，倾心献寿无疆"，是唐代舞马的表演，但把马教练出这样的演技，却不自唐代始。曹植《献文帝马表》："臣于先武皇帝世，得大宛紫骍马一匹，形法应图，善持头尾，教令习拜，今辄已能。又能行与鼓节相应。谨以表奉献。"此器取式于皮囊壶，是与器具用途贴合的造型设计，唐人心目中的模仿对象当是作为酒器的鸱夷，《史记·伍子胥列传》裴骃《集解》引应劭曰："取马革为鸱夷。鸱夷，榼形。"榼在此指扁壶。

第二项的饮酒之器，为碗、盏、卮，但三者之间的区别似乎不很严格。如果以作为通名的酒杯为基准，按照早期文献作一番硬性划分，那么可以说，盏是杯之小者，诗人为了"造语"，也或有"小盏"之谓。卮则指一侧有环柄的酒杯。作为酒器的碗，与盏相比尺寸要大一些，当然在实际生活中名称的使用会很灵活，诗歌就更是如此。金酒碗，隋唐又常常称之为金叵罗，或作金颇罗。如李白《对酒》"蒲萄酒，金叵罗"；唐彦谦《送许户曹》"劝饮花前金叵罗"；前引《高兴歌》"珊瑚杓，金叵罗"。它应即《隋书·西域传》"曹国"条中提到的"金破罗"，而"破罗"一词乃是外来语的一个对音，因此与音对应的字并不固定。不过它源出伊朗语 Padrōd，本是指碗、杯一类的容器似无问题（蔡鸿生《唐代九姓胡与突厥文化》，中华书局一九九八年）。大致可以说，最初金叵罗是特指波斯萨珊以及粟特或粟特风的酒器，中土化的仿制品大量出现之后，便只是用来概指制作精好的饮器。

至于酒碗与茶碗的区别，虽然看来并非十分显明，但细审其中的典型样式仍可见出二者的不同。以长沙窑为例，比较自铭"美酒"和"茶埦"的器具，可见茶碗通常为圆口、斜直壁，酒碗则四出花口、腹壁及近口沿处有弧曲。以自铭用途的碗式作为参考反观唐代金银器，大致可以析出其中的酒碗之属。陕西耀县柳林背阴村出土银金花鸿雁纹四曲碗，"宣徽酒坊宇字号"款鸿雁纹银碗，四川广元旺苍县银器窖藏银金花团窠鸿雁纹四曲花口碗，武功县文化馆藏鹦鹉纹五曲花口银碗，又黑石号沉船出水银金花双鱼纹四曲花口碗，是晚唐金银酒碗的主要样式（图61）。王定保《唐摭言》卷十五记唐文宗赐酒王源中，酒椀置于两盘，"每盘贮十金椀，每椀容一升许，宣令并椀赐之。源中饮之无余，略无醉态"。金银酒碗容酒一升左右，大约是这时候的常量。

大于酒碗而为饮器中尺寸之巨者，则有酒海。酒海中的大器，乃至"受一斗以上"（见《太平广记》卷二三三"裴弘泰"一则）。酒海或有盖子，

图 61·1　银金花鸿雁纹四曲碗
图 61·2　"宣徽酒坊宇字号"鸿雁纹银碗
陕西耀县柳林背阴村出土
图 61·3　银金花团窠鸿雁纹四曲花口碗
四川广元旺苍县银器窖藏
图 61·4　鹦鹉纹五曲花口银碗
武功县文化馆藏
图 61·5　银金花双鱼纹四曲花口碗
印尼勿里洞黑石号沉船出水

图 62·1　银金花小簇花纹盖碗（酒海）
西安南郊何家村窖藏

图 62·2　银金花折枝花纹盖碗（酒海）

玄宗赐安禄山之物中有"金平脱酒海一并盖"（《安禄山事迹》），何家村出土银金花小簇花纹盖碗（图 62·1）、银金花折枝花纹盖碗（图 62·2）、银金花宝相花盖碗，口径均逾二十厘米，似可当之，盖碗器与器盖都分别有墨书标明重量，如末一例盖内墨书"二斤一两并底"，器内底墨书"三斤二两并盖"。今人所谓"小簇花"，应该就是唐代绘画中的"丛艳"，即蓬勃怒生的一丛花叶。它在南唐徐熙笔下成就为"装堂花""铺殿花"，但此前已广泛施用于装饰领域。

卮作为一种小型饮器，战国时代即已经活跃在生活中，比如著名的"画蛇添足"故事。至于卮的得名，原初是因为它乃屈木制成，郑玄注《礼记·玉藻》"杯圈"曰："圈，屈木所为，谓卮匜之属。""屈木所为"，便是将杨柳等木破作薄片，以揉屈的办法制成圈形木器，很多漆器的木胎，即是这般做法。圈木为器，最简单的造型自是圆筒式，这也是卮的基本样式。唐代金银器中的环耳杯可以说是粟特样式与传统造型的相互融合，如出自何家村窖藏的金筐宝钿装金卮（图 63·1）、八伎乐金卮（图 63·2）、八伎乐鎏金银卮（图 63·3）。卮耳或仍依汉代旧制，或在旧式上加添装饰意匠，比如依势做成一枚垂覆的叶片，又或把压指板

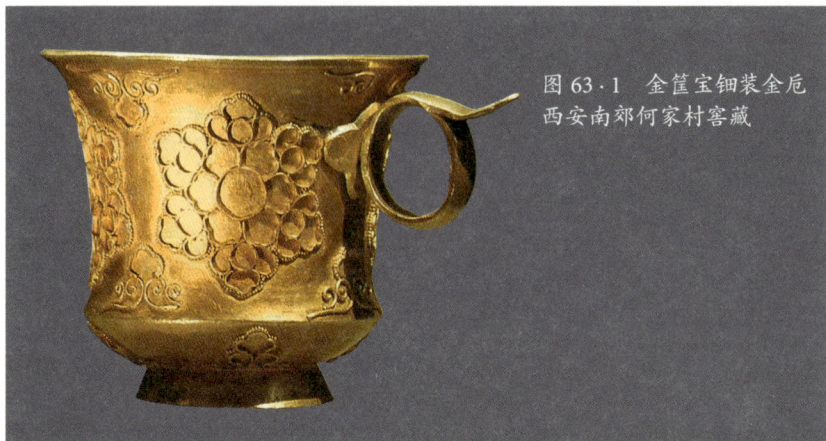

图 63·1　金筐宝钿装金卮
西安南郊何家村窖藏

图 63·2　八伎乐金卮

图 63·3　八伎乐鎏金银卮

扩展成一个小小的平台，平台上装饰各种纹样。固然它是胡风，即撷取了粟特银器的做法（图64），但外来元素与传统器型的嫁接，却完成得很自然。华盛顿弗利尔美术馆藏一件缠枝花鸟银卮，鱼子地上清劲而婉秀的缠枝葡萄间是飞鸟和奔兔，侧面铆接的一个花叶卮耳仍依汉式（图65）。一般认为，中晚唐以后这一样式已不再流行，不过赤峰阿鲁科尔沁旗辽耶律羽之墓出土环耳七棱金杯（图66·1）、内蒙古通辽科尔沁旗左翼吐尔基山辽墓出土环耳八棱金杯（图66·2）、巴林右旗洪格尔苏木哈鲁辽墓出土银鎏金杯盘

图64　粟特银杯　弗利尔美术馆藏

图65　缠枝花鸟银卮　弗利尔美术馆藏

一副，金杯与坐在承盘上的镀金银杯，依然此式（图66·3）。辽代金银器多有粟特银器的元素，当是原因之一。

尚有传统式样的耳杯。这时候选取耳杯的造型，很可以看作是复古，至少它不是唐代的流行样式。今所见有出自何家村窖藏的一对。耳杯内外及双耳均遍施鱼子地，外壁以细软的枝条、硕大的花朵、如此两对折枝分隔四座花台，花台上分别立着或一只或一对的鸳鸯和鸿雁，鸳鸯是倨傲的样子，鸿雁是警觉的神情。内底心是四弯折枝与四朵流云簇拥的宝相花。双耳各有花朵露出半面，两隅以角花妆点（图67）。

图 66·1　金錾花七棱錾耳杯
阿鲁科尔沁旗耶律羽之墓出土

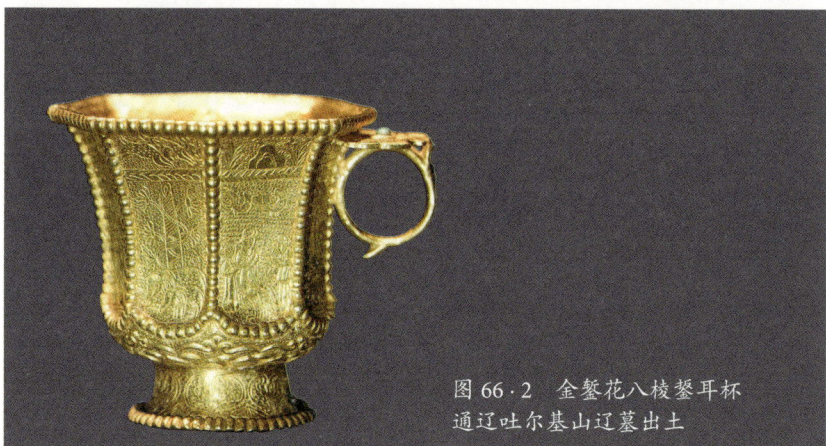

图 66·2　金錾花八棱錾耳杯
通辽吐尔基山辽墓出土

图 66·3　银鎏金杯盘一副
巴林右旗洪格尔苏木哈鲁辽墓出土

图 67　银鎏金花鸟纹耳杯 / 盏心
西安南郊何家村窖藏

　　酒盏常有承盘，造型与纹饰一致或相互呼应的一套酒盏与承盘便是盘盏一副，如河南伊川鸦岭唐齐国太夫人墓出土双鱼纹金盏银盘（图68）。盏为椭圆形四出花口，近缘錾一周莲瓣纹，盏心复以内向的莲瓣纹拢起一泓水波，波浪间打作一对戏珠游鱼。盘象风中荷叶，盘缘打作规整而又柔和自然的弯弧以表现风起处叶边的微敛，宽折沿上细錾叶脉，波曲间打作四对并游的"比目鱼"。盘心用凸弦纹框起略呈浅凹的椭圆形托座，其上錾刻毬路纹。托座之外的装饰带做成鱼子地，錾刻相间的四对鸿雁和四朵流云。双鱼，云、雁以及装饰框均鎏金。墓主人齐国太夫人濮阳吴氏是唐成德军节度使王承宗之母，卒于长庆四年（八二四年）。唐代又称此盏与盘为子母，或又名盘为台。张鷟《朝野佥载》卷一："龙朔年以来，百姓饮酒作令云：'子母相去离，连台拗倒。'子母者，盏与盘

图 68　双鱼纹金盏银盘（盘盏一副 / 盏心）　河南伊川鸦岭唐齐国太夫人墓出土

也；连台者，连盘拗倒盏也。"与后来宋元时代盘盏、台盏形制有显著之别不同，唐代作为"盘盏一副"的承盘中心或没有凸起的台子，又或凸起不高，略与口沿平齐。张鷟所处为初唐，这时候的所谓"台"，只是承托之意，因此"盘""台"可以通用。广元旺苍窖藏银金花摩竭戏珠莲叶纹承盘，四枚撒扇一般的荷叶两两相对合作承盘的方胜式造型，莲叶上细细錾出叶脉，每个莲叶上面一对摩竭戏珠，莲叶之间的鱼子地上打作缠枝卷草成为顾盼相生的莲叶茎，盘心一朵莲花，花心鼓起一颗颗莲子（图69·1）。原初当有造型一致的一只酒盏与它构成组合。长沙中南工业大学桃花岭唐墓出土银鎏金莲花纹承盘（图69·2）、繁峙县金山铺乡上浪涧村窖藏银鎏金莲花鲇鱼纹承盘（图69·3），也都是晚唐的实例。《北梦琐言》中提到的"泽金台盘"，应是此类。

唐代宴饮诗中，"觥"是一个出现频率极高的器名，而它正是饮酒器中的要件。觥，也称"觥盏"或"觥船"。它虽为饮酒器，却有别于平常的饮酒器，不仅仅是大小之别，实质在于觥是酒席中公用的罚爵。觥，也作觵，初义为先秦礼器中的酒器。《诗·周南·卷耳》"我姑酌彼兕觥"，《毛传》："兕觥，角爵也。"即仿犀角样式制成的饮器。《说文·角部》："觵，兕牛角可以饮者也。"《卷耳》"兕觥"句《郑笺》："觥，罚爵也。……旅酬必有醉而失礼者，罚之亦所以为乐。""旅酬"，上古时代的饮酒仪式，即采用"接力"一般的方式用同一件酒具递相酬饮，醉而失礼，便用兕觥作为罚酒之器饮失礼者，此饮器，称作"罚爵"。这一风俗相沿至唐而不衰，不同在于以当日酒令的发达而把传统的罚失礼易作罚违令，即一面沿用了觥原有的"罚爵"之义，一面用花样繁多的酒令将"罚之亦所以为乐"的举措变作酒席筵中的游戏。觥于是成为席间酒器中的罚爵，司掌罚酒者便是游戏中的核心人物，因此名作觥使或觥录事。其时觥盏的形制并不固定，不过是在行酒令之际临时命名。《太平广记》收录一则《张生》故事，道汴州张生与妻阔别而还，趱行至夜，不期走进妻子的梦

图 69·1　银金花摩竭戏珠莲叶纹承盘
四川广元旺苍县银器窖藏

图 69·2　银鎏金莲花纹承盘
长沙中南工业大学桃花岭唐墓出土

图 69·3　银鎏金莲花鲇鱼纹承盘
繁峙县金山铺乡上浪涧村窖藏

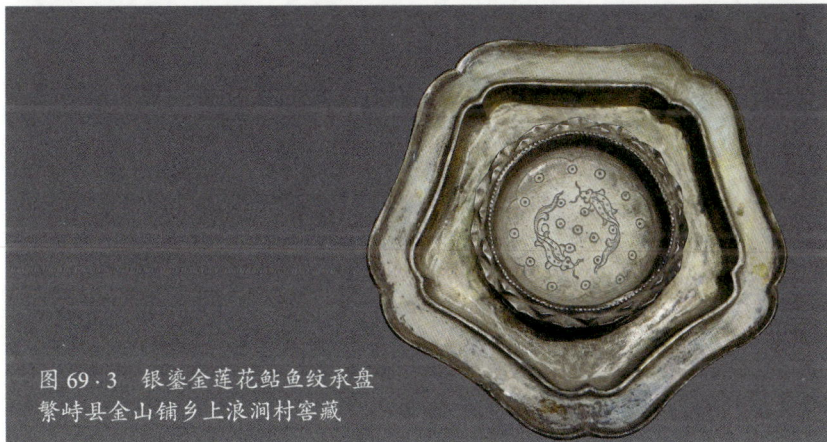

境，但见"宾客五六人，方宴饮次"，而妻子也在坐中。一长须者持盃劝饮。——酒至白面少年，又紫衣者，又黑衣胡人，又绿衣少年，又紫衣胡人，以是依次而饮。酒至某人，长须者即请张妻歌以送酒，酒至张妻，则长须者以歌为之送酒。张妻勉强歌送一回，即不乐从请，于是"长须持一筹籤云：请置觥。有拒请歌者，饮一鍾；歌旧词中笑语，准此罚"。酒令既下，张妻不得已，只好歌送至再、至三。"酒至黑衣胡人，复请歌，张妻连唱三四曲，声气不续，沉吟未唱间，长须抛觥云：'不合推辞，乃酹一鍾。'张妻涕泣而饮"。"酒至紫衣胡人，复请歌云：'须有艳意。'张妻低头未唱间，长须又抛一觥"，云云。"须有艳意"，即要带出风月的意思来，故张妻颇费沉吟。"涕泣而饮"，是屡歌已难，又何堪大杯罚酒。故事中的"觥"，即专用作罚酒的酒杯，长须者取出筹籤曰"请置觥"，则他俨然兼立法与执法的律、觥二录事于一身，也因此所置之觥便有了"法律"的效用，在此临时情况下，它也很可能是取用坐中的饮器之一而以"觥"命之。

觥盏最常用的一种是酒船。酒船之称已出现于南北朝，它的近缘似即耳杯，或曰羽觞，而在曲水流觞中，耳杯即已蕴含了船的意象，不仅以造型，而且以饮酒方式。唐人《大业拾遗记》中有关于行酒船的故事，船为八尺长的小舸子，上有两尺来高的木人，一个擎酒杯立在船头，旁边另有一个捧酒钵，又有两个中央荡桨，一个撑船在后。行酒船随岸而行，池边回曲处各坐宾客，船每到坐客的地方便停住，擎酒木人于船头伸手，"客取酒饮讫，还杯，木人受杯，回身向酒钵之人取枓斟酒满杯，船依式自行，每到坐客处，例皆如前法"（《太平广记》卷二二六）。此虽是用了特别的机巧，不过行酒之习如故。而唐人每把劝酒之器称作酒船，与曲水流觞及行酒船故事自然都很有关系。刘禹锡有诗题作《浙西李大夫示述梦四十韵并浙东元相公酬和斐然继声》，句云"罚筹长竖纛，觥盏样如舠"，正好为此"觥船"作注。罚筹，即行令所用的令筹。舠，船也。

浙西李大夫，即李德裕。原唱句云"无聊然蜜炬，谁复劝金舠"，李氏自注："余自到此，绝无夜宴；酒器中大者呼为舠，宾僚顾形迹，未曾以此相劝。""顾形迹"者，恐酒醉失态也，因舍酒船不用。那么以酒船为劝，自是不顾形迹，旨在一醉方休。由此可知，酒船特色有二，即相对而言容量为大，又其式如船。

觥盏以船为式，可以有不同的表现方法。第一种，南北朝直至隋唐，造型来自西域多曲长杯的一类，正是合用的样式。如赤峰敖汉旗李家营子出土的银长杯（图70·1），如分别收藏于白鹤美术馆和维多利亚与阿尔伯特博物馆的多曲长杯（图70·2～3），末一例长杯内壁两端各錾一尾鱼，纹样鎏金，似见水意。大约最初它进入中土上层社会生活的时候，即因其式如船而"西体中用"成为筵席上专用来行令而饮的酒船，曾几何时，则连"体"也完全中土化，中晚唐金银器中属于此类的实物数量不少，可以视作多曲长杯的变化形式。西安市太乙路出土金摩竭纹四曲长杯，是唐代后期金银酒船的样式之一（图71）。敦煌变文《双恩记》"镂花之叠摞何穷，起突之舡连莫数"，此舡，即酒船，起突，即如这一件四曲长杯内底心凸起之纹饰。此外尚有多例（图72）。出自陕西耀县柳林背阴村酒船内底心饰一枚鎏金荷叶，被风吹卷的叶边向着叶心四合，中间并卧露着银质本色的贴体并游之双鱼，便是时人眼中的"比目鱼"。三门峡市第二面粉厂出土的酒船形肖一枚风翻荷叶，荷叶翻折处一双鸿雁衔枝，内底心一对水中戏莲蓬的游鱼，此即前面多次提到的鲇鱼，西安博物院藏金花银酒船内底心的双鱼也是它。

第二种，杯为船形而式样仿生，如摩竭式酒船，它应是由来通式酒杯演变而来。目前发现的五代及辽物，多为瓷器。

此外尚有形式比较简略的一种，如分别出自广元旺苍银器窖藏和湖南麻阳旧县银器窖藏几种样式的银酒船（图73）。后者的时代约当晚唐五代，器为船形而纹饰取意于风荷，器内錾刻纤细的虚线做成荷叶脉理以

图 70·1 银长杯
赤峰敖汉旗李家营子出土

图 70·2 金花银多曲长杯
白鹤美术馆藏

图 70·3 银多曲长杯
维多利亚与阿尔伯特博物馆藏

图 71 金摩羯纹四曲长杯（酒船）
西安市太乙路出土

72·1	72·2
72·3	72·4
72·5	72·6

图 72·1　金花银酒船　陕西耀县柳林背阴村出土
图 72·2　金花银酒船　西安博物院藏
图 72·3　银鎏金酒船　三门峡市第二面粉厂出土
图 72·4　金花银酒船　呼和浩特和林格尔县出土
图 72·5　摩竭戏珠纹银酒船　浙江长兴下莘桥窖藏
图 72·6　鸿雁衔瑞纹金酒船　印尼勿里洞黑石号沉船出水

图73·1　银酒船之一
四川广元旺苍县银器窖藏

图73·2　银酒船之二

图73·3　银酒船
湖南麻阳旧县银器窖藏

及水风吹卷的效果，可以视作前举西安博
物院藏四曲花口双鱼戏珠金花银酒船的简
化版。

前面说到觥盏的特色之一是体量大。
已经举出的酒海是一种。又有出自丁卯桥
窖藏的银素面盏一件，通高十四点八、口
径十四点五厘米。盏身中腰打作凸棱一周，
凸棱以上做成五曲式，以下为圆，圜底作
收，下接高圈足，圈足内刻"力士"二字

图74　银素面盏（觥盏）
镇江丁卯桥银器窖藏

（图74）。银盏的形制颇为独特，从窖藏中的酒器品类来看，可以认为它
便是唐皇甫松《醉乡日月》所说令筹中用于罚酒的觥。杜甫《乐游园歌》
有"百罚深杯亦不辞"之句，深，可以是曲折，如鹦鹉杯；也可以是高，
即如此盏。

与觥盏配合使用的是酒令用具。丁卯桥窖藏中有自铭"论语玉烛"
的银鎏金龟负筹筒，亦即玉烛五十枝连笼台一具（图75）。玉烛，令筹；
筹筒，即笼台。花蕊夫人《宫词》"玉烛抽看记饮巡"，宋章渊《稿（或
作槁）简赘笔》说酒令：唐人酒戏极多，"又有劝酒玉烛，酌酒之分数为
劝"。它也称笼筹。朱湾《奉使设宴戏掷笼筹》"一朝权入手，看取令行时"，
即此物。又银鎏金纛一枝，银鎏金令旗八枝（图76）。令旗之一顶端有矛，
此外七枝做成竹节形，其一上端接焊竹叶。纛，即前引刘禹锡诗所云"罚
筹长竖纛"。令旗亦名枪筹。元稹《酬窦校书二十韵》"尘土抛书卷，枪
筹弄酒权"，前面引《高兴歌》说饮酒"千车鹿脯作资财，百只枪筹是家产。
无劳四家犯章呈，不明不快酒满盛"，皆言此物。如此一组，乃唐代酒令
之一的"令筹"用具，即以筹宣令，以筹司饮。《醉乡日月》所述筹令规则，
正是它的使用说明。该书《明府》一节说道："盖二十人为饮而一人为明
府，所以观其斟酌之道。每一明府管骰子一双，酒杓一只。"《律录事》：

图 75　银鎏金龟负"论语玉烛"筹台
镇江丁卯桥银器窖藏

图 76　银鎏金龘与令旗
镇江丁卯桥银器窖藏

"凡筹台，以白金为之，其中实以筹一十枚，旗一，龘一。旗所以指巡也；龘所以指饮也；筹所以指犯也。"又《觥录事》："有犯者，辄设其旗于前曰：某犯觥（法，先旗而后龘），犯者'诺'而收执之，拱曰：知罪。明府饷其觥而斟焉。犯者右引觥左执旗附于胸，律录事顾伶曰：命曲破送之。饮讫无坠酒，稽首以旗、觥归于觥主曰：不敢滴沥。复觥于位。后犯者捉以龘，叠犯者旗龘俱舞。"犯，即违令。所谓"曲破送之"，即歌以送酒，如前举《张生》故事。

　　玉烛亦即令筹五十枚，把《论语》词句按照字面之意编排为筹令，饮与不饮、劝与被劝、饮多饮少，均依令筹所规定的"饮、劝、处、放"四种情况而行事，而分别以五分、七分、十分、四十分为依令饮酒之章程（图 77）。分数即酒量单位，十分为满杯，四十分为满斝四杯。如"一箪食一瓢饮，自酌五分"，"君子之居何漏（陋）之有，自饮七分"，"四海之内皆为兄弟，任劝十分"，"择其善者而从之，大器四十分"。

金银食器中又有㮠和盛子，盘和碟，筯与匙。

㮠，或曰㮠子，即饭席中放置果菜的有隔之盘，或有盖为盒，也称作盒盘。唐代遗存中制作最精的一批出自扶风法门寺地宫，为五器一叠、两叠十枚银金花㮠子。其器单件通高三

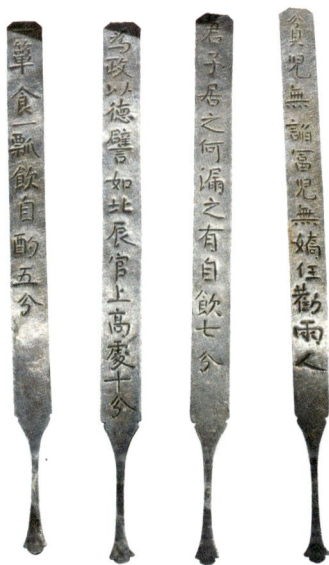

图 77　银鎏金酒筹（部分）
镇江丁卯桥银器窖藏

点八、口径十点三厘米，直口、浅腹、平底，器心分作四隔，上有子母口可以相叠，下为壶门式座，即所谓"牙床脚"，六个开光之间錾卷草纹并鎏金（图 78）。其形制与此前之㮠子无别，不过材质与做工精好而已。法门寺地宫中的衣物账碑在"银金花供养器物共卅件、枚、只、对"下列举"㮠子一十枚"，便正是这十件银金花㮠子。

图 78　银金花㮠子（叠置）　法门寺地宫出土

"盛子"，即盒，时写作"合"。与酒器列在一处的盛子，通常是筵席上用作贮放果品的果盒。方者以漆盒为多，圆者或为金银器。盛子每与牙盘、碟子、酒樽组合为筵席用具。

碟与盘的分别，除前者小、后者大之外，尚有无足、有足，矮足、高足的不同。碟通常无足，有足者因此便要特地表明，如"平脱着足叠子"，见《酉阳杂俎》所记御赐安禄山物。法门寺地宫出土银金花五曲碟有足与无足者各十枚，尺寸、重量、纹饰都很接近（图79）。西安曲江池村出土六出花口银金花碟一枚，器心金花好似折枝，其实并无折痕，仍是没有起迄的一弯枝条团圞如花，只是未曾完全合拢（图80）。就用途而言，碟多用作盛放干果，每置于宾客近前。盘多用作置放各式果品面点，常常是席面陈设，即唐人所云"饾饤"。殷尧藩《帝京二首》"迎春别赐瑶池宴，捧进金盘五色桃"；王建《宫词百首》"一样金盘五千面，红酥点出牡丹花"，也同此情景。或疑诗中的"五千面"是五十面之讹，不过从文献记载的皇家用器来看，五千面并不算过分夸张。

盘之特色鲜明者有两种样式，第一种，为西安市东郊八府庄唐大明宫东苑遗址出土的银金花狮纹六曲三足盘，盘高六点七、盘径四十厘米（图81·1）。大者尚有唐人所云"二尺盘"。前面举出的宽城出土银金花鹿纹菱花口三足盘盘径五十厘米（图16·2），出自西安市北郊坑底村的"裴肃进"团凤纹银金花盘径五十四点六厘米（图81·2）日本正仓院藏鹿纹菱花口三足银金花盘盘径六十一点五厘米。盘里侧铭文二，其一："字字号二尺盘一面重一百五两四钱半。"其一："东大寺花盘重大六斤八两。"后铭为输入东瀛后的补刻，前铭系出自唐王朝；唐大尺平均值为三十厘米。第二种，为丁卯桥窖藏中的银金花双凤戏珠纹菱花口长盘（图82·1）、西安博物院藏银金花人物故事图菱花口长盘（图82·2）、广元旺苍窖藏菱花口素面长盘（图82·3）。此类多见于唐后期。三足盘或多足盘也称作牙盘，其用途在唐代的绘画中也表现得很明确，如唐昭陵

图 79·1　银金花五曲碟
法门寺地宫出土

图 79·2　银金花五曲着足碟

图 80　六出花口银金花碟
西安曲江池村出土

图 81·1　银金花狮纹六曲三足盘
西安东郊八府庄唐大明宫东苑遗址出土

图 81·2　"裴肃进"团凤纹银金花盘
西安北郊坑底村出土

图 82·1 银金花双凤戏珠纹菱花口长盘
镇江丁卯桥银器窖藏

图 82·2 银金花人物故事图菱花口长盘
西安博物院藏

图 82·3 菱花口素面长盘
四川广元旺苍县银器窖藏

房陵公主墓前室东壁北侧的一幅侍女图，图中一位身着石榴裙的侍女手持多足盘，浅浅的盘心里放着两色瓜果，从人与物的大致比例来看，盘径当在五十厘米左右（图83）。圈足盘的使用，前举长安县南里王村唐墓壁画宴饮图中可以看到，食案的中间一列陈设着果品诸物，置物之盘即此类，虽画笔草草，而其意可见。

作为食器的匙常常与箸同出，而与酒勺不同。酒勺前面已经提到，即勺叶为圆形，又或做成花口，匙叶则趋于长圆，如丁卯桥窖藏中的银酒勺六柄、银匙十件（图84）。长兴下莘桥银器

图 83　唐昭陵房陵公主墓壁画（摹本）

图 84·1　银酒勺　镇江丁卯桥银器窖藏　　图 84·2　银匙

窖藏有花口长柄银酒勺二（图85·1），银匙二十三柄。中有五柄匙叶以莲瓣缘边，内里錾摩竭戏珠，纹样鎏金（图85·2）。又有一柄匙叶錾双鱼，也是前举金花银酒船中出现的鲇鱼（图85·3）。《朝野佥载》卷三云武则天试鼎师之异能，"令以银缸盛酱一斗，鼎师以匙抄之，须臾即竭"，可见匙的用法。

宴会需用之器尚有香具一项，它本来似与宴会无关，然而在喧腾的筵席中却常有名香喷吐轻烟。白居易"炉烟凝麝气，酒色注鹅黄"（《江南喜逢萧九彻因话长安旧游戏赠五十韵》），王建"香薰罗幕暖成烟，火照中庭烛满筵"（《田侍中宴席》）；施肩吾"兰缸如昼晓不眠，玉堂（一作炉）夜起沉香烟"（《夜宴曲》），等等，均可见席间的暖香一缕。在以金银为酒器的欢宴中，便总会有金银香具点缀豪华。镇江丁卯桥唐代银器窖藏中，与"力士银酒器"同出的有金花银炉一具，即是一例。

这一节里多次提到的丁卯桥窖藏，其酒器涵盖了晚唐金银酒器的主要类型，而无论造型与纹饰都已洗尽胡风。呈现在我们面前的虽然只是一批器物，但由器物的名称和样式却得以见出逝去了的无数盛宴，它也是无数次出现在诗人笔下的情景，如白居易"就花枝，移酒海，今朝不醉明朝悔。且算欢娱逐日来，任他容鬓随年改。醉翻衫袖抛小令，笑掷骰盘呼大采"（《就花枝》）；"客迎携酒榼，僧待置茶瓯。小宴闲谈笑，初筵雅献酬。稍催朱蜡炬，徐动碧牙筹。圆盏飞莲子，长裾曳石榴"（《想东游五十韵》）；又"密坐随欢促，华樽逐胜移。香飘歌袂动，翠落舞钗遗。筹插红螺椀，觥飞白玉卮"（《代书诗一百韵寄微之》），等等。就花枝移酒海，抛盏，飞觥，掷骰呼采插筹，酒宴行令的种种细节，都是唐代饮酒风俗中最见特色的内容，由丁卯桥窖藏中的一组酒令用具，特别是与酒筹配合使用的"觥盏"，可以把这一切展现得更加分明。此后的五代金银器制作似乎再不见突出变化，直到宋，才以造型、纹饰、工艺及风格与气韵的全面推演而开出一个新局面。

图 85·1 银酒勺
浙江长兴下莘桥银器窖藏

图 85·2 摩竭戏珠纹银匙

图 85·3 双鱼纹银匙

第四节 香器

香事原有着久远的传统，一是礼制中的祭祀之用，《诗·大雅·生民》"取萧祭脂"，毛传："取萧合黍稷，臭达墙屋，既奠而后爇萧，合馨香也。"郑笺："至其时，取萧草与祭牲之脂，爇之于行神之位。"二是日常生活中的焚香，即焚于室内，以祛秽气；熏衣与被，以取芳馨。

魏晋南北朝时期随佛教东传的香事之种种，不过是融入本土固有的习俗，而非创立新制。隋唐香事的要用，大而言之，仍不外两端，即释道供养与平居焚香。而香具的品类与形制，均远逾前朝。金属制作的香炉，唐代之前，以铜以及铜鎏金或错金银者为多，金银制品似乎鲜见。从目前考古发现的情况来看，唐代金银香炉以及香器，以陕西扶风法门寺地宫出土的一批最为集中，差可代表唐代金银香器的主要类型与样式。

一、豆式炉，即立于地宫前室门外的衣物账碑登录之"银香炉一重廿四两"，系不空第三代弟子遍觉大师智慧轮所施。素面银炉炉身内置一个可以提挈的炉碗，炉碗坐在炉身里熨贴无隙，稍稍外翻的窄平沿又正好与炉身上缘扣合，平沿上一个望柱式提钮（图86）。

二、莲花炉，此即衣物账碑中登录的"银香炉一副并椀子"，便是久被认作"鎏金银羹碗子"的一件。香炉以一枚下覆的荷叶为炉座，一朵仰莲为炉身，内置炉碗，覆钵式炉盖飘几朵镂孔流云以散发香烟，盖顶一个莲苞钮（图87）。它是咸通十四年真身舍利自法门寺地宫取出运往长安之后，懿宗所赐银金花供养器之一。

三、多足炉。三足炉或五足炉，多用于佛前供养。法门寺出土的银金花朵带环子五足炉发现于地宫后室靠中部的位置，香炉两旁是一对银金花人物图香宝子（图88）。香炉炉底铭文云"咸通十年文思院造八寸银金花香炉一具并盘及朵带镮子全共重三百八十两"，而衣物账碑记有"香炉一副并台盖朵带共重三百八十两，香宝子二枚共重四十五两"。可知香炉与香宝子一对乃香具一组。地宫中佛指舍利八重宝函中的银鎏金宝函与纯金宝函纹饰也恰好刻画着香炉两边的一对宝子，与地宫出土的实物若合符契。五足炉炉身与炉盖分制，盖顶以一周起翘的莲瓣纹做成出烟孔。侧视，盖顶便是半开的一个莲蕾；俯看，却又是瑞草交缠中一朵绽放的莲花。瑞草回环处留出的五个空间各有莲花一茎，花心一只卧龟，回颈嘘气，缭绕成两向纷披的瑞草。炉身铆接五个兽蹄足，足间各缀朵带，盖沿与炉壁也分别以瑞草烘托主题。承炉之台是个五足盘，装饰与香炉相与呼应，台心一对口衔缠枝琪花的孔雀，扶旋猗那，动容转曲，成就一大朵团花。

图86 银香炉
法门寺地宫出土

图87 银金花香炉
法门寺地宫出土

图 88·2　银金花
人物图香宝子一

图 88·1　银金花朵带环子五足炉
法门寺地宫出土

图 88·3　银金花
人物图香宝子二

　　四、高座炉。此式香炉借鉴了家具中牙床座的做法，为使器座有通透感，每每下开壶门。出自法门寺地宫的金花银壶门座铺首衔环炉，炉底錾文"五十两臣张宗礼进"（图 89·1）。炉身造型如微呈五曲的浅腹盆，炉座则如倒覆的深腹盆，下方五个开光，其间是卷草纹鱼子地上的鎏金鸿雁。衣物账碑登录之"香炉一枚，重卅二两，元无盖"，即此物。所云"元无盖"，当是点检器物时已失盖，故重止卅二两，则张宗礼进献时为五十两原应连盖计重。又高圈足银香炉一件（图 89·2），出土时炉盖贴着签封，墨书标其名为"大银香炉……臣杨复恭"云云，此即衣物账碑所录"银白成香炉并承铁"。炉盖与炉身分制，盖取象于覆钵式塔，顶端做成一朵莲苞，上方的镂孔花瓣以及镂空鱼鳞式网用来出香。炉壁系内外两层铆合，内层分作六片与炉底铆接，外层即成圈足座，下开四个壶门，复与圈足相接，颇类于家具中带拖泥的牙床座。炉底除与腹壁铆接外，其下又铆焊十字交叉的两根铜条用作承托，衣物账碑所谓"承铁"，即此。银炉的铆钉顶端均饰银花帽。银炉与"银白成香合"皆为供奉官杨复恭施，杨系晚唐宦官，事迹见载于《新唐书》。

几件香炉都把莲花作为装饰纹样，炉盖、炉座饰莲纹，盖钮作成莲花苞，出烟孔也凿成莲瓣式的小洞眼。唐诗云"炉香穿盖散"（白居易《新昌新居书事四十韵因寄元郎中张博士》），像是极为平常的一句，却原来用于发散香气的炉盖每每极见巧思。

图 89·1　"张宗礼进"银香炉
法门寺地宫出土

图 89·2　"杨复恭"大银香炉

图 90·1　银金花香龟
法门寺地宫出土

图 90·2　银香龟
繁峙县金山铺乡上浪涧村窖藏

　　五、肖形炉。肖形即"象生"，或作"像生"。唐杜光庭《道教灵验记》卷十三《玉霄宫钟验》曰水部员外郎柳韬"以白金香鸭香龟数事送于玉霄"，这里的香鸭、香龟似为银制，因为下文言道"又有香鸭器皿，计其所直多矣"以及"取香鸭、香龟、金龙道具实于囊中"。今能见到的香鸭，多宋物，银香龟则可举出法门寺地宫出土和繁峙县金山铺乡上浪涧村窖藏各一件（图90）。两件都是肖形的做法，取龟的呼吸吐纳之势，龟甲为盖，口鼻喷吐香烟。唐秦韬玉《贵公子行》"银龟喷香挽不断"，所咏当是这一类。《史记·龟策列传》："江傍家人常畜龟饮食之，以为能导引致气，有益于助衰养老。"《淮南子·诠言训》曰"龟三千岁"，许慎注："龟吐故纳新，故寿三千岁。"香龟的设计，当是从这一类流传已久的古说借意。前举金花银朵带环子五足炉，炉盖上五个瑞草结中各一只莲花心里的卧龟回颈嘘气，也是同源的构思。

　　贮放香料之器，有香盒与香宝子。香盒，古人多写作香合。李贺《春怀引》"钿合碧寒龙脑冻"，意即龙脑放在以花钿为饰的香盒里。不过香盒的式样并无特别，与贮放他物的盒子是可以通用的。前已提到的香宝子，则是专用于贮香。宝子常见的有两类，一是圆筒式器身，下有仰莲座，上有荷叶盖，盖有捉手，如法门寺地宫出土的两对（图 35·4，图 88·2 ～ 3）。一是器身与盖各如一个半球，上下扣合为圆球式高足盒，如山西寿阳县贾家庄村北齐库狄回洛墓出土的铜鎏金香宝子。这一类宝子当是取意于覆钵式塔，有的盖顶捉手即作成塔刹的样子，如洛阳龙门神会墓出土的一件。宝子与香盒在使用上稍有些分别，即香盒常常是单独的一具，宝子则多半成对，便是一左一右设在香炉的两边。

行香之器，为柄香炉。柄香炉的远源在异域。南北朝时它多见于中原地区的石窟寺及北朝造像碑，最早的一例目前所知见于甘肃永靖炳灵寺石窟第一六九窟十六国时期的西秦壁画。南朝作品中也偶见此器，如江苏丹阳胡桥宝山吴家村南朝墓出土的一方羽人戏龙画像砖，羽人手中所持即鹊尾柄香炉，当然这是属于道教艺术中借用的一例。为了炉身和炉柄的平衡且宜于放置，鹊尾式柄又或向下弯折，而在与炉座平行的弯折处加一个狮子镇。此类香炉或称作"手炉"，以铜制品为多。法门寺地宫出土一件如意柄素面银手炉，柄下铭曰"咸通十三年文思院造银白成手炉一枚"云云（图 91）。

焚香夹炭，要用到香箸（图 92·1）。拨灰，要用到香匙，香匙的特殊之处是匙叶为圆形，且匙叶与柄之间有一个弯折，法门寺地宫出土的一柄，匙柄的弯折处当系因挤压而变形（图 92·2）。同出又有一具尺寸不大的银香案（图 93），式样类似带托泥的翘头案，高十点五、长十五点五、宽九点五厘米。两事均登录于衣物账碑，便是懿宗所赐"银金花供

图 91 "咸通十三年文思院造银白成手炉" 法门寺地宫出土

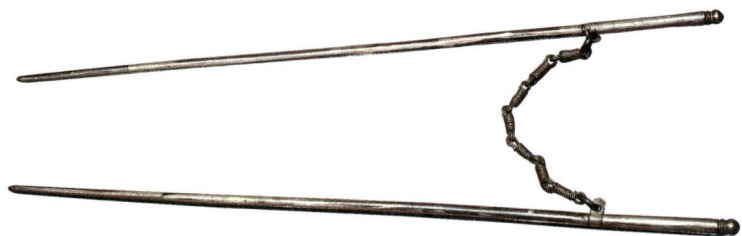

图 92 · 1　银香筋　法门寺地宫出土

图 92 · 2　银香匙

图 93　银香案　法门寺地宫出土

养器物共卅件枚只对"一项里列出的"香案子一枚，香匙一枚"。

此外同有香囊（图 94 · 1）。出自法门寺地宫的一大一小两枚香囊，大者直径十二点八厘米（图 94 · 2），外壳镂空作成花叶，鎏金圆光点缀于花叶丛中，扣合后以屈戌锁闭，内心用轴心线相互垂直的内外两层持平环支承一个小香盂，以圆环转轴的彼此制约和香盂本身的重心影响，使香盂随炉展转而总能保持平衡。此物在同出的衣物账碑中记作"香囊二枚，重十五两三分"。慧琳《一切经音义》卷七："香囊者，烧香器物也，以铜铁金银聆瓏圆作，内有香囊，机关巧智，虽外纵横圆转而内常平，能使不倾，妃后贵人之所用之也。"唐人也称作香毬，元稹《香毬》一首所咏正是此物："顺俗惟团转，居中莫动摇。爱君心不恻，犹讶火长烧"。短短二十字，香毬的结构已是描写分明。他的另一首《友封体》句云"雨

图 94·1　银鎏金花鸟纹香囊　西安南郊何家村窖藏

送浮凉夏簟清，小楼腰褥怕单轻。微风暗度香囊转，胧月斜穿隔子明"；又白居易《青毡帐二十韵》"铁檠移灯背，银囊带火爇。深藏晓兰焰，暗贮宿香烟"，诗中的香毬、香囊、银囊，自是一物。香毬的扣合处有卡轴亦即屈戌作为固定，李商隐诗"锁香金屈戌"（《魏侯第东北楼堂郢叔言别聊用书所见成篇》），最是形容得微细而巧。

图 94·2　金花银香囊／打开　法门寺地宫出土

第五节　日常杂用之器

酒器、香器之外，温酒、碾茶、煎药、炊煮，日常杂用之器，也尽可用金银彰显贵富。《新唐书》卷一九六《武攸绪传》提到朝廷赐物有"金银铛鬲"。《安禄山事迹》卷上，曰天宝九载安禄山献俘入京，玄宗命入新宅并赐诸物，中有"银丝织成笊篱、银织笊篱各一"。《太平广记》卷二三七《同昌公主》一则说道：咸通九年，"同昌公主出降，宅于广化里，锡钱五百万贯。更罄内库珍宝以实其宅。而房栊户牖，无不以众宝饰之。更以金银为井栏药臼、食柜水槽、铛釜盆瓮之属，缕金为笊篱箕筐"。

铛是从汉代的鐎斗演变而来，为温酒之器。《乐府诗集》卷四十八《西曲歌·三洲歌三曲》之三："湘东酾醁酒，广州龙头铛。玉樽金镂椀，与郎双杯行。"铫则用来煎茶、煎药，——药，常常是指丹药，阴铿《游始兴道馆诗》"坛边逢药铫，洞里阅仙书"，即是。当然温酒也无妨借用，如白居易《村居寄张殷衡》"药铫夜倾残酒暖"。而铛也或可烹茶，如《新唐书》卷一三四《韦坚传》列举运至辇下的各地土贡，中有"豫章力士瓷饮器、茗铛、釜"。至于形制之别，则铛有三足，口有流或无流，铫则有柄有流而无足。何家村窖藏中有金铛（图47）、银铛各一，造型大体相同。出自何家村窖藏的一件金铫，无足有流，内底三行墨书"旧泾用／十七两／暖药"（图95），乃明确用途。或考证"泾"即泾王李侹，故金

图 95 "暖药"金铫
西安南郊何家村窖藏

图 96·1 长柄银铫（下）
图 96·2 银提梁釜（左）
洛阳伊川鸦岭乡唐齐国太夫人墓出土

铫大约是泾王府用物，泾王卒后收归皇家内库。洛阳伊川鸦岭乡唐齐国太夫人墓出土长柄银铫（图 96·1），同出尚有银提梁釜（图 96·2），两器均有宝珠钮的盖子。

出自法门寺地宫的几件茶器，都是僖宗所施。中有银金花鸿雁流云纹茶碾子并银金花碾轮一副（图 97），碾底錾铭"咸通十年文思院造银金花茶碾子一枚并盖，共重廿九两。匠臣邵元、审作官臣李师存、判官高品臣吴弘悫、使臣能顺"。茶碾盖表是四朵流云中的一对鸿雁，碾槽边框上缘锥点玛瑙地，两侧壶门间是腾身于云朵的飞马。碾轮边缘錾文"碨轴重一十三两"，中心一朵鎏金团花，外飞四朵如意云，碾轴从花心穿

图97　文思院造银金花茶碾子
法门寺地宫出土

图98　文思院造银金花茶罗子
法门寺地宫出土

过。又银金花仙人驾鹤壶门座茶罗子一具，壶门式座，上承茶罗和屉，罗分两层，中夹罗网，屉有拉手，顶有盖子，宽面立墙是云间持节驾鹤的仙人或曰女贞，窄面是上下旋舞的一对云中鹤，盖顶颠倒相向的两个飞仙一手捧花，一手拈枝叶（图98）。器底铭曰"咸通十年文思院造银金花茶罗子一副全，共重卅七两。匠臣邵元、审作官臣李师存、判官高品臣吴弘愨、使臣能顺"。

银盐台一具，也为茶事所需。台盘是花瓣平展的一朵莲花，中心下凹錾出莲子，上有莲瓣环绕的一枚荷叶为盖，叶顶心一朵小花挺出宛折的莲茎，上面一个莲苞钮，莲苞中空，有屈戌可以开闭，锥点叶脉的荷叶上打作四尾摩竭鱼。银条盘曲而成的三足支架与台盘底部焊接，支架中腰探出细银条上的一对摩竭和两颗摩尼宝（图31、图99）。足有铭曰："咸通九年文思院造银金涂盐台一只并盖，重一十二两四钱，判官臣吴弘愨、使臣能顺。"又"四字号""小药焊"。

图99　银盐台　法门寺地宫出土

同出尚有前举毬路鸿雁纹金花银笼子（图23·2、图100·1），又金银丝结条笼子，或可用来盛放茶饼。后例银双丝结作灯笼孔分别做成笼与笼盖，笼盖口沿及笼身的上下两端包银边，笼盖顶心是金丝编就的莲花托塔，周边四朵金丝花，其外又是金丝绕成的两道如意云，笼身也是如此妆点，下方四个龙头与银片做成的蹄足相接，银片底端一分为四，每股各做成一个涡卷，便是足跟。盖以一道银链作提系。笼以银丝编的辫子纹衬底、上覆金丝编的缠枝卷草为提梁（图100·2）。当然盛茶只是此类结条笼子的用途之一，它还可以有其他功用，比如放置鲜果。白居易《与沈杨二舍人阁老同食敕赐樱桃玩物感恩因成十四韵》句云"清晓趋丹禁，红樱降紫宸"；"圆转盘倾玉，鲜明笼透银"，韩偓《恩赐樱桃分寄朝士》"未许莺偷出汉宫，上林初进半金笼"，以金笼银笼映现

图 100·1 毬路鸿雁纹金花银笼子
法门寺地宫出土

图 100·2 金银丝结条笼子

果实之鲜明，正是令人爱喜的视觉效果。

　　用于贮物的器皿，曰罐，曰瓶，曰罂，似乎并无一定。大大小小，或肩有提梁，或底有三足，式样不一。出自何家村窖藏的两件均为贮药。金花银花鸟纹提梁罐，矮颈，鼓腹，喇叭式圈足，器与盖遍施鱼子地，团花鹦鹉安排在提梁两边的器壁，穿系提梁的双耳下方，各一个团花鸳鸯（图 101·1）。鹦鹉意在写实，鸳鸯却像是先錾出两向欹侧的花、被风吹卷的叶，再添一个鸟头，于是花朵变作双翼，叶片成为身体，仿佛戏笔成俊。器盖上的缠枝卷草生着葡萄、石榴和无意写实的花朵，盖心一朵宝相花（图 32），提梁之表錾一溜儿方胜。盖内墨书"紫英五十两""白英十二两"。尺寸偏小者，或用作盛放口脂面药。西安唐李倕墓出土三足银罂大小略如小儿拳，鱼子地上打制花鸟。下方有花木间相与呼唤的鸭子，上方有同向飞着的鸟雀和鸳鸯。盖面一周八丛花叶，花叶上面四只舞蝶。顶上一个宝珠钮（图 101·2）。如果当年小银罂内果然是"膏凝

图 101·1　金花银花鸟纹提梁罐
西安南郊何家村窖藏

雪莹，含液腾芳"（刘禹锡《谢历日面脂口脂表》)，那么真是冬天里的一点春色了。

　　各种式样、各类用途的盒子也在唐代金银器中占据了重要的一席。盒，唐代文献写作"合"，两扇相合，遂为一器。唐代的"合"，便多是上下两扇各有纹样。白居易《长恨歌》所以云"唯将旧物表深情，钿合金钗寄将去。钗留一股合一扇，钗擘黄金合分钿"。出

图 101·2　三足小银䥝
西安唐李倕墓出土

自西安国棉五厂住宅小区唐墓的一枚银金花小盒，口径不足三厘米，盒身底部打作鱼子地，中间斜斜錾出两茎卷草，上方一对鸳鸯，下方是手持挝子引一只大象前行的象奴。盒盖盖面的鱼子地上錾山林里的一双奔

图102　银金花小盒　西安国棉五厂住宅小区唐墓出土

鹿，林木间飞着一只鸳鸯。两个画面均以物象大小的不成比例而别存稚气
（图102）。所谓"钿合"，则即器表装饰花钿，类如前举何家村窖藏金
筐宝钿装金卮（图63·1）。果盒，药盒，香盒，粉盒、胭脂盒、面药
盒、口脂盒，而递送礼品也是金盒银盒的要用之一。如崔致远代高骈作
书致幽州李可举，言明银接头红牙匙筯、犀托子、犀楪子等赠物分置于
大中小三具金花银合之内，见《桂苑笔耕集》卷十。唐代金银盒子造型
多样：大小方圆，如花，如花叶，如蝶，如剑环，又或瓜式、龟式、蛤
蜊式。纹饰则更加丰富，鸳鸯、鸿雁、鹦鹉、小鸭、蜜蜂、团花，又有
狮子、犀牛、猴子、鹿，等等，鸟兽每每在缠枝花卉中衔瑞牵风（图
103·1～8）。其他金银器皿中常用作组合的图案，独立出来移于造型
各异的小盒子，便成一幅特写，而织绣也好似信手可拈的粉本。山西博
物院藏鸳鸯纹金盒，盖面即与法门寺地宫出土金花大银盆盆心纹样如出
一手，工艺也似银盆那样素地上细针密线錾纹如绣品。出自印尼勿里洞
黑石号沉船的一枚银盒，底面光素，盖面图案却是鱼子地上錾纹如白描。
陈子昂《鸳鸯篇》"飞飞鸳鸯鸟，举翼相蔽亏。俱来绿潭里，共向白云涯。
音容相眷恋，羽翮两逶迤"，银盒图案便恰如一幅诗意图，更难得以锤錾
传神把"音容相眷恋"刻画逼肖（图103·4）。龟背纹盒子则很可能取自
流行的织锦纹样。

图 103·1　金鸳鸯比目鱼盒·底/盖
绵竹博物馆藏
图 103·2　折枝花卉狮鹿纹银盒
洛阳东郊十里铺村东明小区出土
图 103·3　金花银缠枝对鸟纹花叶式盒
图 103·4　花鸟鸳鸯纹银盒
印尼勿里洞黑石号沉船出水

103·1

103·2

103·3　103·4

103 · 5	103 · 6
103 · 7	
103 · 8	

图 103 · 5　银鎏金犀牛纹盒
白鹤美术馆藏
图 103 · 6　金花银瓜形盒
弗利尔美术馆藏
图 103 · 7　鸳鸯纹金盒
山西博物院藏
图 103 · 8　龟背纹银盒
河南巩义天玺尚城出土

出自四川绵竹大东街商业场的一件金象生龟盒，通长十六厘米、高五点五厘米，系用金片打制而成。锤鏊下微有弧度而趋扁平的腹甲，高高隆起、上有脊棱的背甲，又颈部和四肢的细鳞以及眼后的纵纹，均如写生一般（图104·1）。出土时四周有残破的银皮包装物，似是盛放它的银盒。日本正仓院藏一件唐代青斑石鳖合子，尺寸与之相近，长十五厘米、高三点五厘米，背甲线刻北斗七星（图104·2），因据葛洪《神仙传》"陈永伯"条所云"淮南王七星散"，推测它是用于调制仙药（《正仓院展》第七十五回）。此或可用来参考金龟盒的用途。

图104·1 金象生龟盒
四川绵竹大东街商业场出土

图104·2 青斑石鳖合子
日本正仓院藏

何家村窖藏中的一件金花银石榴花纹盒，盖内墨书"溪州井砂卅七两，十两，兼盛黄粉"。盒内原置井砂。全器之表满布鱼子地，它的繁花似锦即始于盖面中央花心处的一朵小花，由此层层绽开，成一小朵宝相花，其外八个石榴花和一重错出的宝妆花瓣，于是成就一大朵宝相花。周环八个花叶团窠，团窠内心飞着口衔花枝的鸿雁（图105）。如此布局的繁花依次推向立墙，推向盒底，铺满全器，蔚作花海无尽。所谓"花的皪兮如锦，草连绵兮似织"（杨炯《庭菊赋》），唐人赋咏秋菊之句可用来为它品题，而银盒的纹样设计也的确与织锦相近。仿佛唐代工匠有布画图案的一个共同要诀：团结、圆满，为单位纹样；舒展、开放，为整体格局。

法门寺地宫出土双狮纹金花银盒，菱花式造型，盖面上缘一周莲瓣，双钩连珠纹做成葵花式开光，光外四角各一枝并蒂菊，光内四弯缠枝花叶，枝头花朵与并蒂菊交错绽放，中间两道如意流云斜分空间为两半，一只狮子转头飞奔在前，一只狮子挽住花叶追逐在后，鎏金显花之外的鱼子地以同心圆的方式层层排列，齐齐整整，历历可数。盖与盒的立墙是鱼子地上的缠枝卷草（图106）。盒盖内底墨书"内库"，圈足外底錾文"进奉延庆节金花陆寸方合壹具，重贰拾两，江南西道都团练观察处置等使臣李□进"。延庆节，即懿宗寿诞。"李"与"进"之间缺字，卢兆荫考证此当为"李骘进"，据李骘《题惠山寺诗序》文末结衔，知他任"江南西道都团练观察处置等使"是在咸通九年至十一年之间，则银盒进奉懿宗当亦在此期间，应是在洪州当地打造（《关于法门寺地宫金银器的若干问题》，《考古》一九九〇年第七期）。

又有一种中心有孔的圆环式小盒，是盒子中的式样独特者。如一枚银金花鸿雁纹盒，通高二点一、直径四点二厘米，子母口，可扣紧，盖与盒的中间部分均下凹，扣合之际正好插接（图107）。它在后世名作穿心盒，而唐代似乎尚无此名，不过唐人传奇中提到的一种正是如此形制。蒋防《霍小玉传》说道，一日李生自外归，妻子卢氏方鼓琴于床，"忽见

图 105　金花银石榴花纹盒
西安南郊何家村窖藏

图 106　双狮纹金花银盒
法门寺地宫出土

图 107　银金花鸿雁纹穿心盒
白鹤美术馆藏

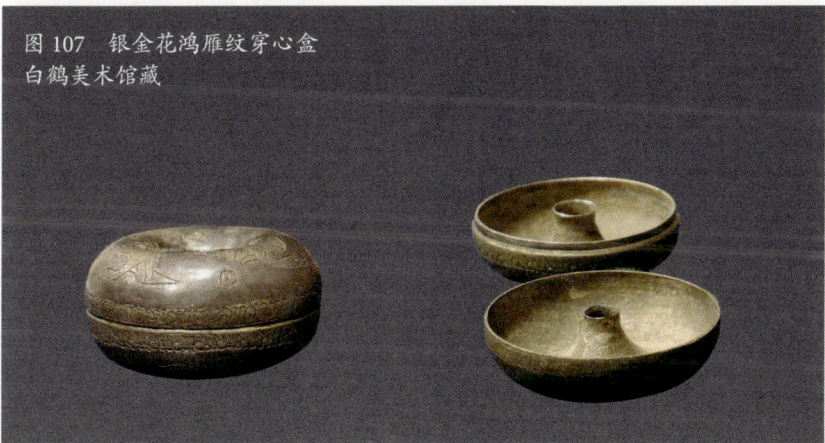

自门抛一斑犀钿花合子，方圆一寸余，中有轻绡，作同心结，坠于卢氏怀中"。合子，即盒子，它的"中有轻绡，作同心结"，原是未曾开启时所见，那么轻绡自然不是盒中物，"中有"之"中"，该是穿盒而过的意思，如此，正是一个穿心盒。

与圆盒和各种异形盒子相比，近乎方正的盝顶盒在金银器中比较少见，而多用于舍利容器。这一类式样的日用之具，或以漆器为主。何家村窖藏中的一具银盝顶盒（图 108），通高十厘米，边长十二厘米。正面中央有锁鼻，时人或称"了鸟"，固定器身与器盖的合页以一钩一环相联络，开启盒子的时候盖子便不会脱落。只是器身图案中的一个鸭头

图 108　银盝顶盒　西安南郊何家村窖藏

106

被合页构件掩住，是设计上的一个失误。器底之外，银盒的各面纹饰遍满，虽然是图案化的风景，几乎所有的构图元素都有图式，如用作边饰的缠枝卷草，主图里的缠枝莲花，花木两边对舞的凤凰，但不俗的搭配，依然使它以一种既繁密又清丽的韵致而风格别具。正面一幅是莲花台上对衔花枝的孔雀，两个边角的山峰小小的，却很有崚嶒之势，以见孔雀原是腾起在云霄，脚边飞着云朵和小鸟，高处飘浮流云、花草和翻飞的鸟雀，似乎应和着天外的轻风。背面一幅，高踞在莲座上一对口衔芝草的小鸭像是临池照水，然而图案不曾表现水，而只是花草无尽，还有成对的鸭子，飞着的小鸟和蝴蝶。下方占据两隅的山石花木好似盆景。侧面一幅山峰低小，云天阔大，众鸟朝凤，如同仙境。另一侧画面中间是挺然秀出的石榴花，上方鸳鸯鼓翼，周围花草起舞，两边各一个小儿捉飞鸟，趁猧子，《敦煌变文集·父母恩重经讲经文》"五五相随骑竹马，三三结伴趁猧儿"；"捉蝴蝶，趁猧子，弄土拥泥向街里"，未尝不是纹样设计者写真的依据。

金银平脱，也是金银器制作的一部分。便是金箔或银箔缕切为各式花片粘在所饰器物的表面，上漆若干道，至漆地与之齐平，然后细磨，使花片露出。两汉以金箔饰器，唐代的金银平脱以及用作贴饰的做成各式花鸟纹样的金银片，便都是古人所谓"镂鍱"之属，西安南郊曲江池乡出土银平脱双鹿纹漆盒，是比较简单的一种（图15）。洛阳北郊唐颍川陈氏墓出土银平脱漆盒则格外繁丽，虽挤压变形，但盒盖内外、盒内底以及外壁四面的七幅图案尚大体保存（图109）。柔条萦回的缠枝花卉，对舞的凤凰，双飞的鹦鹉，纤丽精细的线条挥洒出鸟语花香，创造它的不是笔墨，不是针线，却是坚硬甚或沉重的锤錾。《天工开物》卷中《五金》之"黄金"一节说造金箔法，"凡造金箔，既成薄片后，包入乌金纸内，竭力挥椎打成"，其下自注："打金椎，短柄，约重八斤。"虽是明代情形，但这一传统工艺变化是很小的。

图 109　银平脱漆盒残片之一　洛阳北郊唐颍川陈氏墓出土

　　漆器的金银平脱移用于青铜，便是金银平脱镜。金片银片制成纹样粘贴于镜背，然后反复髹漆直至盖没纹样，复待漆干至适宜的程度，再反复研磨，至纹样现出而与镜背浑然一体。西安东郊韩森寨出土金银平脱镜，圆钮外一周银莲叶和银莲花，莲叶翻卷的背面细錾叶脉，此外镂空，以见叶之向背。其外是四只口衔垂花璎珞的金仙鹤，间以银菊花。银辉闪烁，金光灿然，交相映发为水边天际之丽景（图110·1）。上海博物馆藏银平脱花鸟狩猎纹镜（图110·2），用于布置图案的银饰片花攒绮簇，镂镂分外精细。镜钮两边分别是口衔花枝的孔雀和凤凰，下方山石玲珑，卉木滋荣。高枝上立着仙鹤，树石间两只鸿雁，石畔一对鹿，策马追逐奔兽的猎人在镜钮上方，花枝一般的流云引出骑鹤仙人。又有金背镜、银背镜（图111）。贞观年间，吏部侍郎高季辅铨选允惬，唐太宗因特赐金背镜一面，以表其清鉴，是著名的故事，见杜佑《通典》卷十五《选举三》。

　　经过很久的生长期，金银器终于在唐代进入盛年。站在高处看，忽略掉细节，只觉得四时花卉砰然开放，一霎时万紫千红。固然是"西风吹渭水"，惹动层层涟漪，不过"万国衣冠拜冕旒"毕竟是唐人的自信，与此前的发展历程相同，这时候对异域物象的兴趣也多半在于求新异，因此中土化是迅疾的，也是强劲的。

　　唐代政治史与社会生活史中金银器的大量使用，于载籍昭昭可见，颁赐与进奉，每常以数百两、数千两或数床（置物之矮案）为计量，品类和式样也颇为可观，考古发现中的实物与之相比，实不及万一。虽然经历了安史之乱的唐朝再不复之前的强盛，然而追求享乐奢华并不会随着国势日衰而稍减。金银器的进奉之风也正是在唐代后期愈演愈烈。因此，从金银器发展的角度来看，朝廷不断宣索，各地大员及节度使争相"进献"或曰"供奉"以希恩宠，乃是这一时期金银器品类多样纹饰繁复的动因之一。当然进奉者也颇有廉洁之士，如进奉金花银盘的李勉，是历肃宗、代宗、德宗诸朝的宗室宰相。《旧唐书》卷一三一《李勉传》曰："勉坦率素淡，好古尚奇，清廉简易，为宗臣之表。善鼓琴，好属诗，妙知音律，能自制琴，又有巧思，及在相位向二十年，禄俸皆遗亲党，身没而无私积。"若所言近实，那么进奉之举当是时风之下不得不然。五代金银器除吴越国之外其他发现不多，而由杭州雷峰塔遗址所出数件已可窥

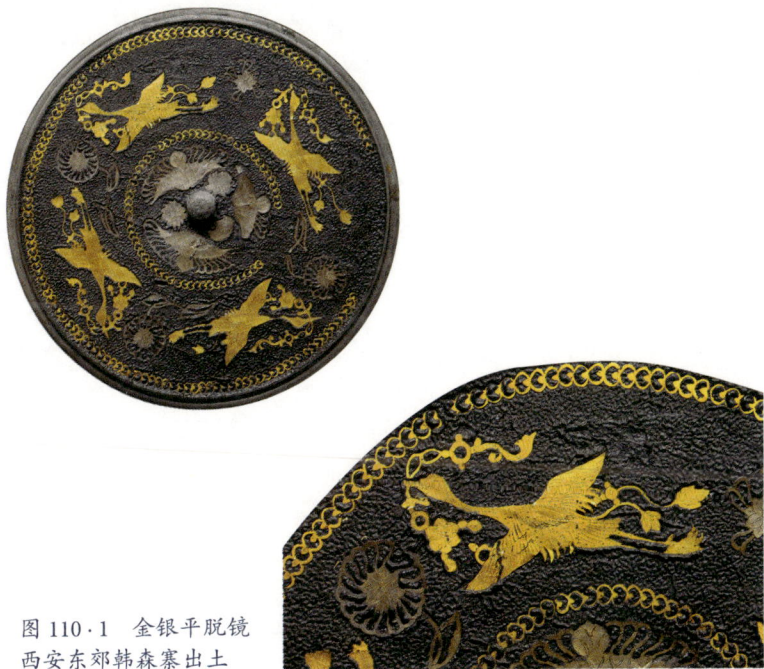

图 110·1　金银平脱镜
西安东郊韩森寨出土

图 110·2　银平脱花鸟狩猎纹镜
上海博物馆藏

图 111·1　瑞兽葡萄纹金背镜
西安灞桥区马家沟唐太州司马阎
识微夫妇墓出土

图 111·2　鸟兽葡萄纹银背镜
西安唐李倕墓出土

斑见豹（图112）。临安钱镠墓出土金食具一组：碗、盘、匙、箸、盒，是这个繁华富庶小朝廷的点滴遗存（图113）。

　　唐五代金银器的一片繁盛被辽代接过，嫁接了新的枝条。马具、带具和丧葬用器中的各种装饰用具，是辽代金银器中最具特色的部分。而器皿一类，早期纹样不少是由唐五代而来（图114），晚期器型则不乏与北宋相近者（图115），当然更多有自己的创造（图116～118）。作为东胡鲜卑族系的契丹族，建立国家之前，经历了漫长的发展过程，在这一过程中，与唐、与突厥、与回纥，都有着密不可分的联系，金银器制作也会有来自这几方面的影响。立国之后疆域继续在争战中扩大。疆土广大，资源自然也不匮乏。澶渊结盟后，得自宋朝的岁币，更扩充了辽朝的经济实力。作为一个傲然雄踞于北方的王朝——从渤海到阿尔泰山，北达贝加尔湖，南与中原政权接壤——与各方交往的便利，对不同文化的吸纳，也为金银器的设计与制作注入了活力，因另成一番面貌。

图112　纯银阿育王塔
杭州雷峰塔遗址出土

113·1	113·2
113·3	
113·4	
113·5	

图 113·1　金碗
图 113·2　金花口盘
图 113·3　金匙
图 113·4　金筋
图 113·5　金盒
杭州临安吴越国钱镠墓出土

图 114·1　银鎏金嵌
宝包镶漆盒匣盖内
通辽科左后旗吐尔
基山辽墓出土

图 114·2　银鎏金
双凤衔花纹果盘
通辽阿鲁科尔沁旗
耶律羽之墓出土

图 115　银葵花盏
巴林右旗友爱村窖藏

図 116　金錾花折肩罐
通辽科左后旗吐尔基山辽墓出土

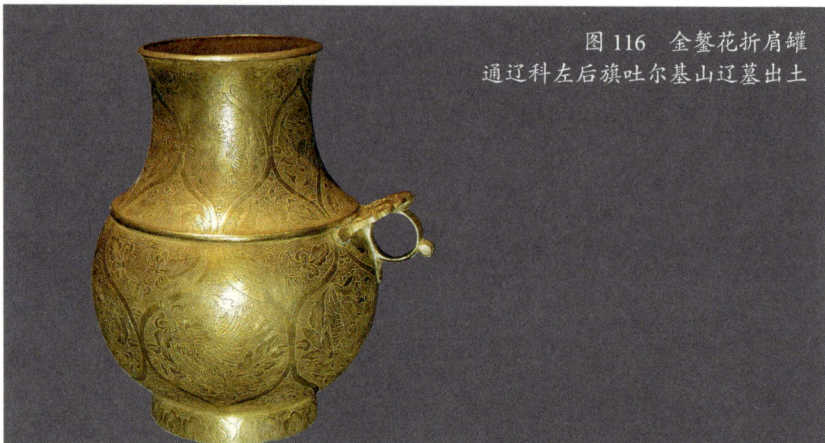

图 117　摩竭戏珠纹银盘
凌源小喇嘛沟辽墓出土

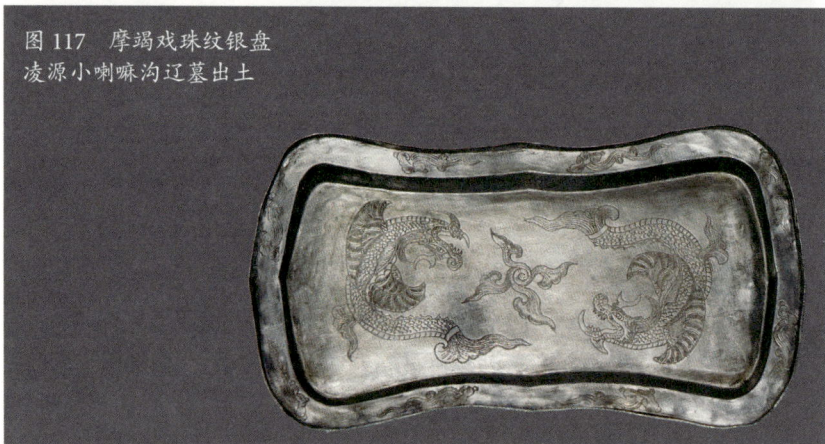

图 118　金花银鹿纹皮囊式壶
赤峰郊城子公社出土

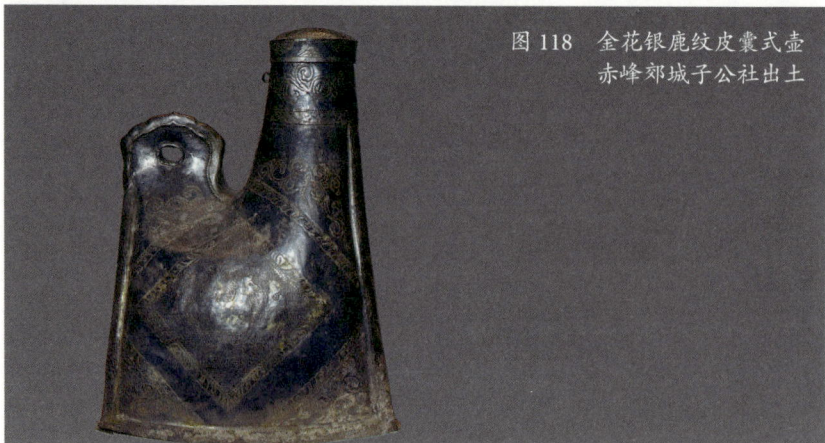

第二章

『千花百草争明媚』：宋代金银器皿

金银器走过唐代的辉煌，

也走过了融汇异域因素而形成自己风格的发展历程，

两宋则是器形与纹样不断演变，

并逐渐定型亦即中土化的时代，

它的造型与纹饰得意于时尚又引领着时尚，

以此在很是商业化而又时时浸润诗思的

时尚消费中散射魅力。

元明清在纹样与器形上便多沿袭两宋之旧，

因可说宋代是承上启下的一个最为重要的阶段。

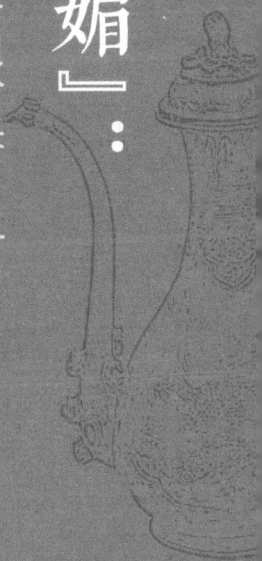

通常认为，唐代是中国古代金银器发展史中的高峰，从目前考古发现的情况来看，是不错的。不过与此相对照的宋代金银器，出自皇家者，却几无一件。取唐代之"上驷"与宋代之"中驷"乃至"下驷"互较，自然高下立见。其实就造型与纹样的创制而言，宋代差可与唐比肩，至于普及带来的数量增多以及商品化程度的提高，乃唐代所未及。因此不妨说，二者是双峰并峙，各有千秋。

依文献记载，两宋金银器皿的使用，由宫廷而民间，数量之巨，远逾于前。皇室嫁娶，宫中诞育、册封诸吉且无论，宰相生日，大臣去世，学士草制润笔，都不离金银。朝廷赐与寺观之物也多有金银器。南宋与金的往来朝聘以及宋廷维系与周边各个政权的朝贡关系，更是少不得巨量金银器的支撑。带具、马具、酒食器、盥洗用具，金银器作为赏赐与礼品，动辄百两、数百两、千两乃至万两。在"朝"，常作为赏赐；在"野"，则几为嫁妆所必需。这两项，均为考古发现所证实。

都市风光，自然也少不得金银器点染盛丽。《东京梦华录》卷八列数六月里巷陌杂卖的时鲜和冷饮，曰生意兴隆之家，"悉用金银"。日本入宋僧人成寻在《参天台五台山记》中记述见闻，言都市、官府之外，寺院茶饭用具也多为银器，可见时风侵染至出家人亦以此相尚。南渡后，东京繁华重现于本来就是"市列珠玑，户盈罗绮，竞豪奢"的临安，《梦粱录》卷十六"酒肆"一节称"杭都如康、沈、施厨等酒楼店，及荐桥丰禾坊王家酒店、闇门外郑厨分茶酒肆，俱用全桌银器皿沽卖，更有碗头店一二处，亦有银台碗沽卖"。周密《武林旧事》卷六"酒楼"条举和乐楼、和丰楼等十余家官酒库名称之后，道"已上并官库，属户部点检所，每库设官妓数十人，各有金银酒器千两，以供饮客之用"。官库、官酒库，即官营酒楼。又《齐东野语》卷十七"奇对"一节举一对子曰：妙法法因因果寺，金轮金刚（钱塘寺名）；中和和丰丰乐楼，银杓银瓮（钱塘酒楼）。关于"丰乐楼"，《夷坚志补》卷七以此楼为题的一则故事，描写银酒器在酒楼中的使用及打造之工费，更为生动具体——临安市民沈一，酒拍户也。居官巷，自开酒庐，又扑买钱塘门外丰乐楼库，日往监沽，逼暮则还家。淳熙初，当春夏之交，来饮者多，一日，不克归，就宿于库。是夜，有贵公子五人挟姬妾十数辈至楼纵饮，宴罢偿酒直，郑重致谢。沈窥其衣饰举止，知为五通神，因拱手前拜求赐富贵。客笑而颔首，遂呼卒负一布囊来以授沈。沈"摸索其中，皆银酒器也，虑持入城，或为人诘问，不暇解囊，悉槌击蹴踏，使不闻声"。平明归家，向其妻连声夸语之曰："速寻等秤来，我获横财矣！"妻惊曰："昨夜闻柜中奇响，起视无所见，心方疑之，必此也。"启钥往视，则空空然。盖逐日两处所用，皆聚此中。神以其贪痴，故侮之耳。沈唤匠再团打，费工直数十千。——虽是小说家言，但其中当有不少写实的成分。

"行在"之外的城镇，繁华不减临安，且以彭州窖藏的蜀中为例。蜀中的侈丽繁华以及游宴歌舞的风气之盛，在前、后蜀的时候就已经令人瞩目。前蜀尹鹗《金浮图》上半阕："繁华地。王孙富贵。玳瑁筵开，下朝无事。压红茵、凤舞黄金翘。玉立纤腰。一片揭天歌吹。满目绮罗珠翠。和风淡荡，偷散沉檀气。"这是前蜀气象。前蜀亡，这"一片揭天歌吹"复由后蜀接过。为宋人尊为词之鼻祖的《花间集》，编纂者便是后蜀卫尉少卿赵崇祚，而他正是后蜀宋王赵廷隐的长子。成都龙泉驿十陵镇青龙村发现的赵廷隐墓出土各式彩陶伎乐凡五十，是可与文学书写和历史书写互证的实例。宋初置教坊，乐工即来自西蜀和南唐两个词曲中心，而尤以西蜀为多。游宴歌舞的传统，两宋时候的蜀中愈益发扬光大。词史上的第一部词学专著《碧鸡漫志》即成就于成都碧鸡坊。王灼《碧鸡漫志·自序》中说道，"乙丑冬，予客寄成都之碧鸡坊妙胜院，自夏涉秋，与王和先、张齐望所居甚近，皆有声妓，日置酒相乐，予亦往来两家不厌也"。这里的乙丑，乃绍兴十五年（一一四五）。作者于诗乐、词调的考镜源流，月旦古今，正是立足于成都王、张二友家中品乐听歌的实践。他的《戏王和先张齐望》一诗所云"谁似两家喜看客，新翻歌舞劝飞觥"，也正道得此情此景。此是家宴，再看其他。庄绰《鸡肋编》卷上："成都自上元至四月十八日，游赏几无虚辰。使宅后圃名西园，春时纵人行乐。"南宋《岁华纪丽谱》曰其时"酒垆、花市、茶房、食肆，过于蚕市。士女从观，太守会宾僚凡浃旬，此最府廷游宴之盛"。成都北郊的游乐之地万岁池被时人比作长安曲江池或临安西湖。南宋京镗《念奴娇·上巳日游北湖》："锦城城北，有平湖、仿佛西湖西畔。载酒郊坰修禊事，雅称兰舟同泛。麦垄黄轻，桤林绿重，莫厌春光晚。棹歌声发，飞来鸥鹭惊散。/好是水涨弥漫，山围周匝，不尽青青岸。除却钱塘门外见，只说此间奇观。勾引游人，追陪佳客，三载成留恋。古今陈迹，从教分付弦管。"成都不少始建于唐五代的大寺名观如圣寿寺、玉局观，为定期及不定期的集市如蚕市、药市所在，节日则为游宴之所，如宝历寺、金绳院、大慈寺。车马骈阗，歌乐掀天，饮酒品茗，穷极奢丽。北宋吕陶《和静之登乐俗亭》"对景宛然开画幅，放怀宜此醉金船"。《岁华纪丽谱》：正月二十三日，圣寿寺前蚕市，"张公咏始即寺为会，使民鬻农器。太守先诣寺之都安王祠奠献，然后就宴。旧出万里桥，登乐俗园亭。今则早宴祥符寺，晚宴信相院"。自正月元日到冬至日，无月不节，无节不宴，宴则张乐，饮醉尽欢，而春时游宴尤盛。诗文所载，不胜枚举。又陆游《天彭牡丹谱》曰"天彭号小西京，以其俗好花，有京洛之遗风。大家至千本。花时，自太守而下，往往即花盛处张饮，帟幕车马，歌吹相属"。"花户则多植花以侔利。双头红初出时，一本花取直至三十千。祥云初出，亦直七八千，今尚两千"。"淳熙丁酉岁，成都帅以善价私售于花户，得数百苞，驰骑取之。至成都，露犹未晞，其大径尺。夜宴西楼下，烛焰与花相映发，影摇酒中，繁丽动人"。三十千，即三十贯。淳熙为孝宗朝，丁酉，一一七七年。三十贯，孝宗乾道二年（一一六六）时，在湖北荆门军、襄阳、郢州可买一石米（程民生《宋代物价研究》，人民出版社二○○八年）。游宴是节令行事必不可少的一项，酒事自然格外发达，至若牡丹花开，赏花张饮，更为酒事之盛。天彭，正是今之彭州。人烟辐凑，商贸繁荣，乃至木筏上也有酒肆。陆游《入蜀记》：江行"遇一木筏，广十余丈，长五十余丈，上有三四十家，妻子鸡犬臼碓皆具，中为阡陌相往来，亦有神祠，素所未睹也。舟人云此尚其小者耳，大者于筏上铺土作蔬圃，或作酒肆。"——奢靡风习随之而愈，金银酒器的制作与使用亦在情理之中。考古发现虽有很多偶然性，但四川宋代铜器、金银器、瓷器窖藏的集中发现，且多令人瞩目的"好物"，从历史文化的角度来看，自有它的必然性。

第一节　酒食器

一、类型、名称与用途

如前所述，两宋金银器中品类最丰富的一项，为酒食器，宋人或称作"馔器"，换句话说，便是筵席上的各种用具。诗歌与饮宴相依傍也同于唐代，以歌送酒依然。不过酒令不再是统领，而是以从酒令中的著辞令发展而来的歌诗为主导，因此更多了几分雅意。南宋胡铨的《经筵玉音问答》纪录了一场君为主人、臣为宾客的宴饮。张鸣《从胡铨〈经筵玉音问答〉看宋代宫廷唱词活动》一文，根据这篇文章的记述，对宫中这一次小型酒宴（时称曲宴）中对词的选择以及歌唱方式，有很细致的分析，以见宋词如何成为一项重要的社会文化活动。本书第一章说到酒筵是唐代社会的一个袖珍版本，灌注巧思的酒器与酒令共同构成这个"袖珍本社会"的艺术核心，这一说法同样适用于宋代，而把"酒令"易作词的歌唱。

胡铨是南宋建炎二年进士，以力主抗金而闻名天下。绍兴八年因上书力斥和议、乞斩秦桧得罪贬官，隆兴元年（一一六三），孝宗即位，胡铨被重新起用。是年五月，胡铨侍讲经筵之后，孝宗在宫禁后殿内阁举宴款待，皇帝和皇妃亲自唱词劝酒，以示荣宠。《经筵玉音问答》即宴会之后所作。这里我们且看与"物"有关的几个细节。

一、"上御玉荷杯，予用金鸭杯。初盏，上自取酒，令潘妃唱《贺新郎》，旨令兰香执上所饮玉荷杯，上注酒，顾予曰：《贺新郎》者，朕自贺得卿也。酌以玉荷杯者，示朕饮食与卿同器也，此酒当满饮。予乃拜谢，上自以手扶"。

二、"次盏，予执尊立于上前曰：……适面奉玉音，有君臣相聚一堂之说，用敢不避万死，辄捧玉卮，一则以上陛下万岁之寿，二则以谢陛下赐酌百世之恩，三则以见小臣犬马之报。乃执尊再拜酌酒。……潘妃执玉荷杯，唱《万年欢》"。

三、又"次盏，蒙旨潘妃取玉龙盏至，……特旨令妃劝予酒，……歌《聚明良》一曲……予遂又取酒再拜劝，上跃然满饮之。又自取酒亲酌赐予"。

——宾主双方对词的选择以及歌唱方式，使得曲宴从始至终都在诗境中，这可以算作精神层面。从"物"的层面看，这里先后出现了"玉荷杯""金鸭杯""玉龙盏"。起先的初盏，孝宗以自己用的玉荷杯注酒，劝胡铨满饮。次盏，胡铨再以此杯注酒，敬孝宗。主宾一敬一还，用的都是同一个酒杯。又次盏，劝酒之器换作玉龙盏。那么主宾一敬一还，用的就是这一只。玉荷杯和玉龙盏，便都属于由罚爵演变而来的劝杯和劝盏。结合两宋诗文中的相关记述，可知作为席间完整的一套酒具，饮酒之器中除坐客人各一具的酒杯之外，尚须有专作劝酒且兼玩赏的一件劝杯。讲究者，则不止一件，比如孝宗之宴胡铨。《大宋宣和遗事》中的记述也可以和它互见：政和二年蔡京复太师，徽宗召蔡京入内苑赐宴，"其所用宫中女乐，列奏于庭，命皇子名楷的，侍侧劝劳，又出嫔女鼓琴玩舞，劝以琉璃、玛瑙、白玉之杯"。与席间一套常制酒杯的不同，劝杯在于或容量殊大，或形制特异，或材质珍奇。换句话说，凡此有特色者，均适合作劝杯之用。劝杯和劝盏并无固定形制，乃因时因地而异，——它原是可以即时命名的。劝杯的这一特点，也正体现了它与唐代觥盏相沿与演变的关系。

从这场曲宴中还可以看到，玉为尊，金次之。当然金器也绝非寻常可得。《建炎以来朝野杂记》中的一则纪事很有意思，见该书卷十三"六部架阁官"条：六部架阁库主管官号掌故，择选有时望之人为之，"嘉泰末，有旨非阙官不除。有选人家闽中，其父与陈勉之有旧，至是入都见勉之，求为掌故。勉之对众厉声曰：'外间岂不知近旨见阙方除，此何可得！'众为之踧踖。后旬日，竟除掌故。或疑其由径而得者，问之，徐曰：'丞相耳。'或曰：'丞相前日之语甚峻，何以回造化耶？'其人即于坐侧取一幅书示之，乃勉之答书也，略曰：'珍贶鼎至，晃耀老目。'或问珍贶之名，曰：'书生安得珍玩，比所请不遂，适从王家肆中见粟金台盏十具，重百星，以四千缗得而献之耳。'闻者叹息而去"。嘉泰，是宁宗朝。陈勉之即陈自强，勉之是其字。他早年在韩家坐馆教书，学生是韩侂胄，勉之登科入仕的时候已经六十，去见韩，韩居然很念旧，汲引拔擢，于是四年之内火箭式入相。时人评价他"昏老庸缪，本无寸长可取"（叶绍翁《四朝闻见录》），对韩侂胄唯唯听命而已。他自己也明白，所以对族人叹息道："大丈夫切不可受人大恩。"所谓"台盏"，即酒盏与酒台子，十具，便是十副。"星"，即两，"重百星"，即百两之重。金台盏之行贿得官，其时值以四千缗计。四千缗即四千贯。宁宗嘉泰年间，楼钥作《钱清盐场厅壁记》，称从弟镛就任钱清盐场之时，廨宇颓敝之甚，"镛为一新之，仓使得十万钱而为屋三十馀楹，宏敞雅洁，什器俱备"。十万钱即一百贯，而这笔钱可以在距绍兴府不很远的钱清镇翻盖一所颇具规模的廨宇。稍后的嘉定初年，金价每两六十贯钱。可据以推算十副粟金台盏之大概。当然这是排除了其他因素的一个粗略的参考值。

以宋本为底本刊刻的《新编对相四言》（美国哥伦比亚大学史带东亚图

书馆藏）中有椀、楪、壶、盏、托、匙、筯，合子、果合、锡镟、铜铫，是馔器之大概。南宋人编纂的一部日用词汇小百科《碎金》中"酒器"一项所列名目更为详细，这里当然不是专指金银制品，但金银器自是包括在内，即樽、榼，㮝（原小字注：坐子）、果合、泛供，劝盏、劝盘、台盏、散盏，注子、偏提，盂、杓，酒经、急需、酒礨、马盂、屈卮、觥、觞、大白，见该书《家生篇》第二十三。所举名称虽然不少，不过实际上很有几种是一器多名，即器有古称或曰雅称，也有俗称，并且还有泛称。

《碎金》中的酒经、酒礨，均为贮酒器。酒礨又或称作酒瓮、酒坛。酒经，宋人诗歌中每呼作长瓶。列在这里的榼，也是指盛酒器，陆游《醉中歌》"长铫巨榼罗杯盂"，即此。如果不使用酒注，长瓶自也不妨直接倾酒入杯。苏轼《蜜酒歌》"三日开瓮香满城，快泻银瓶不须拨"。拨，此指滤酒。瓮酒入银瓶，此瓶即可用来斟酒。杨万里《惠泉酒熟》"抱瓮输竹渠，挈瓶注银杯"，其情似之。近年考古发现中常与酒具同出的有银长瓶，高度多在二十厘米上下（图1·1～3）。南京江浦南宋张同之墓出土银长瓶遍身打作龙牙蕙草，沙地錾鏊出地纹更见出纹饰的灿然光亮，盖顶錾一枚"延寿带"（图1·4）。完整的银长瓶，应该都是有盖子的，还有的配以银座（图61·1）。

樽，或作尊，本来属于泛称，但如果是某个场合里酌酒器用的特指，那么它是与长瓶相较腹圆而矮者。陆游《携癭尊醉梅花下》"擁肿轮囷元媚妩"，是酒人爱它大肚能容，"擁肿轮囷"，腹圆也。此外一种古老的式样是造型如盆的盆式尊。瓮酒启封，倒入盆式尊，再用酒杓分酌于酒杯，这种方式自两汉一直流行到唐五代。唐李匡文《资暇集》卷下"注子偏提"条说道，"元和初，酌酒犹用樽杓，所以丞相高公有'斟酌'之誉，虽数十人，一樽一杓，抱酒而散，了无遗滴"。此为宋以前的传统酌酒方式，如第一章所举唐代之例。两宋的时候斟酒已是多用注子，此际以盆

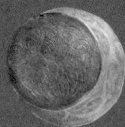

图 1·1　银长瓶
四川蓬安南燕乡龙滩子村窖藏
图 1·2　云鹤纹银长瓶一对
图 1·3　三卷如意云头纹银长瓶一对
四川彭州金银器窖藏
图 1·4　龙牙蕙草纹银长瓶·瓶身 / 盖
南京江浦南宋张同之墓出土

式尊为酌酒器，原是为了以此古典趣味而别见超迈脱俗，所用便多为陶瓷器，宋人因此每援杜诗之典称作"瓦盆"，如范成大《朝中措》"消磨景物，瓦盆社酿，石鼎山茶"。"石鼎"，这里当指煎茶用的石铫，也是宋人眼中的烹茶之"古法"。辽宁省博物馆藏宋佚名《孝经图》中的《三才章》第七，场景之一是图绘"导之以礼乐而民和睦"的意思，画幅中树下席坐五人，吹笛者一，击拍板者一，拍手节奏及应节舞蹈者各一，持杯观看者居正位。地上陈放果盘和酒盏，中间一个盆式尊，里面插一柄酒勺。此即以盆式尊的使用而见古意（图 2·1）。南宋金银器窖藏，如福建邵武故县、江西星子县陆家山、江苏溧阳平桥，与酒器同出的均有银或金花银盆，口径在十五至二十厘米之间，此类器皿或即酒尊之属（图 2·2～4）。盆式酒尊的内底心常饰以涟漪水藻中并游的鎏金双鱼，北宋词人笔下即有它的剪影，如张先《醉垂鞭·钱塘送祖择之》"酒面滟金鱼，吴娃唱，吴潮上"。

图 2·1 《孝经图》局部　辽宁省博物馆藏

图 2·2 金花银盆
福建邵武故县窖藏

图 2·3 银盆
江西星子县陆家山窖藏

图 2·4 银鎏金盆
江苏溧阳平桥南宋窖藏

不过两宋斟酒之器究竟以酒
注为主，已经出现于唐代的偏
提仍是注子的别名。酒注的造
型，初始当是得自汤瓶，《资暇
集》所谓"若茗瓶而小异"，适
可见其渊源。而它如果不是以注
碗一副的组合形式出现，与汤瓶
的分别其实并不明显。酒注与温
碗合作一副的使用，也是到了宋
代方才流行。其时呼作"注子一
副"，便是包括温碗在内的，如
彭州金银器窖藏中与注子构成组
合的温碗足内自铭"注子一副重
叁拾壹两"（图3·1）。泸县出土
一方宋墓石刻，侍女手里抱持的
便是同此式样的一副（图3·2）。
温碗的功用是温酒，宋人称之
为"煖盏"。德阳孝泉镇清真寺
窖藏中的银注子一副，注子直
颈、折肩、弯柄、长流，温碗依
注腹的造型而打制，为留出注水
的空间，体量自然要大一些。此
可视作注子的基本样式（图4）。

图3·1　银注子一副
四川彭州金银器窖藏

图3·2　泸县宋墓石刻
泸县博物馆藏

图 4　银注子一副
四川德阳孝泉镇清真寺窖藏

图 5　银鎏金团窠式对鸟纹注子一副
福州茶园山许峻墓出土

出自福州茶园山许峻墓的银鎏金团窠式对鸟纹注子一副是另一种常见的样式，注身造型如胆瓶，长流更长，弯柄更弯，更显秀气（图5）。团窠式对鸟纹则是自唐代至宋元装饰领域里的流行纹样（图16·2、图18·1）。彭州金银器窖藏中有银注子九副，为样式最集中的一批。至于高宗绍兴二十六年交趾进奉贺昇平物中的"五十五两数妆宝金酒注一副"（《宋会要辑稿·蕃夷七》），便是豪华型了。

筵席中的饮酒之器，《碎金》所举劝盏、台盏、散盏、盂、屈卮、觥、觞、大白，差不多都已包括在内。

觞和觥均可以视作酒杯的泛称，不过觥的含义更多一重曲折。本书第一章提到，觥之初义是罚爵，虽然式样和罚酒的形式迭经变化，但罚酒的意思究竟沿用下来，因以唐代酒令的发达而把它变作酒宴中最有兴味的游戏。至于宋代，觥才多半是饮酒或劝酒之器的泛指。《鹤林玉露·丙编》卷四"蔡攸辞酒"条曰："蔡攸尝赐饮禁中，徽宗频以巨觥宣劝之。攸恳辞不任杯杓，将至颠踬。"此所谓"巨觥"，便是劝酒用的大杯。此大杯，也不妨称作"大白"，因为"大白"原初也是罚爵之名。只是在实际生活中，觥和大白的罚爵之义已经很少用到。

"台盏"与"散盏"的分别，在于前者是一副，后者是单只。杯盏下有承盘，便合为台盏一副，前述陈勉之故事已经提到它。金银台盏宋代以前已经出现，不过宋代使用更为普遍。承盘式样大致有三种。其一，承盘内心凸起个高高的小圆台，此即名作酒台子（图6）。

图6　银台盏一副
杭州临安原高虹中小学出土

图 7·1　银盏
浙江桐乡骑塘龙吟金家木桥窖藏

图 7·2　银盘

图 8·1　金六方盏
安徽休宁南宋朱晞颜墓出土

图 8·2　金六方盘

图 9 "散盏" 铭银花口盏
四川南江县玉泉乡欧家河窖藏

其一，盘内心只是凸起一个小圆环，环心錾刻折枝花或其他纹样。它与酒盏合为一副，便称作盘盏（图 7·1 ～ 2）。其一，盘心并不另外作出容纳杯盏的标识，而只是以造型和纹样与杯盏的一致或呼应来显示二者的组合关系（图 8·1 ～ 2）。而"台盏"之名有的时候也是这一类有承饮具的统称，即可以把"盘盏"也包括在内。

与构成组合的"一副"相对言，单独的酒盏，便是"散盏"。四川南江县玉泉乡欧家河窖藏出土同式九件银花口盏，中有银盏铭曰"两司库管银打造到清酒都务散盏一百隻"云云（图 9）。器有自铭，我们自可睹物而知名。

至于杯、盏之别，大致可以说，有柄者曰杯、卮、屈卮；无柄者，曰盏。《梦粱录》卷三"四月·皇帝初九日圣节"记度宗生日的各种盛况，云"御宴酒盏皆屈卮，如菜碗样，有把手，殿上纯金，殿下纯银"，出自浙江兰溪灵洞乡宋墓的金杯便可以称作金屈卮（图 10）。金盏，福建邵武故县窖藏中的一件可以为例（图 11）。不过杯与盏其实常常混称，区分并不严格，诗词中尤其如此。而所谓"劝盏"，应该也是包括了"劝杯"的，劝盏、劝杯之义便适如其名，即劝饮之器，前面已经说到它原是由罚盏演变而来，虽然此际已是以敬酒的成分为多，但依然同罚盏一样，通常是酒筵中式样殊异的饮酒器。可以说，宋元时代席间一套完整的酒具，除坐客人各一具的酒杯之外，用作劝酒且兼玩赏的劝杯，是不可少的。

杯盏之外尚有酒盂，《碎金》"酒器"一项列举的盂，即特指酒盂。如钵一般平底无足而器口不内敛，便是盂的基本式样。宋代日用之器有酒盂、汤盂和熟水盂子，还有与唾盂合为一副配合使用的钵盂。酒盂也不妨与承盘构成组合，如南京江浦黄悦岭南宋张同之夫妇墓出土的一副（图 12）。

唐式酒船的几种类型宋代都已经不很流行，多曲长杯之意匠经过唐

图 10　金屈卮
浙江兰溪灵洞乡宋墓出土

图 11　金盏
福建邵武故县窖藏

图 12　金釦银酒盂与银承盘
南京江浦南宋张同之夫妇墓出土

图 13　银鎏金摩竭式酒船
广西南丹县北宋银器窖藏

代的一番中土化，至此更融入各种象生花式盏，异域痕迹几乎无存。摩竭式酒船，有广西南丹县小场乡附城村虎形山北宋银器窖藏中的一件银鎏金酒船（图 13）。器高十四点八、长三十四厘米，造型取象于船而做成摩竭式，船舱、船尾、船篷，借形借势处俱见巧思。此就容量来说，近于一升及一升以上的酒海。窖藏同出尚有装饰主题与风格大体一致的银鎏金高足盘、高足杯，又银盏等，合以摩竭式酒船，并为酒器一组。饮酒行令意在劝饮以尽欢，因与唐代觥盏相似，劝杯形制的不同寻常，有时正是为了不便饮用，以使劝酒成为酒筵中的娱乐。此件酒船体量既大又饮用为难，便是体现了劝杯这一方面的特性。

　　席面不可或缺之物尚有干鲜果品以及蜜煎等，蜜煎，大致同于今之蜜饯，《碎金》中的果合、劝盘当是用来盛放此类。果合，即果盒。果盒里面装上几个小小的隔板，便成攒盒亦即槅子。看食、粆钉、蜜煎等放在盘或碟子里，遂曰看盘，劝盘，果菜碟。

　　盘与碟的分别，大约在于尺寸，即前者大，后者小，第一章里已经说到。宋戴侗《六书故》第二十八《工事四》"盘"条释义曰："器大而浅曰盘。"当然此所谓"大"和"浅"，都是相比较而言。果菜碟高多在一厘米左右，口径十五厘米上下，造型或圆口平底，或花口平底，又或八

图 14　银海眼纹委角方盘
成都地区出土

方，大约因为它的小，且与盘相比更为平浅，宋人常以"片"作为计数单位。浅、方、圆、长以及蜀葵样，又委角方盘（图 14），都是两宋盘碟也是金银盘碟常见的样式。

筵席食器则有碗、箸和匙（图 15）。不必说，匕箸是用于取食饭羹。讲究之家，布席的时候匙箸当插入金瓶或银瓶以备宾客取用。元孔齐《至正直记》卷一"止箸"条曰："宋季大族设席，几案间必用箸瓶、查斗，或银或漆木为之，以箸置瓶中。"浙江东阳金交椅山宋墓与金银盘盏以及银匙、银箸同出的有银鎏金龙纹箸瓶（图 16·1）。出自浙江湖州三天门宋墓的银鎏金箸瓶瓶身布置团窠对鸟，器底双钩"澹轩"二字（图 16·2）。贵州遵义南宋播州土司杨价夫妇墓男女主人的随葬品中，分别有金、银箸瓶，金瓶插着金匙与箸（图 16·3），银瓶插着银匙与箸。

图 15　银鎏金鲇鱼戏珠纹漆木柄匙
上海青龙镇遗址隆平寺塔地宫出土

图 16·1　银鎏金龙纹筋瓶
浙江东阳金交椅山宋墓出土

图 16·2　银鎏金团窠式对鸟纹筋瓶
浙江湖州三天门宋墓出土

图 16·3　金筋瓶与匙筋
贵州遵义南宋播州土司杨价夫妇墓出土

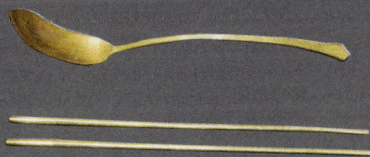

图 17·1 银汤瓶
四川德阳孝泉镇清真寺窖藏

图 17·2 银铫子

图 17·3 银托盏一副

此外还有茶具，如汤瓶、铫子、托盏、茶匙，也是酒筵所必须。德阳孝泉镇清真寺窖藏中有银汤瓶、银铫子、银托盏一副（图17），绵阳涪城黄家巷窖藏有银托盏一副，茶盏纹样是团窠对鸟（图18·1），福州茶园山许峻墓出土银鎏金托盏一副，茶盏纹样是梅梢月（图18·2）。

除了饮食器具，筵席中又每以好香和时令花卉点缀清雅，杨万里《昌英知县叔作岁，赋瓶里梅花，时坐上九人七首》之二云"胆样银瓶玉样梅，北枝折得未全开。为怜落莫空山里，唤入诗人几案来"，正是酒筵一景。如此自然要有香器和花器。用作插花的"胆样银瓶"，其造型与同时代的瓷瓶、铜瓶大体相同，实例多属于南宋。四川彭州金银器窖藏中的一批（图19·1～2），瓶均光素无纹饰。绵阳涪城黄家巷窖藏有仿古纹银瓶两件（图19·3～4）。彭州与德阳金银器窖藏中均有香器。

图 18·1　银托盖一副·盖
　　　　　银托盖一副·盖心纹样
　　　　　银托盖一副·盖托
绵阳涪城黄家巷窖藏
图 18·2　银鎏金梅梢月纹茶盏
福州茶园山许峻墓出土

图 19·1　银胆瓶一
图 19·2　银胆瓶二
四川彭州金银器窖藏
图 19·3　仿古纹银瓶之一
图 19·4　仿古纹银瓶之二
绵阳涪城黄家巷窖藏

| 19·1 | 19·2 |
| 19·3 | 19·4 |

二、造型与纹饰

（一）花卉瓜果

宋人爱花，说来只是一个时代风俗，而且算不得怎样特别，因为爱花并非自宋人始，而各个时代都有浸润了诗意的爱花方式。不过宋人爱花却是融入和渗透于社会生活乃至日常生活，从宫廷到贵胄到平常人家，以此影响及于各个方面。卖花，买花，种花，赏花，咏花，送花，寄托心志，传递友情，纷纭的花事中，有雅韵清致，也有各种商机，装饰领域自然也深为此风所染，因此酒器的造型与纹饰取意于花卉者，差不多占了第一。此际以歌送酒为宴饮之常，而两宋酒事又每与花事相连，——欧阳修知扬州，暑月会客，取荷花千朵插盆环绕坐席，坐客传花摘叶为酒令，所谓"千顷芙蕖盖水平，扬州太守旧多情。画盆围处花光合，红袖传来酒令行"（欧阳修《答通判吕太傅》），是标领风雅的著名故事。即席歌唱的送酒"新词"涉及花事者自然也最多，金银焕烂的杯盘碗盏遂使得琼筵瑶席也如同一座百花苑。"妆样巧将花草竞，相并，要教人意胜于春"，原是词人为酒筵中的歌伎画像，今吾人移用此句审视两宋金银酒器的造型与纹饰，仿佛可见铺展于诗意和匠心之间的制器图谱，也正可与当日时尚中的供求双方相与会心。

第一章说到唐代纹饰的设计理念在于极力铺展烂漫如锦的百花众卉，而不以一草一木的写真为旨趣，宋代则每以"格物"之心为花草传神，而写真折枝为流行。折枝虽然唐代已出现，但宋代才有了各种姿态。叠山造园，引泉开池，移树栽，植百卉，折花插瓶，是这一纹样兴盛的背景。宋人也称折枝花为"要花儿"，它更是织绣中常见的纹样。无名氏《九张机》句有"三张机。中心有朵要花儿。娇红嫩绿春明媚，君须早折，一枝浓艳，莫待过芳菲"。《宣和画谱》卷十五《花鸟叙论》中说道："诗人六义，多识于鸟兽草木之名，而律历四时，亦记其荣枯语默之候，所以绘事之妙，多寓兴于此，与诗人相表里焉。"绣谱与画谱自然是相通的，不论画谱抑或绣谱，它为金银器皿的设计者所取用都是顺理成章，且同样"与诗人相表里"。

酒器中的要件是杯盏，此中又以劝盏最要式样新巧。设计上独出机杼的一类即象生花式盏，可以认为它是由写生花卉而催生，最常取用的象生花，为荷花、为菊花，为黄蜀葵、芙蓉、水仙，为梅花和栀子。

荷花

荷花荷叶原是兴起人意的花卉，夏日池塘，新绿照人，嫩红照眼，折一茎带露的荷叶拗作"碧筩"，以此荷香送酒，这早是前朝风流，见《酉阳杂俎·前集》卷七所记"碧筩杯"故事。取式于荷叶荷花制为象生杯盏，自可为酒筵飞觞添助清欢。

"金荷"是屡见于两宋诗词中的物象，如李弥逊《感皇恩·端礼节使生日》"一时分付与，金荷劝"；无名氏《水调歌头·寿赵阆州五月初》"湖山风月，且与吟笑侧金荷"；又陆游"金荷浅酌闲传酒，银叶无烟静炷香"（《久旱忽大雨凉甚小饮醉眠觉而有作》）。金荷可以指荷叶杯，也可以指荷花杯盏，只是荷叶金杯至今尚未发现实物，但却有象生荷花盏可见，如溧阳平桥窖藏中式样不同的两只。式样不同，即在于品种有别。其一单瓣，内里细线錾出花瓣肌理和纤纤花蕊，花心七个水涡纹仿若涓涓清露，见出它是新花初放，尚未结籽（图20·1）。其一重瓣层叠，花瓣之缘錾出因风内卷的样子而倍显娇柔，内心却不是花蕊也不是莲蓬，而是一簇簇小花（图20·2）。这里表现的该是千叶莲或曰重台莲，即所谓"一花既开，从莲房内又生花，不结子"（明王象晋《群芳谱》）。宋《全芳备祖》卷十一《荷花》一节引《华山记》曰"华山顶有池，池中生千叶莲，服之通仙"。

双莲或曰并头莲、并蒂莲，乃是瑞象，常用于织绣图案，刘克庄咏双莲一首句云"一色双葩费剪裁，固知造物巧胚胎"（《小圃有双莲、夏芙蓉之喜，文字祥也，各赋一诗，为宗族亲朋联名得隽之谶》），是也。金银器便

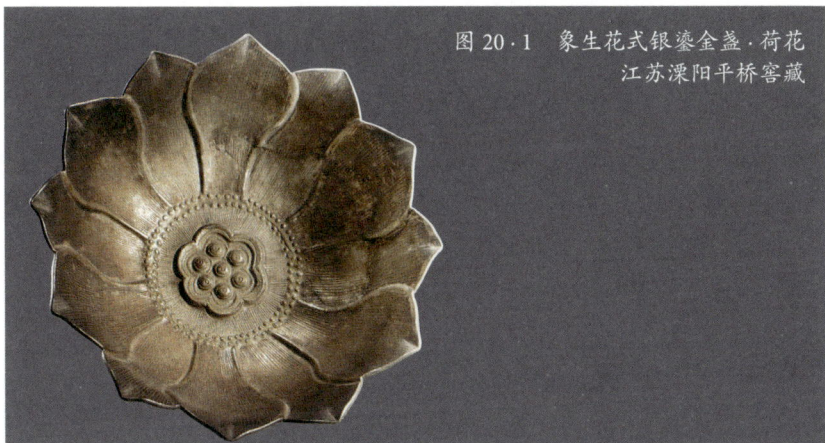

图 20 · 1　象生花式银鎏金盏 · 荷花
江苏溧阳平桥窖藏

图 20 · 2　象生花式银鎏金盏 · 千叶莲

图 21　银鎏金荷塘纹盘盖一副 · 盘心纹样
衢州市博物馆藏

多以它为盘心、盏心的錾刻纹样，因势赋形将之图案化，其实每每是花开两枝而颠倒相并（图21），却也有将心萦系"双花双叶又双枝"的娇盼温柔（宋无名氏《九张机》）。

菊花

宋人对菊花的喜爱，范成大《菊谱》开篇一段话说的最明白："山林好事者，或以菊比君子。其说以谓岁华晚晚，草木变衰，乃独烨然秀发，傲睨风露，此幽人逸士之操，虽寂寥荒寒，而味道之腴，不改其乐者也。神农书以菊为养性上药，能轻身延年，南阳人饮其潭水，皆寿百岁。使夫人者有为于当年，医国庇民，亦犹是而已。菊于君子之道，诚有臭味哉。""南阳人"，见《后汉书·胡广传》注引盛弘之《荆州记》："菊水出穰县，芳菊被涯，水极甘香。谷中皆饮此水，上寿百二十，七八十者犹以为夭。"这也是宋人祝寿词中最常用到的菊花故事。诚如《菊谱》所说，"爱者既多，种者日广"，南宋临安花市因有菊花结作佛塔、制为花屏之盛。彼时"平地拔起金浮屠，瑞光千尺照碧虚。乃是结成菊花塔，蜜蜂作僧僧作蝶。菊花障子更玲珑，生采翡翠铺屏风。……君不见内前四时有花卖，和宁门外花如海"，以至于爱花也爱酒的诗人"抱瓶醉卧锦绣堆"（杨万里《经和宁门外卖花市见菊》；《买菊》）。象生花式盏取用菊花，自有"烨然秀发，傲睨风露"之美，用于祝寿，也是满溢喜瑞。四川彭州窖藏有金菊花盏两件（图22），其一铭曰"绍熙改元舜字号"。银菊花盏也见于德阳孝泉镇清真寺窖藏、蓬安南燕乡龙滩子村窖藏、重庆南岸涂山窑遗址（图23）。福建邵武故县窖藏则是银鎏金菊花盘盏一副（图24）。陕西历史博物馆藏一件宋代铜鎏金菊卮，造型取自半开的一朵菊花，袅袅一弯折枝菊做成杯柄，绕腹一周山水小卷：松间月下傍岸听风，柳津花渡泛舟遣兴，坦坦幽人与菊花之韵相映成趣（图25）。

葵花

宋人所谓"葵花"，原是锦葵科的蜀葵、黄蜀葵之类。洛阳邙山宋代

22·1	23·2
22·2	24
23·1	25

图 22·1 "绍熙改元舜字号"款金菊花盏

图 22·2 "先父"款金菊花盏

四川彭州金银器窖藏

图 23·1 银菊花盏 四川蓬安南燕乡龙滩子村窖藏

图 23·2 银菊花盏 重庆南岸涂山窑遗址出土

图 24 银鎏金菊花盘盏一副 福建邵武故县窖藏

图 25 铜鎏金菊卮 陕西历史博物馆藏

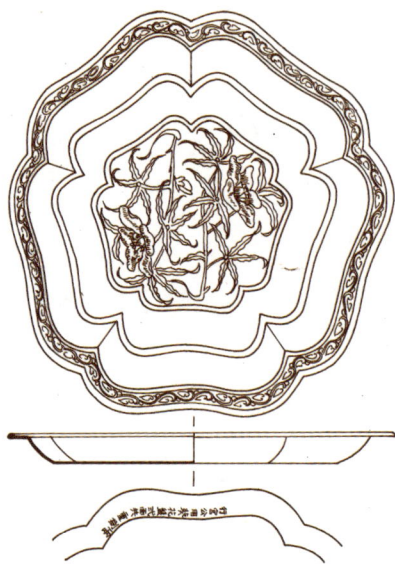

图26　银葵花盘
洛阳邙山宋壁画墓出土

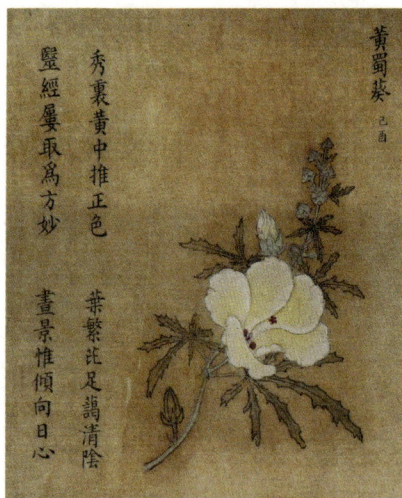

图27　《百花图·蜀葵》
吉林省博物院藏

壁画墓出土一对银葵花盘，盘心装饰反向而开的两株折枝黄蜀葵，盘沿有铭曰"行宫公用葵花盘式面共重捌两"（图26），可为确证。蜀葵为中土原产，可以说是传统观赏花木，——当然在先秦时代它的食用远重于观赏。《尔雅·释草》列有"木堇"，郭璞注："似李树，华朝生夕陨，可食。或呼日及，亦曰王蒸。"《释草》之"戎葵"，郭注："今蜀葵也。似葵，华如木槿华。"宋代特为酒人所喜者，是锦葵科中的黄蜀葵，亦名黄葵，秋葵，更有名曰侧金盏。《证类本草》卷二十七"黄蜀葵花"条引寇宗奭《衍义》曰："黄蜀葵花，与蜀葵别种，非为蜀葵中黄者也。叶心下有紫檀色。"黄蜀葵花开鹅黄色，花心晕作紫红，即古人所艳称的"檀心"，雄蕊花丝结合若筒而探出很长，便是所谓"檀炷"，——韦应物《使院黄葵花》"乍开檀炷疑闻语"。宋人常用一副写实笔墨在花卉小品中把葵花表现得风神俱佳，如分别收藏于四川省博物馆和上海博物馆的南宋册页《秋葵图》，如吉林省博物院藏南宋《百花图》中的黄蜀葵（图27）。晏殊《菩萨蛮》："秋花

最是黄葵好，天然嫩态迎秋
早。染得道家衣，淡妆梳洗
时。/晓来清露滴，一一金
杯侧。插向绿云鬟，便随王
母仙。"同调咏黄蜀葵又有
"人人尽道黄葵淡，侬家解
说黄葵艳"，"摘承金盏酒，
劝我千长寿"；"高梧叶下秋
光晚，珍丛化出黄金盏"。
苏轼题赵昌黄葵图句云"低

图28　银鎏金葵花盏
四川彭州金银器窖藏

昂黄金杯，照耀初日光，檀心自成晕，翠叶森有芒"；潘柽"一树黄葵金
盏侧，劝人相对醉西风"；都是以酒盏乃至酒事拟喻黄蜀葵，而绘画与
诗词中的葵花，当是此际酒器造型的粉本之一。出自彭州窖藏的银鎏金
葵花盏为一对，尺寸与重量两件微有不同。器肖黄蜀葵之形，盏心錾刻
的花中花和中心凸起的花蕊均鎏金，盏口以及花瓣之间分别用缠枝石榴、
缠枝莲花、缠枝菊花等做出装饰带（图28）。盏心的花中花应即表现秋葵
之"檀心"，花蕊高耸也正是秋葵的特征之一。安徽休宁南宋朱晞颜墓出
土一件金盏，造型取式黄葵花，盏口以及花瓣之间又分别用折枝黄葵做
出装饰带，盏心一朵花中花，中心花蕊特立，圈足底缘錾刻一周毬路纹
（图29·1）。出自江苏金坛水北卫东连的金葵花盏两件，造型与纹样相同，
惟其中一只尺寸稍小，花瓣六曲，每一曲各錾一种折枝花：牡丹、栀子、
芙蓉、桃花、山茶、菊花，嫩枝摇风，群芳吐艳，借得金葵一朵，展就
四时花信（图29·2）。重庆南川区人民医院出土金葵花盏，内壁缘边及
花瓣之间是沙地上的缠枝牡丹，内底心錾团窠式并蒂莲（图29·3）。哈
尔滨市新香坊金代墓地出土银鎏金葵花盏与朱晞颜墓出土金盏相似，不
过盏心的花中花上省却了高耸的花蕊（图30）。

29·1

29·2 | 29·3

30

图 29·1　金葵花盏
安徽休宁南宋朱晞颜墓出土
图 29·2　金葵花盏
江苏金坛水北卫东连出土
图 29·3　金葵花盏
重庆南川区人民医院出土
图 30　银鎏金葵花盏
哈尔滨市新香坊金墓出土

水仙

水仙中花开单瓣的一种，宋代俗称"金盏银台"，杨万里《千叶水仙花》诗前小序曰"世以水仙为金盏银台，盖单叶者，其中真有一酒盏，深黄而金色"。这里的"单叶"，系指花瓣而言，即植物学中的所谓"花被"。单瓣水仙花开白色，花被六裂平展如承盘，中心托起鹅黄色的副花冠好似酒盏一般。宋人咏水仙，以金盏银台为之传神，便最是现成。洪适《水仙》"龙宫陈酒器，金盏白银台"；舒岳祥《赋水仙花》"似倚兰舟并桂楫，羞称金盏共银台"；赵长卿《惜奴娇·赋水仙花》"最是殷勤，捧出金盏银台笑"；辛弃疾《贺新郎·赋水仙》"弦断招魂无人赋，但金杯的皪银台润"，都是相同的拟喻。常州沪宁高速芳茂山服务区南宋墓出土一副金盏银台，即银鎏金水仙花台盏（图 31·1），银盏圆口，内底一丛水仙，花朵恰如此盏，盏外底錾铭"周五二郎"。承盘打作六瓣花，每一个花瓣里一枝水仙，台面也是同样一枝。安徽六安嵩寮岩花石咀一号墓出土银

图 31·1　银鎏金水仙花台盏一副
常州沪宁高速芳茂山服务区南宋墓出土

水仙花台盏一副（图 31·2），同样是圆口的银盏，六瓣花式承盘，中心一个略略凸起的浅台。作为台盏一副，盏与承盘的造型和纹饰通常总是相互呼应的，这一副却是以台、盏的不同造型而合成一朵水仙花。

梅花

宋人爱花，梅花当居第一，不过它却是"独向百花梦外，自一家春色"（黄载《孤鸾·四明后圃石峰之下，小池之上有梅花》）。象生花、折枝花之外，装饰领域里"自一家春色"的流行纹样莫过于梅梢月。诗词咏梅虽多水边月影孤寒清胜之境，如南宋高翥《冬日即事》"杖藜独立梅梢月，成就清寒到十分"，然而饰以梅梢月的酒器，却不妨以它的姝秀清逸为筵席劝饮别添诗韵。前面提到南宋张同之夫妇墓出土梅梢月纹盘盂一副（图12），承盘和酒盂均以梅花为式。盘底在浅浅錾出水波纹的地子上打造水边横斜的一树新枝，梅枝之外留白，惟以轻云新月点缀其间。银盂口沿加金釦，内心打造梅花一朵，壁间的五个花瓣内各錾折枝梅花。福建邵武故县窖藏中的一副银鎏金盘盏也是同一类型（图 32）。"湿云不渡溪桥冷，蛾寒初破霜钩影。溪下水声长，一枝和月香"（朱淑真《菩萨蛮·咏梅》），诗人咏梅的清词丽句适可为此器品题；"梅花能劝，花长好、愿公更健"（姜夔《玉梅令》），梅边的谱曲，却又可作十分梅盏的送酒歌。

菱花

诗人咏菱，都是说菱角，连带而及采菱女、采菱歌、采菱船，于是绘出可闻其声的水乡风情。独独拈出菱角花来，却是不多。范成大《初秋闲记园池草木五首》之二中有两样是水生植物，而都与酒有关："菱葩可范伯雅，蓼节偏宜麴生。""菱葩"一句自注曰："菱葩为

图 33 象生花式银鎏金盏·菱花 江苏溧阳平桥窖藏

酒杯，样最佳。"伯雅，即酒爵之大者，也可代指酒杯。溧阳平桥窖藏中有花开四瓣的菱花象生盏一件，内壁八个弧曲分别錾刻菱花折枝（图 33）。

芙蓉

芙蓉是荷花的别名，本名芙蓉者，乃锦葵科，与水芙蓉相对，它也称作木芙蓉，范成大《桂海虞衡志》称作"添色芙蓉花"，因金秋开放，故又名曰"拒霜花"。花开后色由浅红转深红，迎霜带露，别具一种娇艳。苏轼《和陈述古拒霜花》"千林扫作一番黄，只有芙蓉独自芳"，王安石《木芙蓉》"水边无数木芙蓉，露染燕脂色未浓"，南宋姚勉《芙蓉》"水芙蓉了木芙蓉，湖上花无一日空"。由宋代刺绣《黄筌画芙蓉螃蟹图》可以会得宋人对它的种种赞语。取芙蓉花为形，也成为宋元酒器中的一种流行样式，如四川安县文星公社胜利大队出土金芙蓉花盏（图 34·1）。彭州窖藏中有银芙蓉花承盘一对，盘系打造成型，式如一枚银芙蓉，盘心凸起三枚花瓣合抱的花蕊，由花心向外铺展的两重花瓣用虚线细錾脉理（图 34·2）。通常会有一只同它造型一致、纹饰相同的银盏，以合作一副，四川蓬安南燕乡龙滩子村窖藏中的银芙蓉花盘盏一副，便是一个保存完整的实例（图 35）。

图34·1　金芙蓉花盏
四川安县文星公社胜利大队出土

图34·2　银芙蓉花盘
四川彭州金银器窖藏

图35　银芙蓉花盘盖一副
四川蓬安县南燕乡龙滩子村南宋窖藏

"十花"

几件花色不同却大小相当、风格一致的象生花式盏组合为一套，即为"十花盏"。宋徽宗《宣和宫词》："十花金盏劝仙娥，乘兴追欢酒量过。烛影四围深夜里，分明红玉醉颜酡。""十花金盏"之"十"，可以是实指，也可以是概指，范成大《菊谱》录有"十样菊"，说它"一本开花，形模各异，或多叶，或单叶，或大，或小，或如金铃。往往有六七色，以成数通名之曰十样"。十花，自然也可以是六七色为一组而以成数通名之曰"十花"。前已多番举出出自溧阳平桥乡窖藏中的各式象生花银盏，现在不妨合起来看，于是可见花式盏七只，其中一只不属于"象生"之外，当是一组六只（图 20·1～2、图 33、图 36·1～3）。六盏大小、轻重约略相等，相异只在造型和装饰纹样，即银盏分别作成梅花、秋葵、菱花、栀子、莲和千叶莲花，盏心和内壁的每一曲都各依盏的花式不同而分别装饰相应的图案。邵武故县窖藏也有一组八只象生花式银盏，不过做法与溧阳不同，即八只银盏均为菱花口，却是盏心分别打作各不相同的折枝花：牡丹、山茶、菊花、海棠、长春、蜀

图 36·1　象生花式银鎏金盏·葵花
江苏溧阳平桥窖藏

图 36·2　象生花式银鎏金盏·梅花

图 36·3　象生花式银鎏金盏·栀子花

葵、栀子、桃花，花表鎏金（图 37）。临安原高虹中小学寺庙遗址窖藏的
九只银盏，均为葵花式，高矮大小相近，盏心分别錾刻蜀葵（图 38·1）、
黄蜀葵（图 38·2）、海棠、芙蓉（图 38·3），又錾长春花者二，錾一把
莲者二。

37·1～2	
37·3～4	
38·1	38·2
38·3	

图 37·1～2 银鎏金象生花式盏（牡丹·山茶）
图 37·3～4 银鎏金象生花式盏（菊花·海棠）
福建邵武故县窖藏
图 38·1 象生花式银盏·蜀葵
图 38·2 象生花式银盏·黄蜀葵
图 38·3 象生花式银盏·芙蓉
杭州临安原高虹中小学出土

蕉叶

　　"蕉叶"是唐代已经出现的样式，如纽约大都会博物馆藏一件金花银蕉叶杯，叶脉是鱼子地上的缠枝花，回卷的缠枝间飞着鸟

图39　金花银蕉叶杯　大都会博物馆藏

（图39）。它在宋代也同"梨花"一样流行。宋庞元英《文昌杂录》："太师潞公西归，开封推官赵君锡作小诗二十篇，纪恩宠以送行，其尤为人传诵者，如'乐人都用教坊家，席上群公换口夸。内里宣来蕉叶盏，御前赐出缕金花'。"太师潞公，即文彦博。又《宋会要》记道：绍兴三年二月三日，"诏文思院打造蕉叶酒器一副赐岳飞，其金仰户部支给"（《宋会要辑稿·礼六二·赉赐》）。这里说到的蕉叶盏和蕉叶酒器，乃出自禁中，不过它却并非皇家专属。张先《天仙子·观舞》"金蕉并为舞时空"；王之道《虞美人·和孔纯老送郑深道守严州》"一尊聊罄金蕉叶"；高登《好事近·再和饯别》"尊前相顾惜参商，引十分蕉叶"；葛立方《满芳庭·泛梅》"璚蕤泛，蕉叶杯宽"，或歌舞娱宾侑酒，或离席珍重相劝，酒筵中蕉叶每每是宠儿。李之仪"暖归白傅金蕉叶，寒逼温郎玉镜台"（《次韵雪》），一盏蕉叶杯在诗人眼中又由实景而凑成韵语。南京市中华门外北宋长干寺塔地宫出土一件银釦水晶蕉叶杯，高四点一、长十八点七厘米（图40·1），"内里宣来蕉叶盏"，由此可推知其式。词人张孝祥之子张同

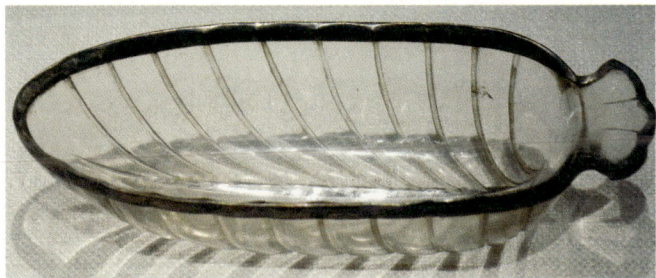

图40·1　银釦水晶蕉叶杯　南京北宋长干寺塔地宫出土

图 40·2　银蕉叶杯　南京江浦南宋张同之墓出土

之墓出土一枚银蕉叶杯（图 40·2），短茎作柄，打作精细的蕉叶浅浅弯成弧形以略足"杯"意，而实在容酒有限，相对于前一例的"蕉叶杯宽"，此却是陆元光《回仙录》中说到的"蕉叶最小"，亦如苏轼《题子明诗后》曰子明"旧能饮酒，至二十蕉叶，乃稍醉"，"吾少年望见酒盏而醉，今亦能三蕉叶矣"。

瓜果

桃、石榴、荔枝和瓜每凑在一起组成图案。桃固然最是寿筵中的宠物，但石榴、荔枝和瓜之类这时尚无后世的利用谐音以为吉语的俗趣。《全芳备祖·后集》卷一《果部·荔枝》录刘攽诗曰："锦筵火齐堆金盘，五月甘浆破齿寒。南国已随朱夏熟，北人犹指画图看。烟岚不续丹樱献，玉座空悲羯鼓残。相见任夸双蒂美，多情莫唱水晶丸"。关于石榴的赞诵则有"深著红蓝染暑裳，琢成纹玳敌秋霜。半含笑里清冰齿，忽绽吟边古锦囊。雾縠作房珠作骨，水晶为醴玉为浆"（杨万里《石榴》）。又杨万里《尝桃》："金桃两饤照银杯，一是栽来一买来。香味比尝无两样，人情毕竟爱亲栽。"这里的意思都很家常，银酒杯旁果盘里的桃子便只是为了尝鲜。瓜则是夏日果盘中的丝丝清凉，刘子翚《致中惠瓜》"瓜畴暑雨乱花飞，美实蠲烦喜及时。薜井筠笼香发越，金刀玉手翠离披"；"珍重故人分小意，临风宛似对奇姿"。若非特指，宋人言瓜，均指甜瓜。与瓜同登夏日高饤的还有荔枝，而此际它已不具"红尘一骑妃子笑"的珍异色彩，苏颂《本草图经》"荔枝子"条曰：荔枝"生岭南及巴中，今泉、福、漳、嘉、蜀、渝、涪州、兴化军及二广州郡皆有之"，"百果流布之盛，皆不及此"。南宋都城所在，获取就更为便捷。

最富喜瑞之气的象生杯盏，是桃杯和瓜杯。《武林旧事》卷七：淳熙三年十月二十二日，今上皇帝会庆圣节，"太上以白玉桃盃赐上御酒云：学取老爹，年纪早早还京"。今上，即孝宗；太上，高宗也。孝宗诞辰为会庆节。又同书卷九云，绍兴二十一年十月，高宗幸清河郡王第，张俊进奉宝器若干，中有"玉枝梗瓜盃一，玉瓜盃一"。而诗人笔下的奉觞情景，则是新花鲜果与人宜的一幅祝寿图。晁补之《梁州令·永嘉郡君生日》句云"东君故遣春来缓，似会人深愿。蟠桃新镂双盏，相期似此春长远"。永嘉郡君，补之妻，户部侍郎杜纯之女。这一年诗人为妻子写下的贺寿词凡五阕，五阕合看，可知寿筵是在早春二月，设于作者乡居之南园，对花畅饮，满斟"金锺"。"金锺"里的一双，便是"蟠桃新镂"。此是北宋故事。而南宋吴文英《烛影摇红·寿嗣荣王》"笑从王母摘仙桃，琼醴双金盏"，情景依然。溧阳平桥窖藏中的一只银鎏金枝梗桃杯，是一剖为半的蟠桃象生，用作杯柄的折枝錾出树脉的纹理，桃叶鲜嫩，轻轻软软扶在杯沿，杯心打作"寿比蟠桃"四字吉语，字表鎏金（图41）。福州茶园山许峻墓出土银鎏金枝梗瓜杯，彭州窖藏中有金瓜杯一对（图42）。

前节提到，筵席中尚有放置高饤和时令鲜果的器具，多作为摆设，时有"高饤"与"看果"之称。张师正《倦游杂录》："木馒头，京师亦有之，谓之无花果。状类小梨，中空。既熟，色微红，味颇甘酸，食之大发瘴，岭南尤多，州郡待客，多取为茶床高饤，故云：公筵多饤木馒头。"又《梦粱录》卷三：四月，度宗初九日圣节，"翰林司排办供御茶床，上珠花看果"。高饤或置于高足盘，看果每置于平浅的矮足盘。果盘装饰纹样的选用也或与席间常见的果品颇有关联。溧阳平桥银器窖藏中的一件银盘，腹深一点四、口径十六点五厘米，盘心打造出仿若浮雕的瓜、桃和石榴，又以荔枝点缀其间（图43）。

宋代花鸟画一面为各式金银象生花盏提供了造型粉本，一面也为用

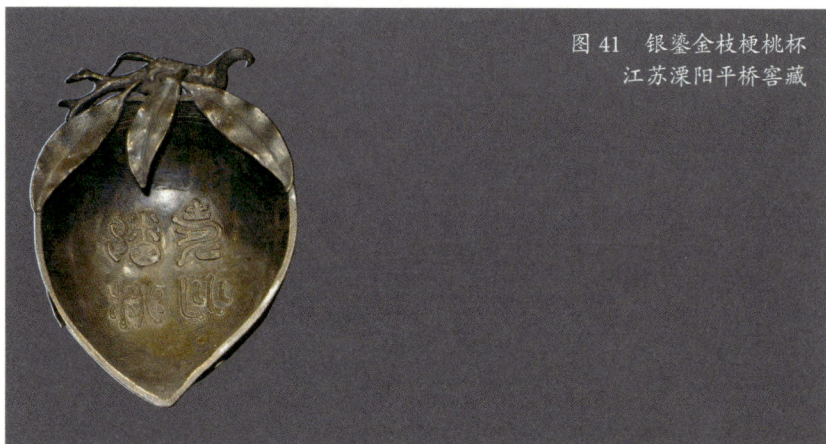

图 41　银鎏金枝梗桃杯
江苏溧阳平桥窖藏

图 42　金瓜杯一对
四川彭州金银器窖藏

图 43　银鎏金果盘
江苏溧阳平桥窖藏

44·1	44·2
44·3	44·4

图 44·1　银錾牡丹花果盘
图 44·2　银錾芍药花果盘
图 44·3　银錾一把莲果盘
图 44·4　银錾山茶花果盘
湖南临澧柏枝乡窖藏

于平面装饰的錾刻纹样提供了参考图式。譬若看盘，内底心即每每錾刻精细的花鸟图案。湖南临澧柏枝乡窖藏中有錾花银果盘一组十枚，口径在十五至十六厘米之间。器心各錾团窠式折枝花：牡丹（图44·1）、芍药（图44·2）、菊花、莲花、一把莲（图44·3）、茶花（图44·4）、木芙蓉、木槿、栀子、菱花。分别出自江西星子县陆家山窖藏的三枚，花口折沿，高稍逾一厘米，口径十四厘米有余，折沿上边是锥点缠枝卷草，内底心錾刻莲塘鸳鸯者一，莲塘仙鹤者一，又一枚是练鹊聚八仙（图45）。虽是图案化的花丛锦阵，却以线条之流利飞动而绘出荷花荷叶水底天。出自四川绵阳涪城黄家巷窖藏的七件，口径十六点八厘米，银盘折沿上边是一周小碎花，盘心分别錾刻各色折枝：芙蓉（图46·1）、海棠、牡丹

45·1	
45·2	45·3

图45·1　银錾莲塘鸳鸯果盘
图45·2　银錾莲塘仙鹤果盘
图45·3　银錾练鹊聚八仙果盘
江西星子县陆家山窖藏

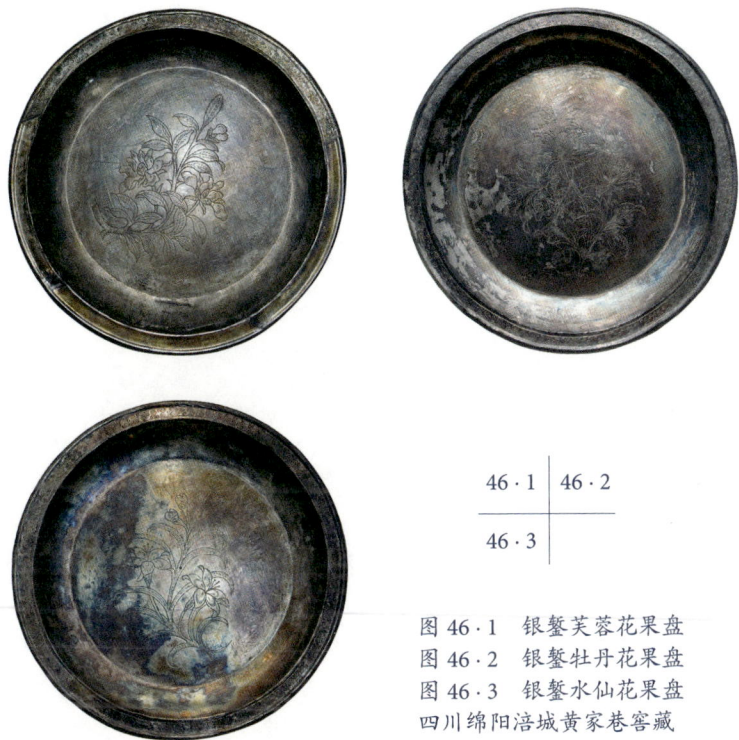

图 46·1　银錾芙蓉花果盘
图 46·2　银錾牡丹花果盘
图 46·3　银錾水仙花果盘
四川绵阳涪城黄家巷窖藏

（图 46·2）、山茶、蜀葵、水仙（图 46·3）、栀子。出自江阴利港南宋
银器窖藏的银鎏金双螭衔花枝纹菱花口及圆盘十数件，多有铭文，曰
"泽□光盪巷顾壹郎"，或"泽□光盪巷渗金顾壹郎"。纹饰大体一致，惟
双螭口中所衔花枝不同，如梅花、海棠、山茶、千叶莲，如瓜瓞绵绵的
瓜蔓（图 47·1～5）。盘心两弯折枝花开娇艳，口衔花枝相对而舞的双
螭身姿俏健，头顶夸张的长鬣与更为夸张的独角相连，长身蜿蜒，螭爪
轻扶柔条，独角下方的一茎花枝弯向螭股间好似花萼，从中生出分作两
歧的细叶翻飞如卷草而成夸张的螭尾。与前举之例相同，图案化的构图
依凭振迅腾拔的线条而见出活泼泼的生趣，后来者或不能及（图 48）。以
上诸例都是采用錾刻工艺。出自蓬安南燕乡龙滩子村窖藏的一件则以打
制见胜。盘内是姿容丰艳的聚八仙，虽不过一茎折枝，却是花开满盘，
精湛的打制技艺造成的浅深起伏使得整个纹样光色辉焕（图 49）。

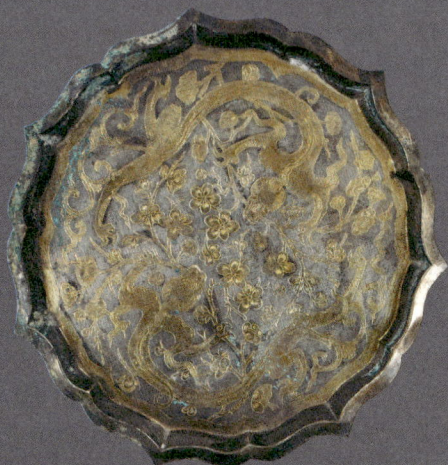

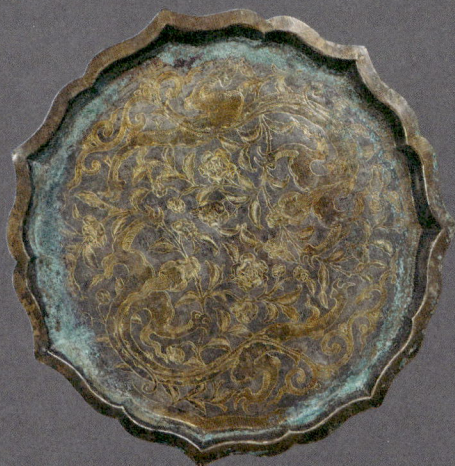

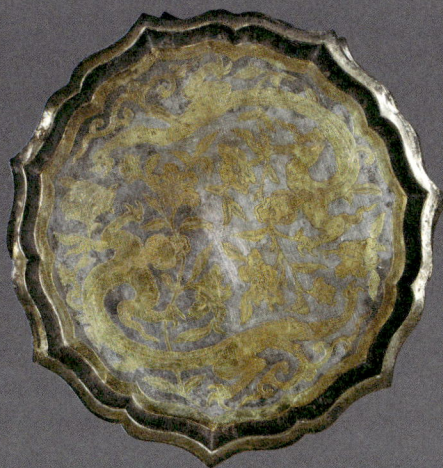

47·1 | 47·2

47·3

图 47·1　银鎏金螭衔梅花菱花口盘
图 47·2　银鎏金螭衔海棠菱花口盘
图 47·3　银鎏金螭衔山茶菱花口盘

47·4 | 47·5
48 | 49

图 47·4　银鎏金螭衔瓜蔓盘
图 47·5　银鎏金螭衔千叶莲盘
江阴利港南宋银器窖藏
图 48　银鎏金夔龙衔瑞长盘
北京定陵出土
图 49　银鎏金聚八仙果盘
蓬安南燕乡龙滩子村窖藏

（二）龟游莲叶

龟与鹤与鹿，是宋人寿词中最常用到的意象。向子諲《浣溪沙·老妻生日》"叶上灵龟来瑞世，林间白鹤舞胎仙"；刘过《上益公十绝为寿》中有三首分别题作《宝龟》《玄鹤》《寿鹿》。《宝龟》一首有"巢成荷上窥仙景"之句，此即"叶上灵龟来瑞世"也，而龟游莲叶原是自唐以来即广泛流行的传统纹样，久被视作储福纳吉的祥瑞图，又是风行于宋代的祝寿之瑞象。《宣和睿览册》中绘有"巢莲之龟"，所谓"龟游绿藻，鹤舞青松"（无名氏《八声甘州·寿国太夫人》），也是寿词中常见的语汇，它因此大量用于宋金时期的各种装饰工艺。北京市丰台区王佐乡金代乌古论窝论墓出土一对龟游莲叶玉饰（图 50·1），上海博物馆藏宋代龟游莲叶玉饰一枚，后者是布满莲花莲叶和慈姑叶的一个莲塘小景，水面一只翔舞之鹤，覆莲上边一只口衔灵芝的龟（图 50·2）。作为早已程式化的祥瑞纹样，龟游莲叶或是自成单元的独立装饰，或与其他纹样相辅相成，而不论为主为辅，设计者总能撷自然之生趣而做成和朗之淑景，以见出所谓"万物皆天地之委和，而瑞物者又至和之所委也"（秦观《集瑞图序》）。溧阳平桥窖藏中的一件龟游莲叶鱼藻纹银盘，平底，宽沿，腹深一厘米，口径十七厘米（出土时残，有三分之一经过修补）。浅腹壁上一周莲瓣，莲心里一泓清波，小小的浮萍和莲花回漾于涟漪，鲤鱼四尾逐花

图 50·1　龟游莲叶玉饰
北京市丰台区王佐乡乌古论窝论墓出土

图 50·2　龟游莲叶玉饰
上海博物馆藏

嬉游。中心铺展脉理清晰的一枚大莲叶，叶心一只卧龟（图51·1）。出自临安原高虹中小学寺庙遗址窖藏的龟游莲叶纹银盏则好似盘心纹样的移植，而把银盏做成葵花式（图51·2）。彭州金银器窖藏中有相同式样的十件龟游莲叶纹银盏，盏心装饰的设计用心与前例相同，莲叶却是以微呈断续的细线双钩，錾为二十六道向圆心聚拢的叶脉（图51·3）。以龟游莲叶作为盏心纹样，注酒之后当有水波滉漾的效果。诗云"酒凸觥心泛滟光"（杜牧《羊栏浦夜陪宴会》）、"十分潋滟金樽凸"（苏轼《有美堂暴雨》），便正可视作此类饮器之赞。苏诗原写雨泻池塘，而以此拟喻，南宋叶廷珪《海录碎事》却是摘此一句入卷六《饮食器用部·酒门》，拟题作"金樽凸"。

（三）螭纹

《说文·虫部》："螭，若龙而黄，北方谓之地蝼，从虫，离声。或云无角曰螭。"《吕氏春秋·举难》"螭食乎清而游乎浊"；注云："螭，龙之别也。"可知螭本龙的别种，不过龙有角，螭则否。但从历代装饰纹样来看，螭与龙的区别似在面目，而不在角的有无。

图51·1 龟游莲叶鱼藻纹银盘
江苏溧阳平桥窖藏（虚处为后补）

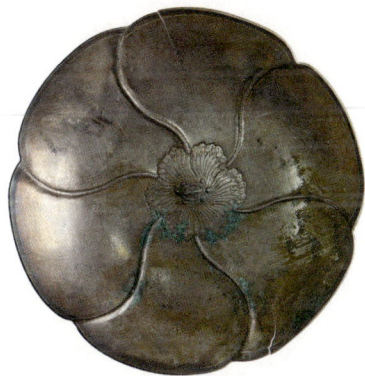

图51·2 龟游莲叶纹银盏
杭州临安原高虹中小学出土

图51·3 龟游莲叶纹银盏
四川彭州金银器窖藏

定型之后的龙纹，长角耸立，怒目睚眦，鬡鬣奋张，威风凛凛之态是其形象之一般。螭的有角无角，则无一定之规，即便有角，却也是不很醒目的一对贴在头顶，嘴角弯弯开在下颏，与龙相比，螭的风神态度竟可以用着"温顺"二字。此外龙和螭的爪，区别也是明显的。

螭纹是古老的装饰题材，以龙首或兽首衔杯为把手的做法，也早见于上古礼器中的匜，宋吕大临《考古图》即曾著录数件，宋人对这样的造型自然是熟悉的。好古成为时尚自宋始，时尚背景下的工艺品制作却是融会古今，古为今用。以螭纹为饰的金银器，前已举出江阴窖藏中的银盘，同出一件银鎏金四出花口盂，银盂内底心装饰框里的蟠螭旋身舞爪作腾起之势（图52·1）。出自四川彭州窖藏的银夹层盏一对，外壁腾身之螭系用银材另外打制而若浮雕（图52·2）。湖南临澧柏枝乡窖藏则为银杯盘一副。银杯系双层结构，外杯腹部錾刻回旋翻滚的海浪，其间打作一对尾端相接环绕杯身的螭虎，它腾身跃起的部分是用另外两枚银片打造成形，扣合之后成为杯耳，不过已失其一。内杯口沿錾刻一周水波纹，杯心錾折枝牡丹。承盘盘心用作承杯的浅圆台与杯心对应，也是錾刻反向而开的一对折枝牡丹。盘心外缘錾刻纤细的水波与卷云，水云间打作两首相向而舞的双螭，窄折沿上錾一周绚纹。与银杯在一起的有一个极轻极薄的瓜蒂钮银盖（图52·3）。贵州遵义杨价夫妇墓双螭纹金杯盘一副，出自女棺。杯与盘俱制作极精。杯系夹层，外层以水波纹为地子，两螭绕杯腾跃于上，螭首分别探出杯口以成杯柄。螭身原是另外打制成型然后焊接于杯壁，螭头再以片材打制成形焊于杯颈，浓眉大眼，一对圆圆的耳朵细錾螺旋纹，超长的独角向后披垂，神态生动如两螭对望。杯口一周香印纹。圈足系接焊，上方錾了一周如意云，下方为鱼鳞旗脚。金盘同样以海浪纹为地子，盘心浪高接天化作云气，双螭盘旋于水波间，螭尾宛转于浪尖如缠枝卷草，螭口互衔螭尾作嬉戏状。螭首眉心处一个博山，上錾一个王字（图52·4）。

52·1	52·2
	52·3
	52·4

图 52·1　银鎏金四出花口盂　江阴利港南宋银器窖藏
图 52·2　螭纹银盏　四川彭州金银器窖藏
图 52·3　双螭纹银杯盘一副　湖南临澧柏枝乡南宋金银器窖藏
图 52·4　双螭纹金杯盘一副　贵州遵义南宋播州土司杨价夫妇墓出土

（四）鸾凤

用作器物纹样的鸾凤，核心意义是祥瑞。在装饰领域里经历了漫长的"前史"，魏晋南北朝时期它方在金银饰品中崭露头角，至隋唐而辽，日渐流行，上一章已略举数例。鸾凤作为金银器纹样，宋代愈益兴盛，尤以簪钗为著。此外多用于奁匣、果盒。按照《营造法式》的标目，鸾与凤的区别在于尾羽不同：前者长尾飘带一束，状如旗帜中的旒；后者长尾或如一串花叶，或如一串卷草。不过与唐代情况相同，在实际应用中工匠却是很有创造的空间，尾羽式样远不止两种，而诗歌中的凤大约在很多情况下是鸾凤之统称。

出自彭州窖藏中的凤首盖钮注子一副，酒注原有长流，已残。它的整体造型或可视作来源于凤首瓶，不过新创的成分其实更多。腹部錾作锦绣花丛：桃花、山茶、栀子、石榴、莲花，双凤对舞于花间。颈部同样繁花似锦：石榴、菊花和花头硕大的一枝聚八仙，一只穿花凤见尾不见首，却是飞身跃向上方成为盖钮。温碗纹样自然是同酒注一致，但花朵和双凤身姿又有不同。酒注的弯柄之表和温碗的圈足下端均打作四时花卉（图 53）。

临安原高虹中小学寺庙遗址窖藏的一件花式银盏，盏心錾刻团凤纹，对凤之间一茎折枝花（图 54）。孝泉镇窖藏中的一件银盏比较特殊：内壁满饰錾刻精细的穿花凤凰一对，内底心打出錾了水波纹的一个浅凹，水波中间一个小小的牌记，上有"凤穴"二字（图 55）。"凤穴"固有杜诗之典"一毛生凤穴"，与此同时又不免教人想到宋代北苑御用珍品中的"凤团"，即词人所谓"茶珍小凤盘"（倪偁《南歌子》），那么这里的设计意匠，大约即在于暗喻点珍稀之凤团必要如此考究的茶盏才是佳配，或者反过来说，茶盏之秀逸，原是为了"引凤"，以使茶器与茶臻于双美。而内蒙古巴彦淖尔市临河区高油房西夏城址出土金托盏一副，茶盏内壁錾折枝蜀葵、折枝牡丹和一把莲，内底心双钩的圆框内錾刻团凤，或者竟也是

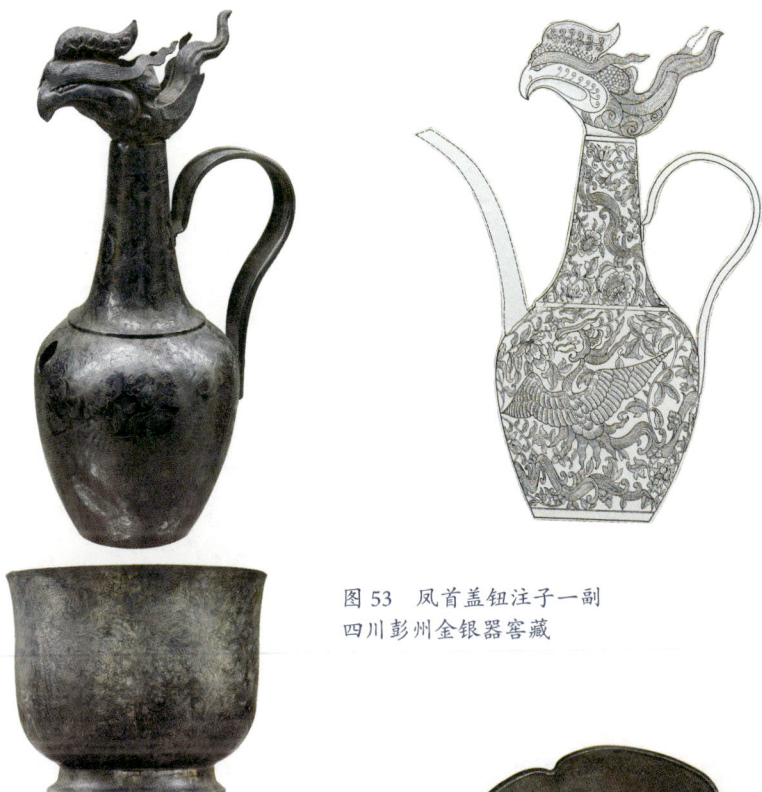

图 53　凤首盖钮注子一副
四川彭州金银器窖藏

图 54　团凤纹花式银盏
杭州临安原高虹中小学出土

图 55　"凤穴"银盏
四川德阳孝泉镇清真寺宋代窖藏

图56　金托盏一副
内蒙古巴彦淖尔市临河区高油房西夏城址出土

相似的设计构思（图56）。点茶舍瓷盏而代之以金银之器，固未必适宜，却不妨以此来彰显粹美与珍重。以当日流行的团凤纹妆点茶盏，适与"凤团"暗合，自又别添意趣。

（五）仿古纹及其他

所谓仿古，即仿先秦礼器，乃时代风气下的制作。饮器中的仿古式以及器壁纹饰繁复者往往制成里外套合的夹层杯盏，如此，它既有外观古雅厚重的效果，又可隐去外杯因打制纹样而内里产生的凸凹。外杯和内杯的套合更每以工艺之精湛而不易见出痕迹。这是宋代发展出来的新器型，今所见多为南宋及元代遗存。岳珂《桯史》卷八"紫宸廊食"条"爵以银而厚其唇为之"，应即此类。杯或盏制为夹层，自是"厚其唇"的方法之一。所谓"爵"，在此当是仿古式酒杯的概指，即如胡仔《苕溪渔隐丛话·后集》卷三十八引陆元光《回仙录》胪举座中酒器的"锺鼎"。仿古造型多取簋式，亦即宋人之所谓"彝"。溧阳平桥窖藏中有银鎏金仿古纹杯盘一副

图57　银鎏金仿古纹杯盘一副
江苏溧阳平桥窖藏

（图 57），银杯为夹层，仿簋式，外杯绕腹一周打作乳钉纹，便是赵九成《续考古图》卷一"父乙虎彝"一则所云"方文圆乳"，口沿及圈足的回纹，则即吕大临《考古图》卷五"单爵"一则所云"篆饰"。

窖藏中的另一副银鎏金四曲花口盘盏，纹样却是仿古与时尚的混融。盏同样为夹层，造型取用与盘一致的四曲花口，内盏盏心錾刻狮子戏毬。外盏以一周莲瓣纹托底，四曲的卷云纹地子上分别打造五个乳钉，其外一周毬路纹与盏心的狮子戏毬内外呼应。银盘盘心作为承盘标识的装饰框内錾一对折枝牡丹，框外卷云纹的地子上打作双狮戏毬，纹样部分均鎏金（图 58）。狮子所戏之毬，宋人名作转官毬，德安南宋咸淳十年墓出土银鎏金转官毬帔坠，便是以它作为主题纹饰。

彭州窖藏中的两副注子，同样是汲古涵今。其中一副，酒注弯柄、长流，圆筒式盖，盖钮是莲花台上的一只大象。器腹以弦纹分隔出来的一周装饰带打作双龙穿环戏珠，夸张的长尾蜿蜒在身后变形为卷草。上下分别是方向相反的仿古式蝉纹，上方的八个蝉纹下半都是头顶一个"王"字的兽面。腹侧接焊张口吐舌露出利齿的一个龙头，龙口含流。温碗造型与它一致，龙尾之间间以圆篆纹，原有双耳，已失。从纹样来推测，大约是一对双龙（图 59）。蝉纹、圆篆纹都是吕大临《考古图》中纪录的纹饰，银匠或有所取却又不拘一格融入自家知见的古意，而成就为"今"，终究还是"时样"。出自遵义杨价夫妇墓的银酒注造型和纹饰与此十分相似，却是蝉纹内装饰折枝花，便更加时尚（图 60）。浙江东阳东郊斯村出土银长瓶（图 61·1）、江西星子县陆家山窖藏银盏（图 61·2），纹样也都是仿古式蝉纹的变体，今人或称它"云头纹"。

（六）人物故事

工艺品的图案设计取材于神仙传说和历史故事，这种做法宋代开始多起来，当然此前在金银器中已经不止一例。两宋金银器以人物图为饰者，前已举出陕西历史博物馆藏金菊卮一件，浙江义乌柳青乡游览亭村

图 58　银鎏金四曲花口盘盖一副　江苏溧阳平桥窖藏

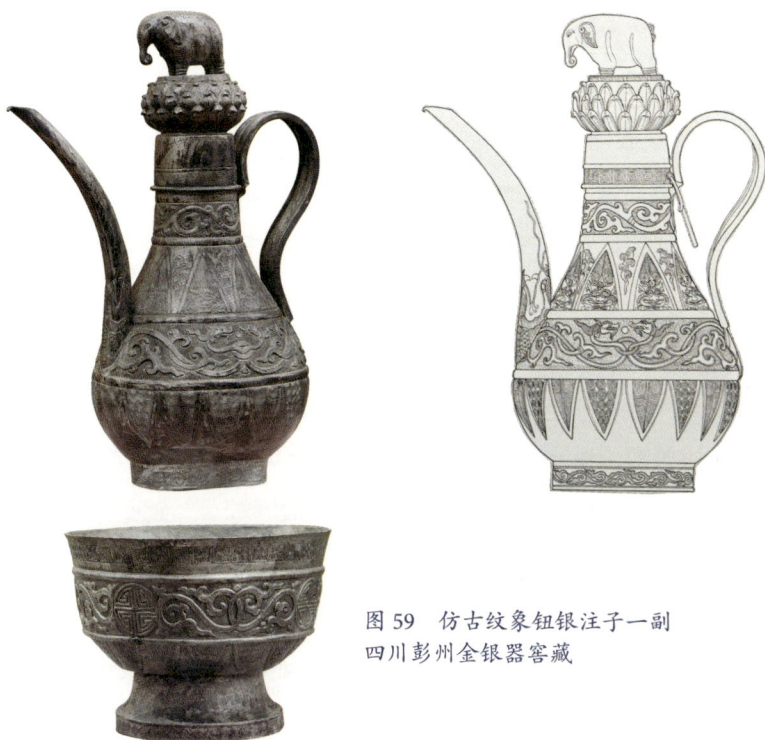

图 59　仿古纹象钮银注子一副
四川彭州金银器窖藏

图 60　仿古纹象钮银注子
贵州遵义南宋播州土司杨价夫妇墓出土

图 61·1　银长瓶（带座）
东阳东郊斯村出土

图 61·2　仿古式蝉纹银盖之一／之二
江西星子县陆家山窖藏

图 62　金花银台盏一副
浙江义乌柳青乡游览亭村窖藏

宋代窖藏"陈官人宅用"金花银台盏八副，则是很有画意且画风不俗的一组。

义乌银器窖藏中的八副台盏，酒盏与酒台子均为葵口，口沿各錾缠枝卷草，圈足外侧铭曰"陈官人宅用"（图 62）。

酒盏盏心各錾一幅人物图，八幅图案凡八人。第一人，披衣袒腹，背倚酒坛，旁边一具酒樽，樽中横一柄酒勺。其侧有平底花口果盘一，盘中鹅梨两枚。画面一角用树石点景（图 63·1）。第二人倚瓮吹箫。瓮中有勺，瓮下有木架为托。果盘式样与前件同，惟旁置酒注，其侧一只酒盏。画面上方一只飞鹤，旁侧几朵流云（图 63·2）。第三人赤膊袒腹，斜倚于长颈瓜棱式酒瓮之侧，手中酒盏倒扣，旁有酒樽和勺。画面上方点缀树石（图 63·3）。第四人双手拄地，单衫半褪，倚酒瓮而坐，酒瓮

63·1	63·2
63·3	63·4

图 63·1　盏心图案一
图 63·2　盏心图案二
图 63·3　盏心图案三
图 63·4　盏心图案四

上有荷叶盖，肩部饰璎珞纹。前方一只八卦纹酒盏，一具酒樽，樽中有勺（图 63·4）。第五人手臂搭扶于酒瓮之肩而醉眠，酒盏倾翻在一侧（图 63·5）。第六幅，酒人科头赤膊袒腹，右凭栅足几，后倚一个大酒瓮，酒瓮肩部装饰一周覆莲纹，酒樽与盏俱翻倒（图 63·6）。第七幅，酒人坐在茶花湖石之畔，背靠以矮架相承的一个卷草纹大酒瓮，左手提着瓜棱瓶的口沿，右手持勺而饮，酒盏远远撤到一旁（图 63·7）。第八人后置酒瓮，前设矮几，几上一册摊开来的书，几旁一个长颈耸肩瓶，里边插着一大捧荷花（图 63·8）。口沿与盏心纹饰鎏金。

虽然人物为八，但仍然可以认为竹林七贤图是盏心图案取材的来源之一。人物图中的坐具，所绘均仿若鹿皮之类，与江苏地区三座南朝墓出土的竹林七贤砖画，又上海博物馆藏孙位《高逸图》中持麈尾者地衣之上敷设的坐具相同。邓粲《晋纪》："嵇康曾锻于长林之下，钟会造焉。康坐以鹿皮，嶷然正容，不与之酬对。"又清胡敬《西清札记》著录刘贯道《竹林七贤图》曰"一执如意凝视，俱敷文簟，展鹿皮，藉地趺坐"。可知鹿皮坐具是这一题材的画作中始终延续的细节之一。其实就构图来

63·5 | 63·6
63·7 | 63·8

图 63·5　盏心图案五
图 63·6　盏心图案六摹本
图 63·7　盏心图案七
图 63·8　盏心图案八
浙江义乌柳青乡游览亭村窖藏

图 64·1　越窑青釉酒台子　故宫博物院藏

说三者也约略相似。《高逸图》被认为原是《竹林七贤图》残卷，即所存为山涛、王戎、刘伶、阮籍。时代稍后于此，有辽耶律羽之墓出土金錾花七棱杯（第一章，图 66·1），虽与早期的竹林七贤图并不完全相同，但渊源与相承关系是清楚的。又故宫博物院藏一件五代越窑青釉酒台子，盘与承台之间刻划水波纹，承台则成浮在涟漪上面的一朵莲花，花心亦即台面刻划一幅饮酒图，酒人持盏，披衣席坐，一边是插着酒勺的酒樽，一边是一个荷叶盖罐，上下则以简笔点出远山和鹿皮坐荐（图 64·1）。杭州临安吴越国钱镠墓出土高士图玉带銙中的形象，也是相近的意韵与风格（图 64·2）。义乌银盏人物图的布

图 64·2　高士图玉带銙杭州临安吴越国钱镠墓出土

局以及图式的构成要素，与前举诸例相比多有近似之处，包括细节如坐具的处理。酒人的衣着与风神态度以竹林七贤图为模范也很显然，惟将主题易作饮酒。北宋吴淑《事类赋注》卷十七《饮食部》"酒"类一项撷录故事多取自中古士人，似可昭示彼一时代的一种审美趋向。传统的竹林七贤图与时代好尚，正是这一组图案构思及设计的共同来源。

又有出自邵武故县窖藏的银鎏金魁星盘盏一副（图 65·1），银盏造型为八角，系夹层，内层盏心錾刻一首《踏莎行》，词云："足蹑云梯，手攀仙桂，姓名高挂登科记。

图 65·1　银鎏金魁星盘盏一副 福建邵武故县窖藏

马前喝到（道）状元来，金鞍玉勒成行对。/ 宴罢琼林，醉游花市，此时方显平生至（志）。修书速报凤楼人，这回好个风流婿。"盏身外壁六个开光布置为六个连续的画面，以为《踏莎行》词意。相对两个长边的开光里，分别表现主题中的两番意思，即一边是"宴罢琼林，醉游花市"，一边为垂柳依傍的宅第一座，两扇大门开启，高高的台阶向上铺展，尽端一溜垂幔，以见"凤楼"之意。女主人闻讯，已在阶前伫候。窄边各有三个相对的小开光，一边是"足蹑云梯，手攀仙桂，姓名高挂登科记"的图解，即桂树一株，士子踏一朵祥云正在攀枝折桂，桂树旁边一座殿阁，便是蟾宫，门首大书"登科记"三字。一边是马前喝道与垂柳下侍儿接报的连续画面。宋人讲述的一则故事颇与这里蟾宫和折桂的情境相合，见《夷坚志·支志庚》卷九《扬州茅舍女子》："扬州士人，失其姓名。建炎二年春，因天气融和，纵步出城西隅，遥望百步间有虹晕烨然，如赤环自地吐出。其中圆影，莹若水晶，老木槎枒，斜生晕里，下有茅舍机杼之音。试徐行入观，潇洒佳胜，了非尘境"，"白皙女子四五辈"，"交梭组织白锦"。"逼而视之，锦纹重花交叶之内，有成字数行：第一行之首曰李易，稍空，次又一人姓名，复稍空，又一人焉，如此以十数。乃拱手问之曰：'织此何为？'一人毅然而对曰：'登科记也，到中秋时候当知之。'余无一语"。士人辞退，待出得虹晕，回头注目，荡无所睹。"至八月，始唱名放榜，第一人曰李易，其下甲乙之次无一差，易正扬人也。于是悟首春所届，盖蟾宫云"。

银盏盏心錾词见于明洪楩编宋人小说《清平山堂话本》中的《简帖和尚》，其入话部分讲咸阳宇文绶与娘子王氏的"错封书"故事，曰宇文绶"做了只曲儿，唤作《踏莎行》"，即是这一阕，惟字句稍有不同。此词当日在民间应颇为流行，南戏《张协状元》第二十出以及《荆钗记》第十五出、《拜月亭》第三十九出的下场诗，便都是它的摘句，道是"马前喝道状元来，这回好个风流婿"。状元游街在诗词里也是热门话题，如北宋张先《少年游慢》"花探都门晓，马跃芳衢阔。宴罢东风，鞭梢一行飞雪"。南宋姚勉《女筵乐语》"马前喝道状元归，旧婿重新此事奇"。选取这一题材来作装饰纹样，自是讨人欢喜，用作酒器便更为合宜。

银盘式样与盏相谐，如此一组两件自是酒器中的盘盏一副。盘心以打造工艺装饰人物故事图。故事情节即系在画面中心的一方小小莲池，池中腾起祥云数朵，云起处一尾游鱼，云端上一条舞龙。图案左下四角亭边几丛竹，云端飞下栖竹凤。上方轩内一人捧书读。亭子旁边轻烟袅袅的一个三层台，如果以元代方士画的偃月炉亦即太乙神炉为对照，那么这是丹炉。右下角的"携琴访友"乃南宋绘画中常见的图式，在这里借寓方外羽客，点缀风雅（图65·2）。此盘的独具匠心之处在于把通常承盘中心的装饰框巧妙化作图案故事中的一个重要情节，即生出鱼龙变化的莲池。

池中之鱼变化为龙的故事，见刘向《列仙传》卷下《邗子传》："邗

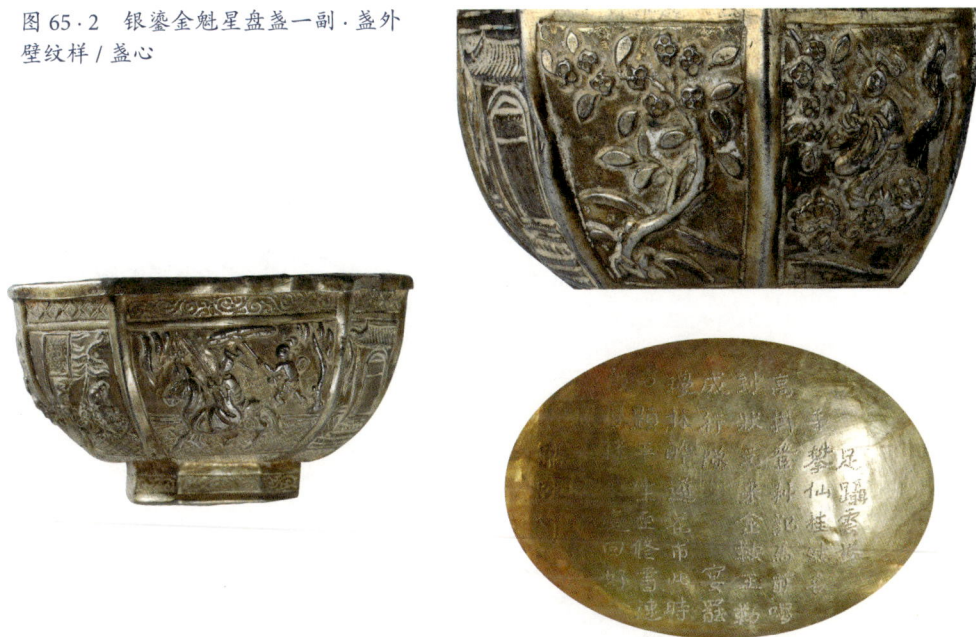

图 65·2　银鎏金魁星盘盖一副·盖外壁纹样 / 盖心

子者，自言蜀人也，好放犬子。时有犬走入山穴，邡子随入十余宿，行度数百里，上出山头，上有台殿宫府，青松树森然，仙吏侍卫甚严。见故妇主洗鱼，与邡子符一函并药，便使还与成都令桥君。桥君发函，有鱼子也。著池中养之，一年皆为龙形。复送符还山上。犬色更赤，有长翰，常随邡子往来百余年，遂留止山上，时下来护其宗族。蜀人立祠于穴口，常有鼓吹传呼声。西南数千里共奉祠焉。"这一则故事也收在《太平御览》，见卷九〇五《兽部·狗下》，惟字句多有不同，如邡子作列子，又简省人物，不过鱼龙变化却是不曾忽略的情节。之后的不断流传，这一情节在人人欲求"姓名高挂登科记"的时代里，似乎是被提取出来赋予了新的意义，或者说从中生发出另外的主题，即同鲤鱼跃龙门的传说联系在一起，而成为登科的象征，如宋房子靖《秋闱锁试赠赵茂实》"较文已辨珉兼玉，揭榜应知鱼化龙"。陕西历史博物馆藏一件与此纹样近同的银盘，

图 65·3 银鎏金魁星盘盖一副·盘

图 66 银鎏金"池养化鱼龙"诗意纹盘
陕西历史博物馆藏

而庭院中的两楹屋宇檐下分别悬挂"书堂"与"道院"的匾额（图66）。图案当取自"道院迎仙客，书堂隐相儒。庭栽栖凤竹，池养化鱼龙"诗意（童宇《银鎏金荆台隐士盘故事小考》，《收藏家》二〇一七年第十二期）。诗或出自宋人，似乎颇流传于民间，金代磁州窑枕也以此为枕面装饰。邵武银盘的图案亦与这首诗大致相合。不过无论图像还是文字，作为装饰纹样，取意应都在于"鱼化龙"。

鱼化龙金盘与状元游街金盏组合为一副，含义便很明确了。周密《癸辛杂识·后集》"光斋"条云："太学先达归斋，各有光斋之礼，各刻于斋牌之上。宰执则送真金碗一只，状元则送镀金魁星杯柈一副。"魁星是司文章之神，本名奎星，为天宫星座之一，《孝经援神契》称"奎主文章"，宋均注曰"奎星屈曲相钩，似文字之画"（《初学记》卷二十一引），科举取士，列在第一者称之为"魁"，得获者谓"夺魁"。宋人或书"魁"字装轴悬挂，如南宋姚勉《题魁字轴》"一笔三文超寻常，字势直作蛟龙骧。锦装玉轴垂高堂，标灵发异呈嘉祥"。其时又有魁星像，如李昂英《送魁西与李子先》："金斗高挑鬼状狞，世传此像是魁星。祥光闪烁开先兆，助子秋闱笔砚灵。"据诗中形容，魁星已作鬼踢斗之相，即把魁字图像化，不过这种样式的魁星，宋代尚未盛行。邵武盘盏以鱼化龙和状元游街为纹样，更以《踏莎行》点题，正是讲述夺魁故事，那么当是银鎏金魁星盘盏一副。另有出自南昌青云谱的一枚银鎏金盘恰可与它合看。银盘菱花式造型，盘心凸起用于置盏的菱花式边框，内里锥点的一首《踏莎行》与《简帖和尚》引述者字句相同，惟彼之"恣游花市"，此为"醉游花市"。围绕边框布置的纹样是一幅完整的词意图：右上方一株桂树花开满枝，左边高柳之畔一所宅院，闺阁中人方探身凭栏，下望的目光与导从后方的夫君遥遥相对。走在最前面的右手擎喜报，相跟者打着一面三旒旗，旗面圆心锥点一个大大的"魁"字，紧接着一位持幡，上錾"天下状元"，走在最后的高举双檐伞，持鞭骑马的"天下状元"圆领袍、展脚幞头，正

图 67　银鎏金魁星盘
南昌青云谱出土

是春风得意的一刻（图 67）。一个"魁"，如同"魁星盘"之自名。不必说，原初当有一只主题相同的酒盏，与盘合作魁星盘盏一副。所谓"状元则送镀金魁星杯桦一副"，此为契合无间的一个实证。

本章开篇曾略举蜀中游宴之盛，又陆放翁《天彭牡丹谱》所云"花时，自太守而下，往往即花盛处张饮，帟幕车马，歌吹相属"。目前所知宋代窖藏金银器规模最大的一处，正是彭州窖藏，便是当日有"小西京"之称的天彭。两宋筵席用器的主要类型与样式，以这一窖藏中物为例，也正可见其大概。这里即以《四川彭州宋代金银器窖藏》揭载的器物为依据，综合观展所见，按照本书的定名与归类，整理如下：

一、盘盏

甲、"齐"字款银台盏七副："齐"字款银鎏石榴花结盏七，"齐"字款银酒台子七〔插图 1、插图 2〕；"史氏妆奁"款银花盘盏一副〔插图 3〕；"董"字款银艾叶式酒台子一（失盏）〔插图 4〕。

乙、银台盏五十六："袁家十分"、"国器"、"东海逝娘置"等款银盏五十六；"董""史氏妆奁"款等银酒台子五十六。

丙、"董"字款银芙蓉花承盘一对（失盏，图 34·2）。

二、散盏

"福德"款银盏一对〔插图 5〕，"德星亭"款银盏一对。

三、劝盏

"绍熙改元舜字号"款金菊花盏一，"先父"款菊花盏一（图 22），金梨花盏一〔插图 6〕，"齐"字款金瓜杯一对（图 42），"吉"字款金盏一〔插图 7〕，"口宅"款金花口盂一〔插图 8〕。"张家十分"款银龟游莲叶盏十（图 51·3），银莲花纹盏四〔插图 9〕，银錾绶带结八方盏六，螭纹银盏一对（图 52·2），银葵花盏一对（图 28），银菱花口盏一对〔插图 10〕。

四、长瓶

"袁家十分"银瓶一对，银瓶四（其一有款曰"公家十分"），"周家十分"款银云鹤纹瓶一对，"董"字款银如意云头纹瓶一对（图 1·2～3）。

五、果盘

"陈家十分"款银盘十〔插图 11〕，"公平用"等款银花口盘十〔插图 12〕，"王家十分"款银錾狮子戏毬纹盘四，"贵盛"款银錾蝶赶花纹葵口盘四〔插图 13〕，"董"字款银菊瓣纹盘一〔插图 14〕，银錾仿古纹三足盘一〔插图 15〕。

六、银注子九副（图 3·1、图 53、图 59）。

七、银唾盂二〔插图 16〕。

八、银茶盏七，银盏托二十三〔插图 17、插图 18〕。

九、银熏炉十一（图 82）。

插图 1 银錾石榴花结盖

插图 2 银酒台子

插图 3 "史氏妆奁"款银花盘盖一副

插图 4 银艾叶式酒台子

插图 5 银盖

插图 6 金象生梨花盏 / 盏心

插图 7 "吉"字款金盏

插图 8 "□宅"款金花口盂

插图 9 银莲花纹盏

插图 10　银菱花口盏

插图 11　银盘

插图 12　银花口盘

插图 13　银錾蝶赶花纹葵口盘

插图 14　银菊瓣纹盘

插图 15　银錾仿古纹三足盘

插图 16　银唾盂

插图 17　银茶盏

插图 18　银盏托

第二节　妆具

　　妆具中的金银器之属，一般是妆匣、镜匣，粉盒，妆盘，油缸，水盂，而以银及银鎏金者为多，金器是很少的。福州茶园山端平二年（一二三五）墓出土的一组，可以为例：银荷叶盖罐一，银錾花粉盒一，银素面粉盒一，均置于漆奁之中。银錾花粉盒高三点三、口径六点二厘米，内置一枚粉扑（图68·1）；银素面粉盒高三点八、口径六厘米（图68·2）。银荷叶盖罐高五点五、口径四厘米，出土时罐内有白色粉块（图

图68·1　银錾花粉盒
福州茶园山端平二年墓出土

图68·2　银素面粉盒

图 68·3　银荷叶盖罐

图 68·4　菱花口银碟

68·3）。又有一枚菱花口银碟，高一厘米，最大口径八点二厘米（图 68·4）。

　　小小一枚菱花口银碟，应即胭脂碟。南京市区建筑工地出土一件唐代青釉小碟，高一点八、口径八点五厘米，背面墨书：朱家胭脂输卖，主故使用方知，每个十文（图 69），正把自家用途表述得清楚。出自江西德安南宋咸淳十年（一二七四）周氏墓中的一枚银菱花口碟高两厘米，口径七厘米，其尺寸大小与唐青釉胭脂碟相差无几，出土时碟里放了一方浸了胭脂的丝罗，上面还有纤纤玉指拈起它的使用痕迹，内底心錾铭曰"莫四郎记"（图 70）。

图 69　青釉小碟及墨书　南京建筑工地出土

图 70 菱花口银胭脂碟
江西德安南宋咸淳十年周氏墓出土

茶园山端平二年墓中一件直筒式的素面银粉盒，或即《西湖老人繁盛录》"诸行市"中列举的"蛤粉桶"。而一件银荷叶盖罐出土时内有白色粉块，似乎也是同样用途。不过宋元时代这一类尺寸偏小且每与粉盒、胭脂碟同出的银盖罐，通常是用来盛放头油，因此盖内常常下连一个小勺。如浙江湖州三天门南宋墓（图 71·1）、安徽六安花石咀古墓二号墓（图 71·2）。出自六安的一件通高五厘米，小口，鼓腹，周身镌刻萱草、芙蓉、秋葵、栀子等花样，其上扣合平顶覆钵式盖，一柄小勺原焊接在盖内中心。南宋刻本《碎金·家生篇》"妆奁"一项列举的物品，有"油

图 71·1 银荷叶盖罐（油缸）
浙江湖州三天门南宋墓出土

图 71·2 银盖罐（油缸）
安徽六安花石咀古墓二号墓出土

瓯"一事。瓯，通缸，则即油缸。这一
类银盖罐便是油缸之属。梳妆用油，可
别作两种，即面油与头油。明本《碎金》
"梳洗"条下所列"面油，省头木犀油"，
即此。面油是膏油，无须用勺舀取，那
么油缸所盛应是头油。它也见于两宋绘
画，如王诜《绣栊晓镜图》，又旧题苏汉

图 72　柳斗式荷叶盖罐（油缸）
苏州吴中藏书篁村宋墓出土

臣《妆靓仕女图》。大约为表明用途，油缸造型又或取式于通常用作水器
的柳斗罐（图 72），当然尺寸总是很小的。

　　出自茶园山端平二年墓的银錾花粉盒内置粉扑，盖面錾刻缠枝莲花。
前举江西德安咸淳十年周氏墓所出又有一对银粉盒，盒盖打作三卷如意
云头纹，盒底錾一对折枝莲花，折枝之间錾铭曰"建康李二郎"，高四
厘米、口径七点五厘米，一个里面放着丝绵粉扑（图 73·1），另一个满
盛着白粉，又置小小一枚鱼尾柄铜荷叶匙（图 73·2）。妆具中尺寸更小
的银盒，当为口脂盒或胭脂盒。陕西蓝田吕氏家族墓园吕仲山夫人墓出
土掌心大小的一枚银盒，子母口，器与盖的一侧各设小环（盖侧之环失），
盖面一弯折枝牡丹，余白錾鱼子纹，盒身与盖的立墙锥点一周卷云纹。
内置之物的主要成分检测为矿物粘土和朱砂，那么是胭脂，所设小环当
是用于系佩以方便补妆（图 74）。

　　置放妆具的奁盒、奁匣（扁者称匣）与镜盒、镜匣，以漆器为多，同
时也有不少银器，纹样常取团凤，如绵阳涪城黄家巷窖藏（图 75）、蓬安
南燕乡龙滩子村窖藏（图 76）。涪城窖藏的两件仅存盒盖，口沿都是菊瓣
纹，其一为鸾凤戏牡丹，其一盖心开光内打作团窠对凤，中央一茎折枝，
也是戏花之意，其外环以缠枝花卉。出自福州茶园山许峻墓的银鎏金双
凤纹葵口奁通高五点九、口径十三点七厘米，盖面沙地上打作团窠双凤，
外环一周桃花桃叶，盒身与盒盖口沿处的立墙錾龙牙蕙草，纹饰均鎏金。

图 73·1 银粉盒
江西德安南宋咸淳十年周氏墓出土

图 73·2 银粉盒

图 74 银胭脂盒
陕西蓝田吕氏家族墓园吕仲山夫人墓出土

图 75·1　鸾凤纹银盒盖
绵阳涪城黄家巷窖藏

图 75·2　团凤纹银盒盖
绵阳涪城黄家巷窖藏

图 76　团凤纹银盒盒盖
蓬安南燕乡龙滩子村窖藏

图 77　银鎏金双凤纹葵口奁
福州茶园山许峻墓出土

图 78　八棱錾花银奁
安徽六安花石咀古墓二号墓出土

盒内一个浅盘式的屉，内底心也有一个小孔，上置铜镜（图77）。前举六安出土银錾花油缸，油缸原置于八棱錾花银奁之内。银奁口径二十点七，高二十五点五厘米，器分三层（中间一层最高），纵分十六格，每格分别錾刻山茶、菊花、芙蓉、水仙等折枝花。油缸之外，奁内尚有两个錾花银盒，当是蛤粉桶，一个银荷叶盖柳斗罐即油缸，又錾花银盂一，錾花银罐一，银胭脂碟一（图78）。此墓入葬年代为元，但出土器物似以宋物为多，比如元代已不流行的孟家蝉。与此式样相同的多有漆奁（图79），造型与纹饰也为元代所承继（图80）。

图 79　朱漆戗金奁
常州武进村前乡南宋五号墓出土

图 80　錾花银奁
元末张士诚母曹氏墓出土

第三节　香器

焚香以求雅韵，即把它作为一种生活方式，唐代稍开风气。至于宋人而把香事的日常化、诗意化推向极致。香炉的集大成，便成于两宋，传统式样也多在这一时期完成它最后的演变。不过从目前的发现来看，宋代香具，——尤其士人所用，是以瓷器为主，相对而言，金银器是不多的。

宁波天封塔地宫出土一件银炉，通高十七点五厘米，炉座、炉身、炉盖，三事分制。炉座下方膨起为足，镂一周如意，錾一周覆莲，又是毬路纹一周为环带，中腰装饰带纵分六格，铺首衔环与镂空花叶相间，都是两侧各一弯龙牙蕙草。口沿一周錾流云飞鹤。炉身式如浅腹碗，向外翻出平展的六出花式宽沿，宽沿上六个开光，光内是纵蹄奔行的瑞兽，光外是折枝菊花。覆钵式炉盖，也是纵分六区，每区一个开光，光内布置婴戏图：击鼓、蹴鞠、舞蹈、击拍板、扑蝶、击掌而舞。光外鱼子地上錾刻折枝花。炉盖顶端做成"花中花"，即花心内高耸带着花朵的出烟管（图81）。这一类样式的香炉，宋人或称作莲花出香。出自彭州窖藏的一件银炉与它构思相近，通高逾半米，下边高高一道弧形圈足，中间宽平沿的托盘，托盘上承覆莲形的炉盖，其周环錾花处趁势作出花叶形的出烟孔，盖顶一个莲花钮，花心耸出柱形蕊，蕊心十四个花形小孔，自

图 81 银炉（莲花出香）
宁波天封塔地宫出土

图82 银炉（莲花出香）
四川彭州金银器窖藏

然也是为着散发香烟（图 82）。

又有仿古式样的香炉，如绵阳涪城黄家巷窖藏中的鼎式银炉（图 83）。出自浙江义乌夏演乡流村古井的银炉（图 84），宋人或称作奁炉，它的造型来源之一是汉代酒樽，即直筒形、下有三足的一种。

出自南京大报恩寺遗址北宋长干寺塔地宫的一枚银鎏金香囊，通高十二点八厘米，造型近圆，由式样相同的两部分扣合而成，都是五个拱形开光，光内卷草纹地子上分别錾鸾鸟和瑞兽，光外镂空作缠枝卷草，上下中央各铺展一朵宝相花，花心各设圆环式捉手（图 85）。它或是同出墨书题记中的"香囊"，地宫时代为北宋大中祥符四年（一〇一一）。此式香器，也称作香毬，唐代便是两种称呼并用，宋代则香毬的名称使用更多，排场中的各色执事也每有"香毬"。宁波天封塔地宫出土一具带座银香毬，通高十点二厘米，香毬直径四点三厘米。六角式炉座两重叠置，底端一重须弥座式，上方一个平坐栏杆式，座下均有六个如意足。座心一个直径近一厘米的圆柱擎出香毬。香毬下方錾刻折枝花，上盖镂作龙牙蕙草（图 86）。彭州窖藏中一件被称作"盒式银熏炉"的香器，其实亦

图 83　鼎式银炉
绵阳涪城黄家巷窖藏

图 84　银盉炉
浙江义乌夏演乡流村古井出土

图 85　银鎏金香囊
南京北宋长干寺塔地宫出土

图 86　带座银香毬
宁波天封塔地宫出土

图87　银香毬
四川彭州金银器窖藏

为香毬，而器身遍饰以花卉填满空间的毬纹，正是用心巧妙的自报家门（图87）。瓷器中也颇有同此式样者，如浙江黄岩灵石寺塔出土北宋咸平元年（九九八）越窑青釉炉，如陕西蓝田北宋吕氏家族墓地出土景德镇窑青白釉炉，当然纹饰未及银炉之密丽，而都是宋人眼中的香毬。

传统式样的莲花鹊尾炉，迄今所见最为精好的一例，是前举南京北宋长干寺塔地宫出土的一件（图88）。炉柄的前端结束出"一把莲"，下覆的一枚大荷叶为炉座，一茎莲花弯向中间为炉身，炉身下方挑出一个莲花座，上有坐佛，身后一屏莲花瓣式背光，背光上面錾刻缠枝卷草。莲花炉下花枝旁逸：一对花苞，一个小碗一般的莲蓬，莲子为其表而成莲蓬的盖。炉柄末段把通常的鹊尾做成一枚下覆的小荷叶，更以一个带盖莲蓬为镇。两个相互呼应的莲蓬，便是有着实用功能的香宝子。

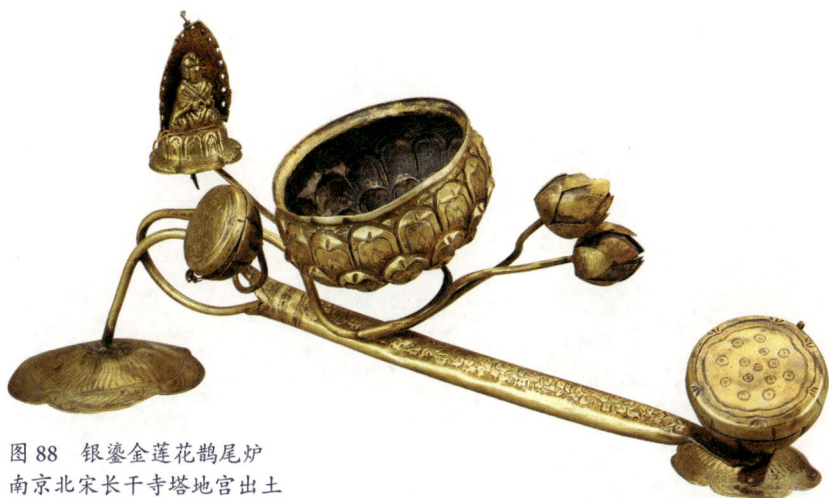

图88　银鎏金莲花鹊尾炉
南京北宋长干寺塔地宫出土

出自长干寺塔地宫的又有银香盒。其中一枚团凤茶花银香盒通高十点三、盖口径十三点八、盒底径九点八厘米。香盒盒身以一枚图案化的凤翻荷叶托起一周仰莲，上方环以缠枝菊花，盖面是飞旋在山茶花中的一对凤凰，外缘又是一圈碧草瑶花。出土时盒里盛满了乳香（图 89）。同出的另一枚银鎏金团凤纹香盒，内里也是满盛乳香（图 90）。与唐代专用于盛放香料的香宝子不同，宋代香盒大约没有以一种特殊的形制而与日用之器相别，但这一类样式的银盒似乎多被派作香盒，定州静志寺塔地宫出土的几件北宋团凤纹银盒（图 91），或者也是香盒之属，末一例银盒盖沿和立墙錾施主的发愿文。

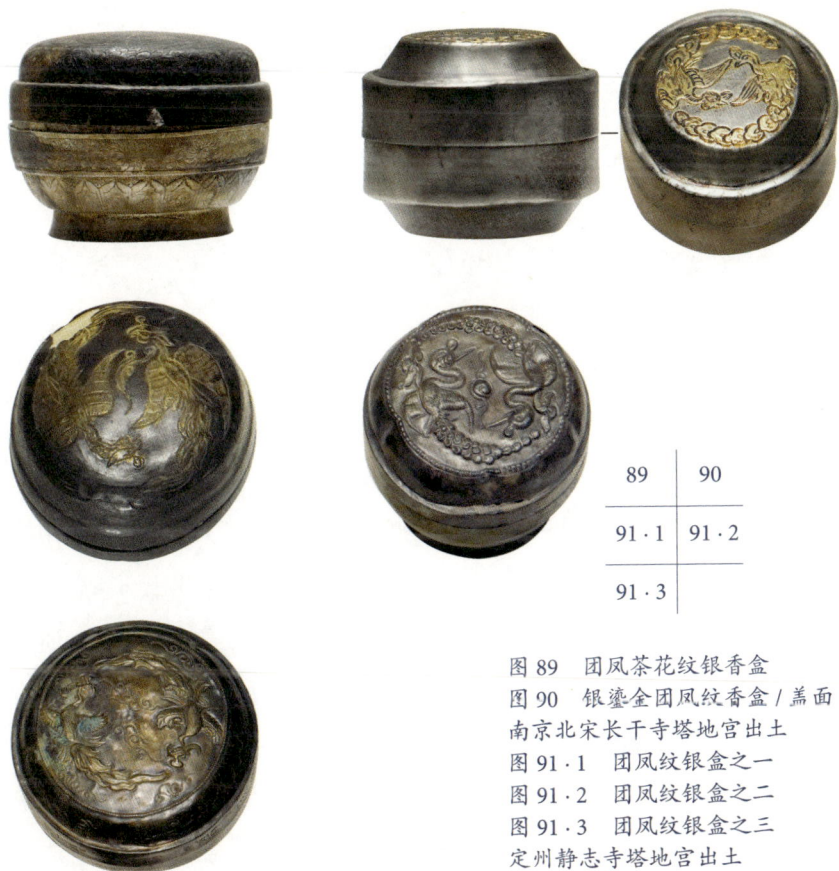

89	90
91·1	91·2
91·3	

图 89　团凤茶花纹银香盒
图 90　银鎏金团凤纹香盒 / 盖面
南京北宋长干寺塔地宫出土
图 91·1　团凤纹银盒之一
图 91·2　团凤纹银盒之二
图 91·3　团凤纹银盒之三
定州静志寺塔地宫出土

第四节 余论

欧阳修有作于熙宁四年的《采桑子》十一阕，系咏颍州风物，道是
"天容水色西湖好，云物俱鲜。鸥鹭闲眠。应惯寻常听管弦"（八）；"画
船载酒西湖好，急管繁弦。玉盏催传，稳泛平波任醉眠"（三）；"画船撑
入花深处，香泛金卮。烟雨微微，一片笙歌醉里归"（七）。虽是北宋风景，
却不妨概括两宋之歌酒风流。当然"中兴复古"之音也始终缭绕于南宋
的政治旋律，然而时盛时衰，或显或隐，却未如"急管繁弦""香泛金卮"
是恒常。如此之诗心词魂每每系诸"文物"，便是蕴含了各种文化信息的
物质遗存，金银器自是这"文物"中分外耀眼的部分。彭州、德阳、溧阳、
邵武等窖藏金银器，可据以复原当日一个中小规模的宴集。南京张同之
夫妇墓、衢州史绳祖夫妇墓、福州许峻夫妇墓出土物，可据以绘制南宋
"才子佳人"家居生活的一角图景。德安周氏墓显示了大家闺秀日常用器
之灿然。由遵义杨价夫妇墓出土物则可见称雄西南的播州土司豪奢与江
南同步。可以说，金银器的制作与使用，是南宋社会富庶繁华之一面的
重要标志之一，它的造型与纹饰得意于时尚又引领着时尚，以此在很是
商业化而又时时浸润诗思的时尚消费中散射魅力。

辽、宋、金时期，南北政权之间物品的交流很是频繁。《建炎以来
朝野杂记·甲集》卷三："自和戎后，虏人正旦馈上金酒器六事，法碗

一，盏四，盘一，色绫罗纱縠三百段，马六匹。生辰，珠一袋，金带一条，衣七对，箱一，各色绫罗五百段，马十匹。而戎主生辰、正旦，朝廷皆遗金茶器千两，银酒器万两，锦绮千匹云。"上层如此，民间亦然。庄绰《鸡肋编》卷上："建炎之后，江浙、湖湘、闽广，西北流寓之人遍满。"则风俗及爱赏的南北交通正是显而易见，更何况"流寓之人"中自然不会没有工匠。因此金银酒器的地域之别并不十分明显。而呈现异域特色的金银器皿几乎都发现于十三至十四世纪的四大汗国，如艾尔米塔什博物馆收藏的一批金银器。元代金银器中虽然也有若干与之形似者（图92），但神似者不多，因为已经不同程度的中土化。当然在此必须补充说明的是，我们今天看到的元代金银器以出自南方者为多，不论数量还是品种，而这并不能代表当日的实际情况。或许今后会有新的发现使我们改变目前的认识。

金银器走过唐代的辉煌，也走过了融汇异域因素而形成自己风格的发展历程，两宋则是器形与纹样不断演变并逐渐定型亦即中土化的时代，元明清在纹样与器形上便多沿袭两宋之旧，因可说宋代是承上启下的一个最为重要的阶段。后世在继承与创新的基础上使宋代形成的风格与样

图 92·1 "邓万四郎"款金高脚杯
无锡元钱裕墓出土

图 92·2　银马杓
赤峰敖汉旗新丘元代银器窖藏

式进一步稳定下来。就设计一面而言，宋代颇从诗歌、绘画取意，元代也与此不异。比如酒船中的太一真人莲叶舟（图 93·1），宋人以此为题材的画作显然是它的粉本之一（图 93·2），题咏同类画作的宋元诗歌则不止一例，如北宋韩驹，如元代的元好问。而同时流行于元代装饰题材又有张骞乘槎，名品自推故宫博物院藏朱碧山制银槎杯（图 94）。这一件形象设计的特别之处在于把传说中的张骞乘槎手握支机石易作手持书卷，由此引出后世另外的一种解释。如王士禛《香祖笔记》卷十二："昔在京

图 93·1　银船盘盖一副
湖南澧县澧南乡出土

图 93·2　《莲舟仙渡图》局部
故宫博物院藏

师从宋荔裳（琬）所见元朱碧山所制银槎，乃太乙仙人，一时多为赋诗，以为张骞事，非是。"太乙仙人即太一真人，如此，朱碧山槎杯坐者"手执书卷仰读"的一种，当是受了"太一真人莲叶舟"的启发，而把支机石换作书卷，但槎中人的脚色似乎未变。日本京都藤井有邻馆藏明黑漆螺钿拔步床，槅扇两侧螺钿攒造的装饰画中对称布置太一真人与张骞乘槎（图95·1～2），正见得是分属两个故事。

图 94　朱碧山银槎杯　故宫博物院藏

图 95·1　明黑漆螺钿拔步床局部一
日本京都藤井有邻馆藏

图 95·2　明黑漆螺钿拔步床局部二

至于明代，乃特以珠宝的大量使用走向侈丽一途，当然主要集中在皇室显宦（图96），却以"宫样"而为世人追逐。清代金银器的制作和使用更以皇室为主，趣味也多从君主意旨，且不吝材料的挥洒和制作之工细（图97），因此繁缛奢华为愈。见出特色的一项创造，是出自岭南工匠的外销银器。一六八六年暹罗使节进献路易十四的一件银镀金咖啡壶，是外销银器的早期制品之一（图98）。此类制作更至清末民初而大盛，遂写下中国金银器史最后的篇章。

图 96·1 金镶宝飞鱼纹执壶
北京城南明万通墓出土

图 96·2 金镶宝爵杯与歇爵山盘
北京定陵出土

图 97·1　金錾云龙嵌宝葫芦式执壶
故宫博物院藏

图 97·2　金嵌松石盒

图 98　银镀金咖啡壶
凡尔赛宫与特里亚侬宫国立博物馆藏

第三章

『一生爱好是天然』：明代金银首饰

明代是商业繁荣百工争胜的时代。

一面有士大夫以对巧工的欣赏

引领艺术品制作和消费的时风，

一面有商贾富室以挥金如土的方式追慕风雅，

使社会生活的空气里弥漫着

倾心经营的奢华。

金银首饰便是在如此氛围中

走向它制作和使用的高峰。

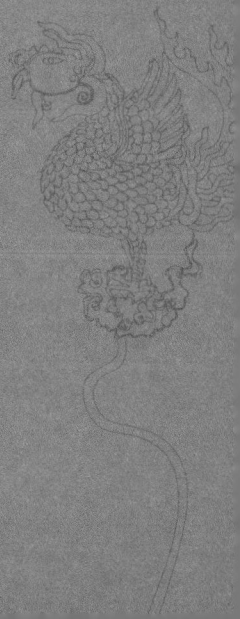

中国古代首饰的历史很悠久，不过金银制作却是后来。今天能够看到的早期遗存，以骨、贝、玉、石为主（图1），金属制品不多，金银更少，且式样简单，工艺也不复杂，星星点点分布于连接天山、阿尔泰山、祁连山、阴山、燕山沿线的北方社会（图2）。情况的改变，是在春秋战

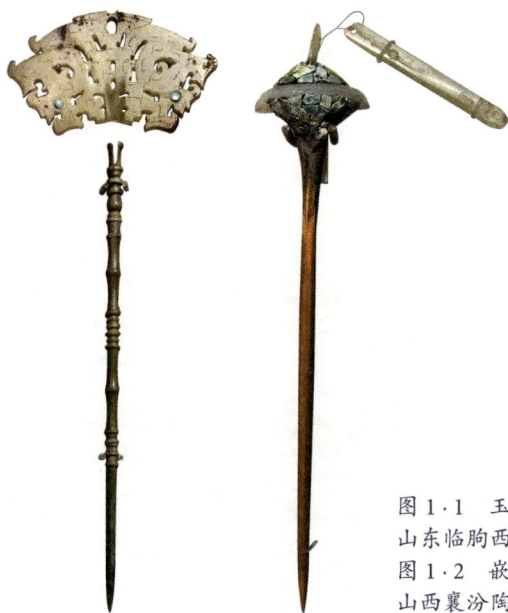

图 1·1　玉笄
山东临朐西朱封遗址出土
图 1·2　嵌绿松石玉簪
山西襄汾陶寺遗址出土

图 2·1　金耳饰
甘肃玉门火烧沟遗址出土

图 2·2　金穿绿松石耳饰
山西石楼县桃花者村出土

图 2·3　金耳饰
北京延庆军都山玉皇庙春秋墓地出土

国时期。出土金饰四十八件的陕西韩城梁带村二十七号墓时代为春秋早期，随葬器物种类多，数量大，青铜礼器有七鼎八簋和成套的编钟与编磬，簋有"芮公"铭，可知主人为一代国君，今大体认定为芮桓公。所出金饰中不少是此前未曾发现过的品类和式样。不过先秦时代金饰的拥有者多为"英雄"，而不是"美女"。直到两汉魏晋，作为首饰的金银饰品使用方才普遍，女子的簪钗、华胜、步摇花、耳珰、腕钏，是其大要。以后又有异域风格的步摇冠，而以十六国时期的三燕地区发现为多（图3）。此外如内蒙古乌兰察布盟达茂旗出土西晋时代的金五兵佩，又河北磁县东魏茹茹公主墓（图 102·1）、太原北齐东安王娄睿墓所出金镶宝饰件（图 8），均制作精工，式样新颖，只是也同步摇冠一样，风吹过，便

图3　金步摇冠饰
辽宁北票房身村二号墓出土

花叶四散。金银簪钗的繁盛期，开启于隋唐。在充满活力的唐代，它从时风中撷得无限生意。此后的宋元金银饰品也如金银器皿一般百卉争妍，至明而臻于辉煌。考古发现中的金银首饰，就已刊布的材料而言，数量之多，以明代为最，造型、纹饰和品类也最为丰富。至于清代，首饰风格又一大变，即穿珠点翠成为主要特色，虽然仍离不得金银（图4·1），然而光彩每为珠宝和翠羽所掩（图4·2），且女子又有满妆与汉妆之别，因别是一番缤纷五色。

　　所谓"首饰"，早期是专指男子之首服。明张存绅《〔增定〕雅俗稽言》卷十一"首饰"条："古以男子之冠为首饰，《后汉书·舆服志》：秦加武将首饰为绛帻，以表贵贱。妇人之饰古称翠翘。今尽以首饰归妇人，若施之男子则骇矣。"清翟灏《通俗编》卷十二："刘熙《释名》有首饰

图 4·1　银鎏金镶寿字湖石仙鹤簪
巴林右旗白音尔登苏木清荣宪公主墓出土

图 4·2　银点翠镶珠宝凤鸟花卉簪
苏州博物馆藏

篇，按冠冕弁帻簪缨笄瑱之属，刘总列于此篇，则凡加于首者，不论男妇，古通谓之首饰也。今独以号妇人钗珥，非矣。"尽以首饰归妇人"，虽然其义不古，然而这却是明清时代亦即近世"首饰"一词通常的含义。这一章的"明代首饰"，所涉及的范围大致如是。

明代金银首饰的类型与样式，以全盛的面貌刷新了金银首饰设计、制作与使用的历史，此中当然也包含了对前代的继承和发展，它是金银首饰的集大成，也是华贵与精致的登峰造极。虽然不入收藏，却是财富聚敛的一端。明王鏊《震泽长语》卷下记道：嘉靖初，籍没朱宁货财，中有"金首饰五百十一箱"。与此相同，《天水冰山录》所显示出来严府的各种聚敛，书画、织绣、金银及金银器皿、各种材质的珍奇雅玩之外，首饰也是重要的一项，头箍围髻、坠领坠胸、钏镯及杂样首饰等不计，金镶珠玉首饰凡二十三副，计二百八十四件，重四百四十八两五钱一分；金镶珠宝首饰一百五十九副，计一千八百零三件，重二千七百九十二两二钱六分；耳环耳坠共二百六十七双，共重一百四十九两八钱三分。万历籍没张居正家产，金首饰一类也赫然"七百四十八件，重九百九十九两"。更多的例子毋庸再举。

就已经公开发表的材料而言，宋元金银首饰今天能够见到的宫廷作品是很少的，明代恰恰相反，即出自宫廷者占了很大的一部分。北京定陵所出不消说，其他如嫔妃、外戚，各地藩王及藩王家族墓，开国功臣墓，所出金银首饰实以宫样及追仿宫样者为主。此外的一个不同，是考古发现的明代金银首饰多系随葬品，出自窖藏者很少。而金银首饰的发现以南方为多，这一点则与宋元的情况相似。

与前朝相比，明代金银首饰显示出的一个最大变化，是以类型与样式的增多而在名称上有了细致的分别，大大小小的簪钗，均依插戴位置的不同，或纹饰、式样乃至长短之异而各有名称。如明《世事通考·首饰类》一项列出的若干名目：鬏髻，金丝髻，挑心，掩鬓，压发，围发，耳坠，坠领，等等。这里虽然不及质地，但对照存世实物，可知是以金银为主。

从工艺的角度说，明代首饰制作的表现手段更为丰富，传统技法中的打作，依然沿用。元代流行过来的镶嵌，尤为兴盛。前朝已有的累丝，愈臻其妙。明人重巧思，爱巧艺，士人之风雅虽多承继于宋，但这一时代士人一个很大的贡献是将风雅推及工匠。在明代士人眼中，巧工乃近于"道"。闽人谢肇淛言及家乡以淘沙为业者而有本领造景叠石妙成殊构，遂感叹道"以一贱佣，乃能匠心经营以娱耳目若此，其胸中丘壑不当胜纨袴子十倍耶"（《五杂组》卷之三）。张岱历数竹、漆、铜及陶瓷诸工，而赞之曰：巧匠"且与缙绅先生列坐抗礼焉，则天下何物不足以贵人"（《陶庵梦忆·诸工》）。工匠地位提高至此，诚前所未有。明人对"奇巧"的欣赏，也多半是由洗练与圆熟的技艺所成就的趣味，金细工艺中的累丝，自是其中之一。这一传统工艺在明代首饰制作中的运用几臻于极致：一方面累丝以对原材料的精加工使得首饰立体造型或繁复的构图用材大为俭省，一方面它把金银首饰的制作定型为技术化的风格，纤巧，秀丽，规整，精细至上。至于金银和珠宝玉石的结合，与西方镶嵌工艺不同的是，中土工匠不在意对宝石的精细加工，多是依其自然形状而填嵌。设计上的考虑重在烘托和映带，即金银和珠宝俱为构图元素，要须根据这些元素不同的特性而安排位置，使得光和色在相互映衬之下显出和谐与生动。顺便说到，明代宫廷所用红宝石，经现代检测，多为尖晶石，二者视觉相似，古人自然难以区分。在不讨论宝石品质的时候，今不妨仍按照古人的认识，将红色的宝石称作红宝。

皇室贵胄、缙绅巨富不论，即便中产之家甚至更下者，婚丧嫁娶也少不得金银头面一两副。至于首饰的样式与风格，因为发髻有了一顶金丝编银丝编的䯼髻为支撑，簪首尺寸大一点便也无妨（图5），于是簪钗类型和装饰手段可以更丰富，纹样布置可以更复杂，元代簪钗装饰尚只

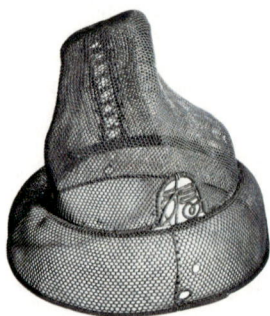

图 5·1　银丝鬏髻
无锡明华复诚夫妇墓出土

图 5·2　鬏髻与头面的插戴
嘉兴王店李家坟明李湘夫妇墓出土

是缩微的花鸟图、人物画，明代却可以妆成一个袖珍的舞台搬演连台本戏，更不必说紫蝶黄蜂、花须柳眼尽做成鬓边春色。当然这是以佳人的足不出户为代价，相望于马上英姿的唐代女子，是两个生活世界了。

第一节　纹样一：花鸟

"花鸟"，在这里是一个概称，借用绘画中花鸟画的理念，"花"总括植物，"鸟"总括动物，则所谓"花鸟"，是动植物的总称。虽然各种花花草草很早就见于《诗经》和《楚辞》，不过魏晋南北朝之前，除了莲花，其他花卉尚很少用作装饰纹样。

出自苏州虎丘路新村三国孙吴墓的一枝金钗，可视作花鸟设计的一支晨曲。修长的钗脚，中腰分别做出一个长角后弯的龙首，龙口一齐擎举钗梁，钗梁一对粟粒攒焊的同心鸟，龙头也是粟粒填嵌，细金条弯作写意式的龙鳞，宝石点作鸟眼龙睛（图6）。同类的实例目前所知尚不多。

花鸟用于金银首饰，汉魏晋南北朝时期的步摇花，是早期样态之一（图7）。自两汉至魏晋，步摇花的式样当有所变化且不止一种，或者还会有地域之别。出自太原北齐东安王娄睿墓的残金饰件，所存部分是花叶

图6　同心鸟纹金钗　苏州虎丘路新村三国孙吴墓出土

图 7　金步摇残件
甘肃高台地埂坡
魏晋四号墓出土

丰茂的一茎折枝。左侧簇拥花朵的七枚叶片均以嵌宝
连珠双钩轮廓，右端一大一小两朵莲花，大花下方一
只回首的鹦鹉，饰件的上下边框和贯穿图案的枝条都
是嵌宝的连珠，组成纹样的所有绘画元素也都是窄金
条钩边，内里填嵌各色珠宝（图 8）。娄睿墓迭经破坏，
墓室多次被盗，饰件的原始位置已不能明确，因此也
更难得知它的原貌。

　　隋朝时间短，尚未及酝酿出具有时代特色的样式便已匆匆落幕，但
它毕竟是引出光灿之下一幕的过场。这一短暂的时代里正有一个特殊的
例子，便是西安隋李静训墓出土一枝悬系春幡的步摇花（图 9）。钗首以
一枚金片为托，其上焊接五个圆管，数枝银鎏金六瓣花集作五束，分别
插在各个圆管内蔚作一片半月形的花丛，花心多缀珠为蕊，又有嵌宝和
嵌玉各一枚点缀其间。每一枝花茎在接近底端的地方都弯作螺旋状，亦
即做成"螺丝"，是为了生出颤动的效果。花丛之上一根银丝高高挑出一

图 8　金镶宝饰件
太原北齐东安王娄睿墓出土

图 9　步摇花
西安隋李静训墓出土

只采花蝶，金丝穿珠编作身子，累丝做成翅膀和头，两颗珠子点睛，金丝弯成一对触须。蝴蝶下方，五颗珍珠为系，悬缀一枚宽而长的银幡。此外尚有细而窄的银幡三枚系在花枝上，由脱落的残件来看，细窄之银幡原初当为四枚。用作钗托的金片以连珠纹勾边，边框内錾刻花叶，中间焊一个扁管，钗脚三枝相连，上方挺出一股插入扁管，不过均已残断。李静训九岁夭折，她的外祖母是隋文帝长女、周宣帝皇后杨丽华，母为周宣帝之女宇文娥英，皇家贵胄，随葬物自是不同凡品。它的式样设计以及精细的制作工艺，至今仍是隋代考古发现中的孤例。

花钗是最具唐代特色的新创之钗。长长的钗脚，顶端以花萼结束，然后秀出一树花枝，细薄的金片银片镂空作成剪纸式图案化的缠枝花草，花叶间对飞着鸟，多半是或衔枝或衔绶或衔花结的鸿雁、鸳鸯、鸾鹊、凤凰、蜂蝶。出土于西安长安区紫薇花园墓地的银鎏金花钗，钗首一蓬镂空花叶，鸟雀翩然于花叶之端，一枚花结掩映在花树里（图10·1）。出自山西永济西厢村的银鎏金步摇，钗脚顶端张开如草芽一般的两歧，中含两股麻花丝，是为钗首枝干，麻花丝中又分出更多的单丝，结作花苞，结作花叶，结作飞鸟和蝴蝶（图10·2）。鸟啄蝴蝶的造型很可以教

图10·1　银鎏金花钗　西安长安区紫薇花园墓地出土

图10·2　银鎏金步摇　山西永济西厢村出土

图 10·3 "裴肃进"双凤纹金花银盘折沿局部
陕西历史博物馆藏

人想到王建诗句"紫冠綵綵褐羽斑，衔得蜻蜓飞过屋"(《戴胜词》)，而"裴肃进"双凤纹金花银盘折沿上面便正有双鸟对啄蝴蝶的纹样（图 10·3），是很有意思的对照。

辽代花鸟纹饰的流行，与宫廷的四时捺钵制度相关。"捺钵"，原是契丹语，本意为行营，行帐，营盘，便是辽帝出行居止之帐幕，后用作指称这一种四时出行的制度。辽帝每年春秋两季必趋某水某山行猎，乃名春猎之水为春水，秋猎之山为秋山。"春水""秋山"的意象，因此也成为当时艺术作品中常见的图案。辽陈国公主墓出土作为佩饰的八出花口小金盒一枚，器与盖以子母口两相扣合，外壁上下各有小钮，两两相对，上方系链连一个活销，盖面是小憩在溪岸的一对鸭子，盒底是伫立沙汀的一对鹭鸶，图案都是连珠纹缘边，立墙锥点卷草纹（图 11）。河北易县大北城辽代窖藏中的一对金包青金石慈姑叶式耳环，包镶所用金片是镂空作的花叶，耳环造型取自莲塘小景中的慈姑叶，正是春水图中的一个单位纹样（图 12·1）。一对金葫芦花叶耳环则是象生的做法，随轻风而微动的叶子，绽放的花朵和花朵下垂着的小葫芦分别制作，然后攒聚成型（图 12·2）。辽宁朝阳北塔天宫出土花蝶耳环一对，可视作宋元蝶赶花纹样之先声。

宋元时代的金银簪钗，花鸟题材成为主流，不论造型还是纹样。流行样式之一的花头钗，其式或并头，或连二连三。簪首花叶捧出一朵牡丹，又或菊花与荔枝，又每个花球各打作式样相同枝叶相拥的一簇花朵，再或繁花簇锦聚作宝相。出自江苏江阴山观窖藏中的几枝银鎏金花头簪，便正好是由简到繁的一个序列：打作半圆形的花球置于钗首，两

图 11　沙洲水禽八曲金盒·底面／盖面
陈国公主墓出土

图 12·1　金包青金石慈姑叶式耳环
河北易县大北城辽代窖藏

图 12·2　金葫芦花叶耳环

图 13·1　银鎏金并头花簪
图 13·3　银鎏金并连花头簪
江苏江阴山观窖藏

图 13·2　银鎏金并连花头簪
图 13·4　银鎏金花头桥梁式簪

花并头者最简，继而或三、或五，又或簪首弯梁上一溜七朵而成桥梁式（图13）。安庆博物馆藏一枚宋代金簪，造型略如织梭，簪首以镂空毬路纹金片为底衬，一枚镞镂纹样的饰片扣合其上。饰片纹样或解作蒲草和水鸟，非是。此乃谷地里累累穗实下的三只鹌鹑，一只俯首啄食，一只伸颈向着高处，还有一只扭头寻觅，原是小小一幅鹌鹑啄穗图（图14·1）。宋代花鸟画中，鹌鹑是取用颇多的题材，且配景多为秋草和谷穗，而这正符合鹌鹑喜食草籽和谷物的习性。金簪中的鸟雀头不大，尾羽秃，

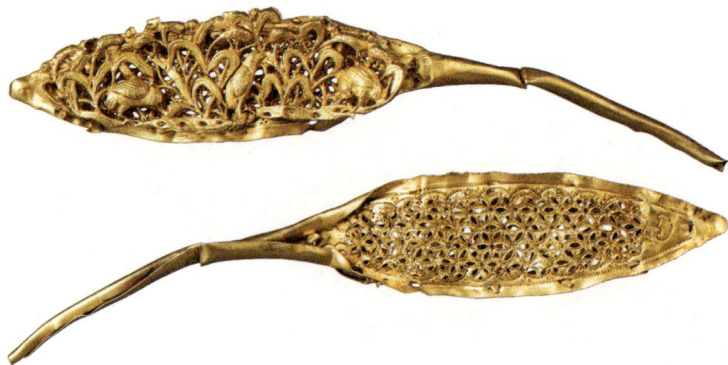

图 14·1　鹌鹑啄穗图金簪　安庆博物馆藏

图 14·2 《谷丰安乐图》 台北故宫博物院藏

鹌鹑的特征很是鲜明。宋李迪有《谷丰安乐图》，所绘是啄食谷穗的麻雀（图 14·2），金簪构图与它十分相似，那么"谷丰安乐"也不妨用来为金簪纹样命名。——当然还要说，宋画所重原在生趣，鲜以物象的谐音寄寓吉语，李迪这幅作品的标题也是后人因把麻雀认作鹌鹑而以谐音名之，却差可用来揭明画家笔端的暖意。

花卉纹饰的金银步摇，也每为巧构。四川阆中市双龙镇宋墓出土的两枝，钗首为纹样相同的两枚金片扣合而成，其一以两道连珠纹勾出如意云式边框，内里装饰桃花、菊花、莲花和牡丹。边框上缘一束分别打制半边然后扣合成型的瓜、桃、石榴和荔枝，下缘做出两相扣合的六个小系，系下悬垂一溜六枚带着叶子的小桃。钗首与钗脚的连接处以龙首套合（图 15·1）。另一枝纹样和做工与此大体一致，惟簪首造型有别，又边框上缘的一束为石榴、荔枝、桃、莲蓬和一枚莲叶（图 15·2）。

图 15·1 金步摇之一 / 钗首
四川阆中市双龙镇宋墓出土

图 15·2 金步摇之二·钗首

图 16·1 绣羽鸣春图金簪
湖南张家界元代金银器窖藏

元代金银首饰的类型与样式，不少是由两宋继承而来，花鸟题材也是如此。元代大为盛行的荔枝簪与瓜头簪，宋代已经出现，至元代而发展成熟，形成风格，且有不少与绘事相通的制作。出自湖南张家界元代金银器窖藏的绣羽鸣春图金簪（图 16·1），簪首是立在花台上的一只长尾鸟，鸟身系用两枚金片打造成形然后合在一起，鸟足与折作花台的金片焊接，金簪脚接于花

图 16·2 《绣羽鸣春图》局部
故宫博物院藏

台的底部。故宫博物院藏一帧宋人《绣羽鸣春图》册页，两相对照，册页仿佛便是金簪的画样（图 16·2）。所谓"绣羽"，乃是一只白鹡鸰（陈水华《形理两全：宋画中的鸟类》，浙江古籍出版社二〇二三年），便是《诗·小雅·常棣》中的"脊令"，"脊令在原，兄弟急难。每有良朋，况也永叹"，历来用它寄寓兄弟友爱。

明清时代，花鸟成为装饰领域中的重要题材之一，漆器、瓷器、织绣，各有出色的设计，宋代的花果象生，自为明代所延续。另一方面，

明代首饰与前相比，发生了很大的变化，一是出现了罩于发髻用以插戴簪钗的发罩，俗称䯼髻；一是以簪钗类型与样式的增多以及插戴位置的不同而各有名称，这是开篇已经说到的。多件簪钗组合为一副，百花珍禽诸象生便如同移步随身的一所袖珍花苑。

簪首一个花头，下与尖锥式簪脚垂直相接，这一类花头簪在宋元已经很流行，明代的制作，使它更为热闹。此际的花头簪通常是银作簪脚，簪顶一朵金花，如梅、菊、牡丹、莲花，时称"金头银簪子""金裹头簪子"或"金顶银脚簪"。簪首花头又或金镶玉，花上嵌珠嵌宝以为花蕊；更讲究一点，则金花托上嵌玉花，玉花心里嵌珠宝，《天水冰山录》"金簪"一项，列有金厢玉梅花簪，金宝顶桃花簪，金珠宝梅花簪，等等，即是这一类。簪首的花头造型如撑开一半的小伞，这是"金裹头"里最为流行的式样，此式也有通体俱为银制或金制者。出自江苏江阴长泾夏彝夫妇墓的三枝菊花头金簪，其中两枝为一对，另一枝簪脚半为镂空，簪顶扣一个菊花帽，尚略有宋元遗意（图 17）。浙江临海明王士琦墓出土金累丝镶玉嵌宝牡丹花头银脚簪两对（图 18·1）、金镶宝牡丹花顶银脚簪一对，簪背做出的一节金管，原当别插一柄银簪脚。四川平武王玺家族墓地十三号墓出土一对金镶宝花头簪是同样的做法，即金花头的背面做出一个圆管，内里插接银簪脚（图 18·2）。出自湖北蕲春明都昌王朱载塎夫妇墓的金镶宝花头簪一对，簪首打制的菊花造型如碗，两枝

图 17　菊花头金簪
江苏江阴长泾夏彝夫妇墓出土

图 18·1　金镶玉嵌宝牡丹花头银脚簪
浙江临海明王士琦墓出土

图 18·2　金镶宝花头簪
四川平武王玺家族墓地出土

金簪花心分别嵌一大颗宝石：一蓝，一红。簪脚从菊花背面开设的孔洞插入（图 19·1）。南京太平门外徐俌夫人墓出土一对金镶宝花头簪式样简净，蜀葵式花瓣，菊花式石碗，一枝花心嵌松石，一枝嵌了一大颗猫睛，简净中见华贵，是匠心所在（图 19·2）。

花鸟纹样更多设计为插戴在两鬓的花树和鬓边花。花树每用于聘礼，纹样设计自要使它娇艳喜人方好，选取的物象亦多含谐美之意。

图 19·1　金镶宝花头簪
湖北蕲春明都昌王朱载塎夫妇墓出土

图 19·2　金镶宝花头簪一对
南京太平门外徐俌夫人墓出土

图 20　金镶宝花树一对　常州市红卫出土

常州红卫出土金镶宝花树一对（图 20），便是如此式样。老干横枝做成图案的依托，中心一朵桃花最大，四外和枝梢分别点缀五朵小花，枝梢的一端是朝着中心而飞的蝴蝶，枝干的一端是一只翻飞的鸟儿，引颈张口，方在暄风暖景中娇啼。位居中心的花蕊嵌一颗宝石。桃枝背后接焊扁管以插簪脚。两件簪首纹样相同而方向相对。出自苏州洞庭红光四队的金累丝镶宝花树，原初也当是一对，同样以老树枝干为骨架，金累丝镶宝的山茶和石榴簇拥一只啼鸟，两颗石榴一颗平填成形，一颗堆垒成型，用平面与立体的不同经营出空间感（图 21）。湖北蕲春彭思镇明都昌王妃袁氏墓出土金镶宝鸟雀登枝花树一对，为金叶金花宝石点蕊的熠耀一枝，枝头"螺丝"挑出的一只鸟雀背上一颗蓝宝。所谓"螺丝"，即以一根

图 21　金累丝镶宝花树
苏州洞庭红光四队出土

图22　金镶宝鸟雀登枝花树一对
湖北蕲春彭思镇都昌王妃袁氏墓出土

粗丝为芯子，在芯子上等距离缠绕细丝成螺丝状，抽掉芯子，细丝便盘旋轻颤如弹簧一般，插戴花树之际，枝头小鸟便会随步翩然摇颤（图22）。又如分别出自无锡大墙门（图23·1）、江阴邹令人墓（图23·2）、临海明王士琦墓的几枝金簪。出自邹令人墓的金镶宝蝶赶花银脚簪为一对，簪首一丛折枝牡

丹，花朵是用几重打制好的花瓣相叠攒焊而成。两根"螺丝"竖直焊接在蝴蝶翅膀的前端，成为高高翘起且行动即颤的长须。王士琦墓所出是一对金累丝蜂蝶赶菊花篮簪。簪首的制作，是先用素边丝掐出各个小件的轮廓：一朵灵芝，三茎菊花，蜂一，蝶一，又花盆之半，复以做成小卷草的花丝在轮廓里平填。薄金叶和细金条做成花枝、花叶和花篮的提梁。先是小件攒焊成形，继将金簪攒焊成型。菊花花心用"吸珠"法做出点点花蕊。金簪之钩花布叶驱遣金丝如运笔，花丝纤若毫发而平填得工致精细，纹样的繁而不乱，一丝一缕皆清清爽爽，又特别见出攒焊的

图23·1　金镶宝蝶赶花簪簪首
无锡大墙门出土

图23·2　金镶宝蝶赶花银脚簪一对
江苏江阴青阳邹令人墓出土

图24　金累丝蜂蝶赶菊花篮簪
浙江临海明王士琦墓出土

工夫（图24）。风吹花动，泻影留香，这一效果似乎惟此累丝作可及。此外又有金制、银制的"象生花"，也可归在鬓边花之类。它的造型很像是取自舆服制度中"九翟冠"上的一个部件，即冠体正面的"珠牡丹花"。此式金花簪、银花簪几乎都出在等级很高的墓葬，如湖北钟祥明郢靖王墓（图25·1）、南京中华门外俞通源墓、南京江宁将军山沐朝辅墓（图25·2）。金银花簪的制作方法皆为錾凿片材，叠置成形，攒焊为花。牡丹花簪的叶茎或以弹簧式的"螺丝"作，便有随步动摇之俏，似即礼书所云"飘枝"，——《明宫冠服仪仗图》"东宫妃冠服·礼服"记九翚四凤冠之式，云凤冠上的珠牡丹花"皆穰花飘枝"。范濂《云间据目抄》说到的"飘枝花"，或仿此式而制。

　　明代簪钗中插戴于正面的挑心，属于一副头面中的要件，每每制作

图25·1　金牡丹花簪
湖北钟祥明郢靖王墓出土

图25·2　金牡丹花
南京江宁将军山沐朝辅墓出土

精工，当然它首先要题材选择和造型设计见佳，而于熟见的题材翻出新式以成"时样"，便更须巧思。南京太平门外板仓徐俌夫人墓出土金镶宝慈姑叶挑心（图 26），即有着题材与造型恰相配合的设计用心：传统纹样慈姑叶在此成为挑心下大上小的适合图案。左右各一颗蓝宝，上下各一颗红宝，中间嵌一颗黄宝亦即当日很是看重的"酒黄"，"满池娇"中的一点翠色托起的是富贵繁华。流行纹样中的蝶赶花自然也可安排为挑心。湖北蕲春蕲州镇荆王府墓出土一枝金镶宝蝶赶菊挑心，丛菊缭绕簇拥出居于中心位置的主题图案，即一双蝴蝶飞向菊花，舞蝶两边却又是一对小小的象生蜜蜂含娇细语，图案化的造型因而别饶风致（图 27）。

　　明代花钿与自唐以来传统的金钿相承，但形制与用法都有了很大变化。江阴青阳邹令人墓出土的一件，簪首金，簪脚银，形制与出自永嘉窖藏者相类（图 28·1），而簪首的各式花卉均在花心嵌宝，花朵间更点缀偃仰有致的小金叶（图 28·2）。明都昌王朱载塎夫妇墓出土的一对，大约因为尺寸不小，分量不轻，每枝金花三朵连作一排，花心嵌宝，背设簪脚，暖艳之色映耀晃烂（图 29），可以算得明代花钿中的华丽之属。出自蕲春蕲州镇刘家咀明永新王墓的金镶宝花钿打破了图案化的规整而略见写生意趣，嵌宝的花叶和花朵灿错婉曼于枝条，枝条背面接焊四个

图 26　金镶宝慈姑叶挑心
南京太平门外板仓徐俌夫人墓出土

图 27　金镶宝蝶赶菊挑心
湖北蕲春蕲州镇荆王府墓出土

28·1

28·2

29

图 28·1　花钿簪　浙江永嘉银器窖藏

图 28·2　金镶宝花钿　江苏江阴青阳邹令人墓出土

图 29　金镶宝花钿 / 背面

湖北蕲春明都昌王朱载塎夫妇墓出土

图30　金镶宝花钿　蕲春蕲州镇刘家咀永新王墓出土

扁管，原初当有银条之类穿系（图30）。

又有自上而下插戴于鬏髻之端的簪子，其用在于"定冠髻"（叶梦珠《阅世编》卷八）。有的簪首正面隆起很高，适如倒覆的小碗，当日或称作碗簪（《金瓶梅词话》第八十六回）。今姑名之曰顶簪。顶簪通常选取立体造型，而多以蜂蝶赶花为装饰纹样。常州武进王洛家族墓出土分属王洛之妻盛氏和王昶之妻徐氏的两件鬏髻，其端都关一枝顶簪。徐氏的一枝便是立体造型的蝶赶花，制分数层，一重花叶在下，上面是花朵和蝴蝶相间隆起的一个花台，其上捧出三重花瓣的一大朵牡丹（图31）。蕲春明永新王墓出土一枝与此意匠相同，却是以群芳吐艳中飞起的蜻蜓与仙鹤更见娇逸（图32），惜所嵌宝石悉数脱落。嘉兴王店李家坟明李湘夫妇墓出土一件簪钗插满的银丝鬏髻，顶簪一枝是层层金镶宝花堆叠起向上收分的一个花山（图5·2）。独枝花朵也是顶簪常常取用的纹样（图33）。此

图31　鬏髻与头面·正面（王昶妻徐氏）常州武进王洛家族墓出土

图32　金镶宝群芳吐艳顶簪湖北蕲春蕲州镇刘家咀永新王墓出土

图 33·1　金镶宝牡丹花顶簪
江阴青阳邹令人墓出土

图 33·2　金镶宝顶簪
湖北蕲春明都昌王朱载
塔夫妇墓出土

图 34　金牡丹花顶簪簪首 / 背面
常州王家村明墓出土

式顶簪簪脚与簪首的相接，往往或如弯钩，或如一柄小勺（图 34），可知它会是斜向插戴。

明代头面因为有鬏髻为支撑而不妨把簪首做得很大，顶簪稳稳踞于鬏髻之端，从独秀一枝到众香烂漫自然都可以从容安排。北京定陵出土金镶玉嵌宝蝶赶花首饰一副，中有插戴于头顶的一枝，尺寸超大，用材豪华（图 49），乃属于"宫样"，此以皇家独有的奢华铺展红情绿意，宫廷之外则鲜见。

前已言及，宋元时代流行的"象生"依然为明代所用，这时候便多成就为草虫簪。蜜蜂、蜻蜓、蜘蛛、蚂蚱、螳螂、鸣蝉乃至鱼、虾、蟹、蛙，其时或统称为"草虫"。草虫题材寄寓之意也与绘画相通，即从中看取阴阳大化并自然中的欣欣生意，所谓"火气流天地，动植纷自形。阳卉耀春华，阴条敷夕荣。昆虫信微细，于以托生成"（元傅若金《题草虫图》），"仰观造化心，无限惜春意"（明陈琏《草虫图》），可以概其大要。从今存实物来看，草虫簪子的设计纹样或多来自南宋院画的写生小品，构图元素则相对简要，造型相对灵活，要在伶俐，轻盈，而别以肖形见出好来。毛先舒《戴文进传》曰明代画家戴进初为锻工，"为人物花鸟，肖状精奇，直倍常工"，可见"肖状精奇"是一项重要的评鉴标准。

图 35　银鎏金草虫啄针一对　上海卢湾区李惠利中学明墓出土

　　上海卢湾区李惠利中学明墓出土一对草虫簪，系以薄银片打造出虾头、虾尾，弯弯的虾壳，还有两侧的附肢，粗金丝做成一对钳子样的步足从虾头侧边伸出来在前面抱合若环，数根细金条在正面完成造型之后一总绕到后面结为一束，前面虾壳部分的边缘处余出一小段裹到后面，用扁管套起，既为齐整，也为固定之用，腹部以近乎垂直的角度焊接一枝银簪脚（图 35）。南京中华门外邓府山佟卜年妻陈氏墓出土一枝金镶宝蟢蛛簪（图 36）。蟢蛛即蜘蛛，亦即《诗·豳风·东山》中的蠨蛸，自古有喜子之称，为团圆之兆，汤显祖《紫箫记》第三十四出《巧合》云"香粉庭前，蟢蛛如愿，巧到人间远人相见"，金簪以蟢蛛为簪首，自是取了"蜘蛛集而百事喜"的古说（《西京杂记》卷三引陆贾《新语》），且颇以"象生"见意趣，红蓝二色珠宝为之敷彩，更是烘托喜意。出自常州丽华新村的金镶宝菊花螳螂簪，一朵嵌宝菊花弯挑于簪顶，簪脚中腰錾刻花叶，上方一只螳螂背负红宝，伸臂攀花。这里设计的用心在于为"斧虫"（出《尔雅》）写生做足了功夫，不仅螳螂镰刀式的前足包括足尖的钩刺刻画微至，

图 36　金镶宝蟢蛛簪
南京中华门外邓府山佟卜年妻陈氏墓出土

图 37·1　金镶宝菊花螳螂顶簪
常州丽华新村出土

图 37·2　玉螳螂
山西曲沃晋侯墓地六十三号墓出土

且意态传神（图 37·1）。当然顺便可以说到，肖形出色的玉螳螂，早已见于商周工匠的制作（图 37·2）。

　　螳螂古有"勇虫"之誉（《艺文类聚》卷九十七引《韩诗外传》），虽捕蝉故事隐然杀伐之气，但作为装饰纹样，设计者看重的大约在于此中的戏剧性因素，"五六月蝉得美荫，奋翼而鸣，螳蜋超枝缘条，执翳自蔽，竦腰举刃，搏而取之"（罗愿《尔雅翼》卷二十五）。江阴青阳邹令人墓出土金镶宝螳螂捕蝉银脚簪一对，簪首螳螂在下，是"搏而取之"者，蝉儿在上，是"奋翼而鸣"者，二者遍身镶嵌红蓝宝石，虽然"肉身沉重"，但却以其中的叙事意味而提起精神（图 38）。

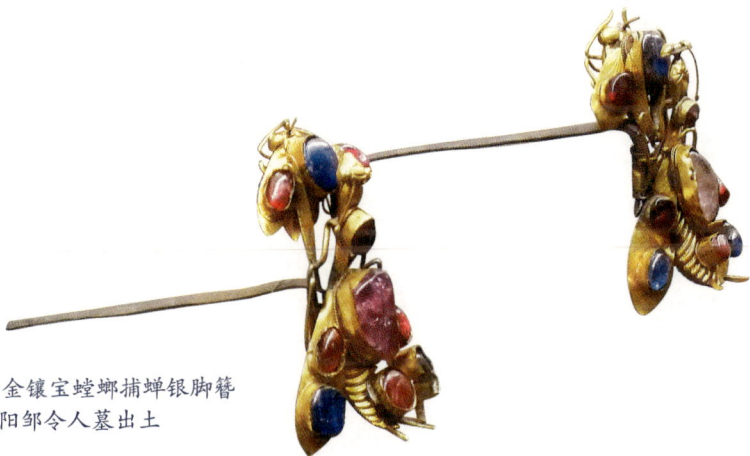

图 38　金镶宝螳螂捕蝉银脚簪
江阴青阳邹令人墓出土

图 39·1　金累丝双鸾衔桃步摇一对·簪首
北京定陵出土

图 39·2　金镶玉鹦鹉衔
桃嵌宝簪一对

　　北京定陵出土孝靖后的金累丝双鸾衔桃步摇一对，簪顶以金累丝花朵为托座，花心探出两根弹簧式的"螺丝"，其端轻轻挑起鸾鸟一对，细金丝圈作鸟眼，鸾鸟之一口衔犀角为坠脚的桃实（图 39·1）。又一对金镶玉嵌宝桃枝鹦鹉簪，却是以绿玉鹦鹉的碾琢见神气（图 39·2）。当日或称此纹样为鹦鹉摘桃。

　　耳环体量很小，轻倩也应是设计者的考虑之一，花鸟纹样的植入，更可见缜密之用心。打破规矩的边界，而以花鸟写生或花果写生完成造型，可算作耳环设计的小小革新，宋元时代便多有成功的设计，明代继承下来。金坛博物馆藏一对金累丝鸟雀石榴耳环，下方的一颗石榴累丝规整清爽，驻足石榴之上的鸟雀攒造而成，长尾低垂，两翅微展，大张着口，似在婉转相呼（图 40·1）。虽然明代花鸟画很是发达，不乏启迪首饰设计的图像资源，但依然感觉到耳环的匠心更有宋人《榴枝黄鸟图》《果熟来禽图》一派的风格和意趣。

　　辽宁鞍山倪家台明崔鑑墓出土金镶宝桃簪一对（图 40·2），下以桃枝桃叶和原当镶嵌各色宝石的累丝花朵为托座，上承一颗红玛瑙的桃子。

图 40·1　黄鸟石榴金耳环一对之一
金坛博物馆藏

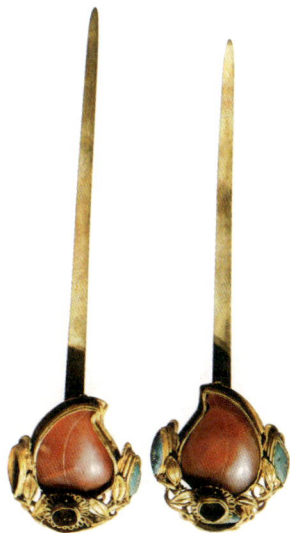

图 40·2　金镶宝桃簪
辽宁鞍山倪家台明崔鑑墓出土

图 40·3　金累丝镶宝桃簪／背面
重庆江北大竹林明蹇义家族墓出土

此例造型与做工算不得新巧，却是以宝石和红玛瑙搭配出艳丽而颇添喜庆之色。相距甚远的重庆江北大竹林明蹇义家族墓有式样相同的实例，花叶和底衬均为累丝作，桃实乃特以柳绿见清鲜（图 40·3）。

明以前，以鼠入画者不多。《宣和画谱》卷十七著录宋徐崇嗣“《茄鼠图》一”，但作品似不传，未知图式究竟。瓜鼠题材的流行，大约要到明代。吉林省博物院藏明初花鸟画家孙隆的一幅《花鸟草虫图卷》长卷，中有瓜鼠草虫，虽为长卷中的一段，但以构图的完整，实在也可独立成幅。一根瓜秧串起瓜叶、瓜实、头顶着花朵的瓜虫，更以满纸绿意中的一只小鼠添得机趣（图 41·1）。出自无锡黄氏家族墓的银瓜鼠簪设计灵感便好似从画图中来（图 41·2）。

图 41·1 《花鸟草虫图卷》局部 吉林省博物院藏

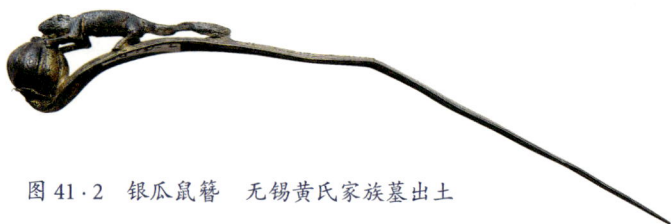

图 41·2 银瓜鼠簪 无锡黄氏家族墓出土

明代最为通行的葫芦耳环，就基本造型而言，与前朝相比变化不大，却是一面以添饰上盖和托座更显佳致，一面因为金细工艺的分外发达而制作更为精丽。顶覆金瓜叶，中间二珠相缀若葫芦，亚腰处是小金珠作成的圆环，下端复以金花托底，此为明代葫芦耳环的基本样式，而以材质和制作工艺的不同，便尽可在此基础上竞出新巧。《天水冰山录》"耳环耳坠"一项，葫芦式耳环乃列出多种，如金珠宝葫芦耳环，金光葫芦耳环，金摺丝葫芦耳环，金累丝葫芦耳环，金葫芦耳环，等等。一对金制的光素实心葫芦，即金光葫芦耳环（图 42·1），小巧细致已自可爱，若空心，则多把葫芦打作六瓣、八瓣、十瓣的瓜棱（图 42·2），又或是金累丝的透空花球，两两相累，以为葫芦。此式耳环拆分来看，则即相叠的两个灯毬，顶覆花叶，遂成葫芦。灯毬以搓好的麻花丝累就，各个花心点焊粟珠（图 43·1），又或者花心镶宝（图 43·2）。所谓"摺丝葫芦"，原是用极薄的片材打制成型，其表攒聚细丝（图 44）。在葫芦上施展镞镂工艺，也可见新巧（图 45）。

图 42·1　金光葫芦耳环　南京江宁将军山出土
图 42·2　金瓜棱葫芦耳环　南京太平门外板仓徐俌夫人墓出土
图 43·1　金累丝葫芦耳环　浙江余杭塘栖超山明墓出土
图 43·2　金累丝嵌宝葫芦耳环　南通博物苑藏
图 44·1　金摺丝葫芦耳环　南昌永和大队明戴贤墓出土
图 44·2　金摺丝葫芦耳环　绵阳游仙镇吴家村王家梁一号墓出土
图 45　金镂花葫芦耳环　金坛博物馆藏

图46　金镶玉蝶赶梅耳坠
湖北蕲春明都昌王朱祁鑑
妃袁氏墓出土

图47·1　金镶宝蝶赶菊耳环
江阴青阳邹令人墓出土

图47·2　金镶宝蝶赶花耳环
南昌市通用机械厂明墓出土

图47·3　金镶珠宝蝶赶花耳环
北京定陵出土

蜂蝶赶花是宋元以来即很盛行的纹样。赶，赶趁也，花的选取，多为梅和菊，前已举出鬓边花的实例（图23）。明都昌王朱祁鑑妃袁氏墓出土一对金镶玉蝶赶梅耳坠，上方一个金累丝的华盖为提系，碾玉为蝶为花嵌在金累丝的花叶与蝶之间（图46）。活泼轻盈是它的好，不过以对宝石的爱重，讲究者或更喜欢用嵌宝的方式使它以华美取胜。分别出自江阴青阳邹令人墓、南昌市通用机械厂明墓、北京定陵的金镶宝蝶赶花耳环，均为图案化的设计，虽已无宋代的写生之趣，但却有着时尚所追求的盛丽（图47）。蜂蝶赶花明代则不仅用于簪钗耳环，也用于前所鲜见的金银钮扣（图48）。而金银首饰中这一题材的超逸群伦之作，自推定陵出土孝靖后的一枝银鎏金累丝镶珠宝顶簪（图49）。累丝的精细与工致已见宫廷特色，层层堆叠的宝石镶嵌如彩墨挥洒，更是皇家独有的豪奢。

图 48·1　金镶宝蝶赶花钮扣
江西南城明益庄王墓出土

图 48·2　金累丝镶宝蝶赶花钮扣
北京定陵出土

图 49　银鎏金累丝镶珠宝蝶赶花顶簪簪首
北京定陵出土

戒指的装饰面很小，或以嵌宝的方式设计为花卉、瓜实、葫芦，或打作卧狮（图50）、鸳鸯（图51），又或戒面錾刻花鸟画（图52）。可称巧构的一类，是戒面纹样做成可以活动的象生。出自明都昌王朱祁鑑妃袁氏墓金蛙戒指，金蛙下方一枚垫片，花心中空的一朵牡丹套上去，金蛙便可活动于花心而无脱落之虞（图53）。夏日池塘，青蛙入水清音可听，平常景致嵌入手饰，成就惹人联想的一点小趣味，自能博得闺中人一粲。明代绘画中也有同样的题材，如孙龙（一名隆）花鸟草虫册页中的一开，对页逸史（姚绶）题诗："野草失故绿，天空将肃霜。蛙声隔残叶，烟雨满秋塘。"秋景萧索，表现的是文人意趣（图54）。

图50·1　金卧狮戒指戒面
四川王玺家族墓出土

图50·2　银狮子戏毬纹戒指
绵阳游仙镇吴家村王家梁一号墓出土

图51　金鸳鸯戒指戒面
四川王玺家族墓出土

图 52　莲塘纹金戒指一对
南京中华门外西善桥出土

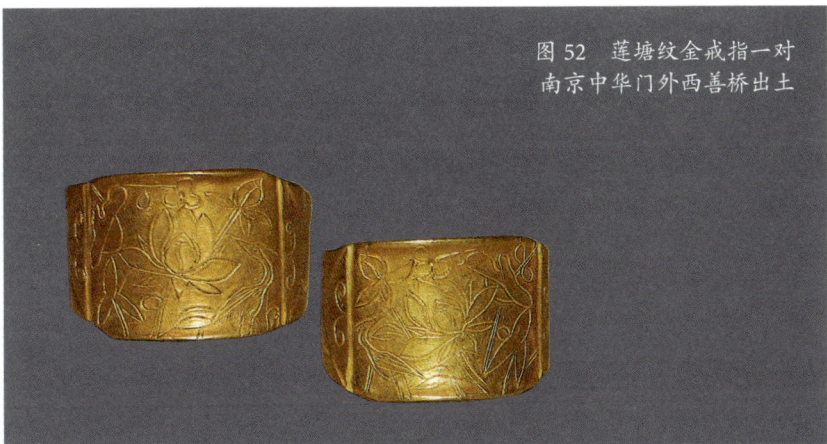

图 53　金蛙戒指一对
湖北蕲春都昌王朱祁鑑妃袁氏墓出土

图 54　花鸟草虫册页局部　上海博物馆藏

第二节　纹样二：龙凤

　　龙是一种古老的装饰纹样，至少已有六千年的历史。关于它的起源，它早期的种种变化，已有众多的研究成果。总之，龙的早期样态很是多样，既有地域差异，也有不少共通的特征，造型设计的背后，当有着大致相同的理念。在表现形式上，有抽象，有具象，还有变体。换句话说，是有写意，有写实，还有图案化的方式。当然所谓"写实"，只是按照同时代人对龙的形象之描绘来忠实"再现"。开篇提到韩城梁带村芮国墓地二十七号墓出土金饰四十八件，其中一组出自墓主人腰间，为带具之属。中有一对长三角式造型，隆起的龙头朝向尖端，弯角一对内合，长吻向两边外翻，獠牙旁侧龙足前伸，龙耳两侧后足内卷，好似随时可以腾跃。若从两边侧视，则分别可见龙的侧影（图55·1）。又有龙纹金环十二枚。其中六枚是双龙对衔龙尾团绕成环，龙吻上卷与头顶的丫杈角相连，獠牙下弯，背面平齐（图55·2）。另外六枚与之造型相似，意匠相类，双龙龙头与龙身相抵，状如卷云的龙鬣后扬，双勾出来的龙身镂空处挟一颗珠（图55·3）。对照同墓出土的龙纹钺（图55·4），可知这里表现的是火珠。又有一件造型近方，一眼看去，可见上下两条颠倒相向的龙，头顶瓶形角，金饰中央是鼓起眼睛的一个龙头。进而以龙睛为视觉中心变换观看角度，则上下左右便都是龙而共用中间的这一个龙头，且以观看角度的不同而形态各异（图55·5）。可

55·1	55·2
55·3	55·4
	55·5

图 55·1　金带饰
图 55·2　龙纹金环
图 55·3　镂空龙纹金环
图 55·4　龙纹饰
图 55·5　镂空龙纹金饰
韩城梁带村芮国墓地二十七号墓出土

图 56　八龙金带扣
新疆焉耆县博格达沁古城黑疙瘩遗址出土

图 57　金指环
南京江宁上坊三国孙吴墓出土

以说它是成功利用不定曲线来丰富视觉形象，这也早是玉器制作中经常用到的方法。

　　龙作为金银首饰纹样，已是神龙出世几千年后。两汉魏晋南北朝时期，龙的造型大体可别作两类：其一，长身如蛇；其一，壮硕如兽。前者的主要特征是修身蜿曲，长吻，长舌，顶有长角，下有四足，或生出火焰式双翼。曹魏缪袭《青龙赋》"观夫仙龙之为形也，盖鸿洞轮硕，丰盈修长，容姿温润，蜿蜒成章。繁虯虬蟉，不可度量"（《初学记》卷三十引）。据《三国志·魏书·明帝纪》，可知这是为青龙元年春正月，"青龙见郑之摩陂井中"而作，故称它是皇家之休灵，"奉阳春而介福，赍乃国以嘉祯"。这是今存最早的关于龙的赋作。而丰盈修长，蜿蒙成章，繁虯虬蟉，龙的容姿之描绘，也正是彼一时代装饰领域的龙之造型。金银首饰的纹样设计，自然也与时风一致。至于壮硕如兽的形象，则多用于金银带扣（图 56）。南京江宁上坊三国孙吴墓出土金戒指一枚，环面一周龙纹，原是借了龙的长身之势而"蜿蒙成章"（图 57）。出自山东邹城郭里镇西晋刘宝墓的一枝银龙簪，银龙长身、长角，口吐长舌而成竹节耳挖（图 58）。

图 58　银龙簪簪首　山东邹城郭里镇西晋刘宝墓出土

龙戏珠的设计意匠，大约《庄子·列御寇》中的故事是来源之一。"河上有家贫恃纬萧而食者，其子没于渊，得千金之珠。其父谓其子曰：取石来锻之！夫千金之珠，必在九重之渊而骊龙颔下，子能得珠者，必遭其睡也。使骊龙而寤，子尚奚微之有哉。"后世所谓"探骊得珠"，

图 59 "延熹三年"六龙戏珠砚
河南南乐县宋耿洛村出土

此其出典，但已非本意。用于装饰纹样的龙戏珠，如与这个故事相关，自然也脱离了原意，而只是为龙纹增加了一种风神轩举的表现形式。河南南乐县宋耿洛村出土"延熹三年"六龙戏珠砚，是这一题材的早期实例（图 59）。苏州虎丘路新村三国孙吴墓出土三龙戏珠金钗一枝，钗梁顶端的龙首反身回顾，下方两个龙头相对，分别口衔钗脚。由顶端龙首颔下嵌宝的石碗可知原当嵌一颗大珠，惟嵌物已失。龙头、龙身粘焊粟粒，龙睛和钗梁上的滴珠式石碗也均以金粟环绕，原初必也嵌珠嵌宝，可以想见制成之日的流耀含英（图 60）。甘肃张掖高台地梗坡魏晋四号墓出土一枝金龙簪式样殊异：龙身很小，龙首颇巨，扁平的簪柄含在龙口，设计者在此是借用了口吐长舌的形象（图 61）。

图 60 三龙戏珠金钗 苏州虎丘路新村三国孙吴墓出土

图 61　金龙簪　甘肃张掖高台地埂坡魏晋四号墓出土

图 62　四龙戏珠金钏　陕西咸阳机场唐贺若氏墓出土

　　唐代装饰领域的龙纹十分发达，仅铜镜一项，即见出百态千姿。不过金银器中却未使用广泛，首饰则更少。出自咸阳机场唐贺若氏墓的四龙戏珠金钏，系以两个长身蜿曲交缠的双龙合作略呈椭圆的手钏，龙首相对处，一端龙首设两个纵向的环孔，一端龙首设一个用于启闭的扣钩，以活销贯穿其中，活销上下各以金珠固定，金珠之间以一朵四瓣花掩蔽连接设施，正面看来，便恰好是双龙对衔花朵而各探龙爪捧珠（图 62）。西安未央区西安中学出土铜鎏金龙首银项链一挂（图 63·1），龙首一对

图 63·1　铜鎏金龙首银项链
西安未央区西安中学出土

结系在胸前。这样一种特殊的佩系方式，不能不考虑它的设计有来自域外的影响，即犍陀罗时期的石雕菩萨像（图63·2）。只是金银项链的佩戴在中土本来就不普遍，双龙首项链自然也未流行，不过这一式样却似乎开启了一种新的设计构思，即双龙首腕饰的造型与纹样，从辽代直到明清（图64）。

契丹人使用的扦腰和金冠银冠，多安排龙纹，并且依其造型，或设计为坐龙，或设计为出水龙以及二龙戏珠。出自辽陈国公主墓的扦腰一副由八枚金銙合成，金銙主题相同，细部稍有变化。铺天盖地的海涛，峰峦小小，错布上下左右，八条巨龙各以不同的姿态腾跃于山海

图63·2　菩萨像局部（二至三世纪）斯瓦特地区出土

图64　双龙首金镯一对
四川江口明末战场遗址出土

图 65　海水龙纹金扞腰
辽陈国公主墓出土

图 66　银鎏金龙纹扞腰
建平张家营子乡辽墓出土

之间（图 65）。出自辽宁建平张家营子乡辽墓的银鎏金龙纹扞腰，上缘一溜起弯如波浪，中央的一弯出尖拱，其表鱼子地上浅錾卷草，中间打作祥云托起的摩尼宝，两边坐龙张口吐舌，威风凛凛作护宝状（图 66）。

两宋，龙成为绘画中的常见题材，且颇有佳作。金银首饰中的龙纹既与时风相谐，又可见出因材施样，依形布势，经营位置，以少胜多的匠心。出自浙江永嘉南宋银器窖藏中的一枝银簪，整体造型略如一枚织布的梭子，簪首是镂空作的蛟龙戏珠，缭绕的枝叶与梅花、牡丹、菊花、山茶蔚作一片花海，努目奋鬣的游龙在花海中穿枝度叶，颔下是花丛里的一颗大宝珠。银簪只是用了一枚片材而分外轻薄，但一麟一爪，一花一叶，俱见锤錾之工，又以镂空作而别有夭矫轻俊之致（图 67）。

龙纹在工艺品领域的广泛流行，是在元代，瓷器纹样尤其丰富。虽曾屡加限制，但多针对织物。双角五爪，为皇家专属；三爪、四爪，则民间不禁。明代也是如此。首饰除皇室所用珠翠龙凤冠之外，其他似乎限制不多。升龙，降龙，团龙，出水龙，正面龙，鱼化龙，都被设计为首饰纹样，传统的二龙戏珠或龙戏珠，也发展出更多的表现形式。

图 67　银蛟龙戏珠簪
浙江永嘉南宋银器窖藏

　　南京中华门外邓府山明佟卜年妻陈氏墓出土一枚金镶琥珀二龙戏珠饰件（图 68），高五点七厘米，一颗艳晶晶的琥珀被上下四朵祥云轻轻抱住，一对三爪金龙跃起在云间，龙首相抵，龙爪前伸呈抢珠之势，翻卷的双尾在合拢处擎起云端小小一粒红宝石。虽然金材不多，似由琥珀珠抢了风头，却是以设计之妙和打作之工使金龙不输风采。饰件背面残存一截用于插接簪脚的扁管，那么它原初当是一枝挑心。琥珀上方有一个穿孔，可以推知是由佩件改制而成。出自无锡明黄氏家族墓地的金镶宝龙戏珠挑心，以龙的长身蜿蜒抱合为滴珠式轮廓，下方一溜祥云缘边，上方耸出龙口衔着的一丛灵芝，红宝一颗点缀其间。下面是龙爪捧定的另一颗，以此而完戏珠之意（图 69）。背有用于插接簪脚的扁管。

图 68　金镶琥珀二龙戏珠挑心
南京中华门外佟卜年妻陈氏墓出土

图 69　金镶宝龙戏珠挑心
无锡明黄氏家族墓出土

图70 金镶珠宝龙纹掩鬓一对之一
北京定陵出土

出自北京定陵的明神宗孝靖后金镶珠宝龙纹掩鬓一对，掩鬓下方一弯五个石碗，内嵌红蓝宝石和猫睛，其上金片打制的山崖在中间，一对万字符分置两边，与下面镶宝的一弯合作海水江崖，上方则即金累丝的出水龙，龙尾两侧珍珠是带起的海水，顶端金累丝万字托起一颗红宝（图70）。出自蕲春明都昌王朱载塎夫妇墓的金镶宝龙戏珠簪，龙口里边设金托托一颗红宝为龙舌，龙睛原初也当嵌珠或嵌宝（图71）。

借龙首口吐长舌的形象，把长舌设计为耳挖或簪脚，是魏晋已有的做法，明代则多借势做成金银事件上的器柄。出自南通明顾养谦夫妇墓的一副金事件，上缀一个金镶宝玲珑毬，再以一个金镶宝荷叶盖为云题，由金索提系，金索下系龙柄耳挖和挑牙（图72·1）。上海明陆深家族墓出土的一副，荷叶云题是用接焊的方法扣合而成，云题之下的两条金索分别系着金龙衔挑牙与金龙衔耳挖。龙身錾出规整的鳞片，龙尾分叉处成为小孔，与链环相衔（图72·2）。

图 71　金镶宝龙戏珠簪簪首　湖北蕲春明都昌王朱载塎夫妇墓出土

图 72·1　金事件·耳挖
南通明顾养谦夫妇墓出土

图 72·2　金事件·耳挖和挑牙
上海浦东新区明陆深家族墓出土

　　二龙戏珠与凤簪结合，也是设计上的一番创意。江西南城县明益宣王夫妇墓出土继妃孙氏的二龙戏珠金凤簪一枝，簪首长九厘米，宽三点五厘米，下有底衬，上以宽金条围作花牙子边框，簪首之端一只平伸双翅的舞凤，口衔一串瑞草，回首顾望，身后带起一团祥云，云间一对戏珠的巨龙。组成图案的大小构件均系打制而成，连珍珠共重五十三克，簪脚长十五厘米（图 73）。

江西南城县明益庄王夫妇墓出土一枚弯月形金饰，纹样打作二龙戏珠，当心一颗宝珠，两边是"福寿康宁"，另有"寿比南山"和"福如东海"分别起伏在龙尾搅起的浪花里，缘边做出针孔二十余，当是用作缝合于头箍（图74）。

凤纹在前面两章里都已说到。与金银器皿的情况相同，凤纹出现在金银首饰，已是魏晋南北朝时期，最为流行的是对凤衔胜金饰（图75），当是从广泛见于织绣、陶瓷、铜镜的同心鸟而生发出来的设计意匠。对

图73　二龙戏珠金凤簪簪首
江西南城县明益宣王夫妇墓出土

图74　二龙戏珠金饰　江西南城县明益庄王夫妇墓出土

图75　对凤衔胜金饰（东晋）
南京雨花台区冯苇村后头山出土

凤衔胜是图案化的设计，唐代凤鸟纹花钗的设计则完全打破了对称格局，造型与纹样均开出一派新风。出自扬州市蓝田大厦二期工地唐井的银鎏金花钗一对，钗首以错错落落的镂空花叶铺展春色，花树上方一对相与顾盼的凤鸟（图76）。徐州博物馆藏银花钗，钗首花朵绽放，枝叶漫卷，花枝上的凤凰口衔一枚花结（图77）。辽代出现了金银凤冠（图78）。辽宁建平张家营子辽墓出土金凤衔瑞草耳环一对，内蒙古巴林右旗哈鲁辽墓出土花凤纹金戒指一枚，各依功用不同而设计为不同的造型。前者从摩竭耳环的弯月式造型翻出新样，下方托举舞凤的一弯似瑞草似流云，

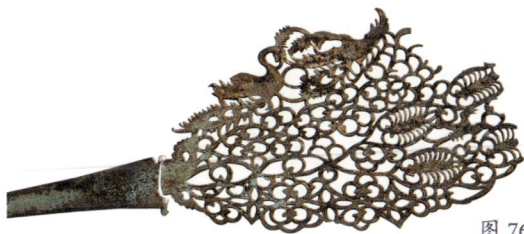

图76 银鎏金花钗钗首
扬州市蓝田大厦二期工地唐井出土

图77 银花钗钗首
徐州博物馆藏

图78 银鎏金高翘凤冠（公主）
内蒙古奈曼旗辽陈国公主墓出土

图79 金凤衔瑞草耳环
辽宁建平张家营子辽墓出土

图80 花凤纹金戒指
内蒙古巴林右旗哈鲁辽墓出土

凤足隐没其中以见凌空之势（图79）。后例凤鸟因凸起于戒面而长尾贴脊拢作团窠，却仍有凤鸟之健俏（图80）。凤鸟在宋金元时代的金银首饰中更多用于凤簪和凤钗，设计之取式来源乃更加丰富，如织绣、铜镜、瓷器、金银器皿。湖北蕲春罗州城遗址南宋金器窖藏中的凤衔瓜果金钗一枝，钗头龙首推送出一只舞凤，凤口衔了一长串花果枝，枝条顺风飘向龙口，成为托起凤凰的一朵云。鲜桃、石榴、荔枝、甜瓜和橘子，依次缀满柔条。金龙呼吸吐纳，金凤凭高踏云，播撒的总要是世间丰足（图81）。钗脚铭曰"十赤金"，固然是标明成色，却也像是特地要与纹样寓意并美。上海宝山区月浦镇南宋谭思通夫妇墓出土金凤首簪，以颈羽飞飏见出精神，小金珠点出凤眼，凤冠则是一朵牡丹花，不论花朵还是凤羽，都是掐丝为纹样，其表粘焊细密齐整的金粟粒。簪首背后焊一个圆管，圆管

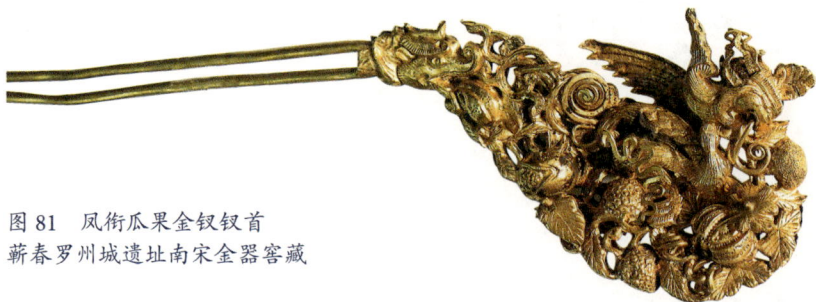

图81 凤衔瓜果金钗钗首
蕲春罗州城遗址南宋金器窖藏

图 82 金凤首簪簪首
上海宝山区月浦镇谭思通夫妇墓出土

内插簪脚，簪脚上方砂地上打作一溜三朵桃花（图 82）。

明代簪钗发达，品类尤多，凤纹的设计较前愈为多样。

纳于礼仪制度的一类，一等的是凤冠霞帔。它的基本组成，是凤冠一组，霞帔一组。凤冠以及插在凤冠上的金凤簪一对，又一对用作固冠的金花头簪，如此为凤冠一组。霞帔是丝罗制品，依等级不同而织纹有别，其底端有膨起如囊的金帔坠，帔坠系以两枚金片分别打制扣合而成，上端有孔，孔中穿金系，然后悬坠于金钩用作霞帔的压脚。此系与钩，当日合称为"钩圈"，如此为霞帔一组。是"翚翟之冠，纹霞之帔，鸾书玉轴，崇极品式，可谓荣矣"（《明故夏阳县主墓志》，《考古与文物》二〇〇九年第一期）。

凤簪帔坠均为礼仪用物，如果贵为皇族，那么这两组金银饰物通常是出自禁中，即由银作局成批制作，以备宫廷的各种礼典和册封赏赐之需。由簪脚或金钩上面镌刻的铭文，可知出土于各地明藩王夫妇合葬墓"内造""内成造"的金簪、金凤簪、金帔坠，多是这种情况。

珠翠凤冠，等级最著（图83），但漆竹丝编框，保存不易，考古发现中保存完整的实

图 83 镶珠宝点翠十二龙九凤冠（博鬓另插）
北京定陵出土

图 84 金镶宝钿花鸾凤冠　图 85 插于凤冠两侧的凤簪
湖北蕲春刘娘井明墓出土

物很少。湖北蕲春刘娘井明墓出土金镶宝钿花鸾凤冠通高六点九厘米，
口径九点九厘米。粗金丝做成上小下大的攒尖式圆框，框架当心一只金
累丝镶宝的大凤，其下贴口沿一溜五只金镶宝小凤在前，一溜金镶宝钿
花在后，又以大小不等的金钿花自第二行起依次推向上方，且节节收束，
端处则以一簇宝钿花结成一朵而关顶（图84）。金冠尺寸不大，而刚好可
以扣于高髻之端。与冠同出的尚有一对金累丝凤簪（图85），它是凤冠必
有的插戴，凤口每衔挑排。这一件金镶宝钿花鸾凤冠便是明代礼书中说
到的特髻，是皇妃的常服之属，而为皇妃以下至品官命妇的礼服。墓主
人乃荆端王次妃刘氏，为荆恭王本生祖母、追封荆庄王之本生母，卒于
嘉靖三十九年（一五六〇）。金冠的造型与纹饰设计，应来自一个大致稳
定的图谱，然后按照礼制的规定，或增或减，或隆或煞。今存世有明前
期彩绘冠服图残卷，由此可以推知大概。

宫廷制作的凤簪造型也早有定式，不过出自不同时期、不同工匠之手，仍可见出风神气韵的不同。以明梁庄王墓出土凤簪为例（图86·1），它的制作，是先把搓好的花丝按照凤凰部位的不同而掐成不同的花式，复用边丝掐出翅膀、尾羽的形状与轮廓，继用各种小卷丝分别在轮廓内平填。凤身系堆垒成型，凤首则用两枚金片打造成形，然后扣合为一。最后将各个部件攒焊成型。这里累丝的运镊便如运笔，要须熟练的造型技艺以及平填、攒焊等诸般微细处的一丝不苟，方能成就它的玲珑工致和云托风举之翩然。益端王墓及益庄王墓出土两对金凤簪，与这一对却是如出一手，包括制作工艺和细节的处理。前者系益端王朱祐槟之妃彭氏物（图86·2），墓葬年代为嘉靖十八年（一五三九）；后者为益庄王朱厚烨之妃万氏物（图86·3），

图86·1　金累丝凤簪
湖北钟祥明梁庄王墓出土

图86·2　金累丝凤簪
江西南城县明益端王夫妇墓出土

图86·3　金累丝凤簪之一局部
江西南城县明益庄王夫妇墓出土

图 86·4 金凤簪
江西南城县明益宣王夫妇墓出土

入葬年代在万历十九年（一五九一）。彭氏金簪与万氏金簪簪脚铭文相同，均为"銀作局永樂貳拾貳年拾月內成造玖成色金貳兩外焊貳分"。梁庄王墓金凤簪未镌铭，不过三者之相似乃尔，制作于同时也是可能的。从凤簪簪脚的式样来看，可知这是用于插在凤冠之上，以使珠结或曰挑排高悬凤口。江西南城县明益宣王朱翊鈏夫妇合葬墓出土金凤簪一对（图 86·4），簪脚式样与此相同，其上铭曰"大明萬曆庚辰五月吉旦益國內典寶所成造珠冠上金鳳"云云，乃明确说明它的用途，出土时也正是分别插在点翠珠冠的两侧。用于装饰珠冠以成凤冠一副，这一类金凤簪的设计，是有着礼制上的特殊意义。

同凤冠配合插戴的金累丝凤簪一对之外，

图 87 金帔坠
湖北钟祥明梁庄王墓出土

金银器的春秋

图 88·1　金凤簪（翟）
江西南昌县明辅国将军墓出土

图 88·2　金累丝凤簪（翟）
南京太平门外板仓徐俌夫人墓出土

梁庄王墓又有云霞舞凤纹金帔坠一枚（图 87），系连帔坠的金钩铭曰："随驾银作局宣德柒年拾贰月内造柒成色金壹两玖錢。"梁庄王妃魏氏系南城兵马指挥魏亨之女，宣德八年（一四三三）七月册封为梁王妃。

与凤冠和翟冠相应，簪有凤、翟之别。鸟头者，便是翟。分别出自江西南昌县明辅国将军墓、南京太平门外板仓徐俌夫人墓的金凤簪，簪首之凤均为鸟头，实为翟（图 88）。只是俗间大约概以"凤簪"为称，民间制作或未必以此区别为意。不过与前朝相比，明代凤簪究竟更多礼制上的含义，而不大作为平常插戴。帔坠纹饰也同样有凤、翟之不同（图 89），宫廷设计每每会留意分寸。宫禁制作之外的帔坠，则式样不拘，鸾凤的表现形式以及纹样元素的搭配也格外灵活，且不妨两面纹样各不同，乃至镶玉嵌宝彩艳美盛逾于宫廷（图 90）。

图 89·1　金帔坠
南京市板仓明墓出土

图 89·2　金帔坠
南昌明宁康王女菊潭郡主墓出土

图 90·1　金镶玉嵌宝花鸟纹帔坠
上海卢湾区打浦桥明顾东川夫妇墓出土

图 90·2　银鎏金镶玉嵌宝帔坠
上海卢湾区打浦桥明顾东川夫
妇墓出土

　　特用于凤冠插戴的凤簪，设计制作均有成规，此外则不拘一格。江西南城县明益宣王墓孙妃棺出土金镶宝凤首簪、南昌青云谱京山学校明墓出土金镶玉凤簪，都是侧面簪戴的样式（图91）。后例的出色，是在于玉工。

　　正面插戴的凤簪和凤钗，唐代之后，辽宋金元似乎都不太流行，至

图91·1　金镶宝凤首簪一对
江西南城县明益宣王墓孙妃棺出土

图91·2　金镶玉凤簪
南昌青云谱京山学校明墓出土

图92　金镶宝凤凰挑心
苏州市平望公社胜利大队十一小队出土

图93　金累丝镶宝凤凰挑心
南昌青云谱京山学校明墓出土

明，方有新创，便是髲髻亦即发罩前面的挑心。苏州市平望公社胜利大队十一小队出土金镶宝凤凰挑心，簪首系打制成型，分别妆点红蓝宝的一束长尾璀璨如雀屏，与弯颈的凤首成四十五度角，凤身和张开的一对翅膀同样以点缀宝石而光彩夺目（图92）。出自南昌市青云谱京山学校的金累丝镶宝凤凰挑心则是累丝作（图93）。簪首用边丝掐出凤身、凤翅、

图94　顾绣《南极呈祥》局部
南京博物院藏

凤尾的主要轮廓，然后以掐成卷草纹和毬路纹的细金丝分填细部，总成为底衬，是为第一层。第二层，用掐好的花丝先堆累，后攒焊，完成凤体的造型；凤头另外用金片打造，然后接焊。第三层，凤翅上做一对石碗为花心，内里各嵌一颗猫睛，石碗外环掐作两层菊花瓣；凤尾上做六个石碗，再用边丝掐出牡丹花瓣、花枝和花叶，轮廓里填卷草，石碗里嵌宝。最后在背面焊一个金片做成的扁管，扁管里原当插簪脚。两件挑心同看，正见得异曲同工之妙。打造自有金光闪耀之好，而累丝的表现力更臻于细微，比如凤尾的制作。比较顾绣《南极呈祥》中王母驾凤的画面（图94），更能深入到这一件挑心设计构思的来源：在凤尾的制作工艺中，我们竟可以看到如同绣针一般的表现效果。

　　鸾凤用于成对插戴在两侧的鬓钗和掩鬓，便又是一番风貌。南京太平门外徐膺绪墓出土金累丝凤穿花簪亦即鬓钗，其端一大朵牡丹，窄金条围作花瓣的边框，又凤翅和尾羽之形，上缘做出粟粒纹，花瓣内填卷丝，以凤鸟的婉变穿花而见飞鸣啄息之趣（图95·1）。出自南京太平门外板仓徐俌夫人墓的金累丝凤穿花簪，簪首一带怒放的花朵，凤鸟蹁跹于上（图95·2）。湖北恩施猫儿堡出土一对却又以凤穿花牵出一个欢笑的世界：顶端是花间飞出来的一只凤凰，后面一溜儿八朵花，每隔一朵，花心上坐一个童子，或拍手，或作奏乐状，凤口衔一挂金累丝坠，其中一枝的挂坠是上方一尾鱼，鱼下边一朵花，花瓣下方的链环里一个举手抬足的小儿（图96）。

图 95·1　金累丝凤穿花簪　南京太平门外徐膺绪墓出土

图 95·2　金累丝凤穿花簪　南京太平门外板仓徐俌夫人墓出土

图 96　金凤穿花婴戏图簪一对之一　湖北恩施猫儿堡出土

　　明人称作"掩鬓"的簪钗有着大体一致的造型，即"或作云形，或作团花形，插于两鬓"（明顾起元《客座赘语》卷四）。鸾凤穿花、云霞舞凤也是掩鬓最常选用的题材。设计者的创意便在于纹样的布置，由江西南城县明益宣王朱翊鈏夫妇墓、南昌青云谱老龙窝明墓、南昌石城明辅国将军朱拱禄墓出土题材一致的三对，可以见出匠心之不同（图97）。又有出自南昌明宁康王女儿墓的一对，略去了图案轮廓，惟以祥云上的舞凤完成掩鬓造型（图98）。

图 97·1　金镶宝凤凰掩鬓 一对
江西南城县明益宣王夫妇墓出土

图 97·2　双凤穿花金掩鬓一对
南昌青云谱老龙窝明墓出土

图 97·3　云霞双凤金掩鬓一对
南昌石城明辅国将军朱拱禄墓出土

图 98　金凤凰掩鬓一对
南昌明宁康王女儿墓出土

第三节　纹样三：人物

　　人物作为装饰纹样，早期多为造型各异、制作精细的神面，比如良渚玉器中的梳背，插戴者，或属于某一类掌握特殊职能的人群。商周时期不少我们今天称作"兽面纹"者，在当时人眼中，大约也是一方神明。楚文化中龙凤神人玉佩的设计构思似已蕴含叙事意味，只是究竟什么故事，今已很难确知。

　　金银首饰开始流行的汉代，人物纹样尚未登场，稍后才出现仙人以及东传不久的佛陀。安徽当涂姑孰镇三国孙吴墓出土数枚金摇叶，以极细的金丝和极微的粟粒在摇叶上累作各种纹样，其中一枚镂空金片两面各以金丝勾勒相同的图案，金丝嵌出的边框之外缘以粟粒，圆光下祥云缭绕，佛陀头顶螺髻，赤足而立，衣上围出的三个圆框原初当有嵌物（图99·1）。洛阳寇店镇西朱村曹魏大墓出土石榻之"金珠缕□……佛人"，大抵此类。南昌火车站东晋六号墓出土金坐佛指环六枚（图99·2），环面坐佛身有背光，下方略似莲座，造型与两晋时期堆塑罐等器具上面贴塑的佛像大体一致。出自浙江武义履坦镇履一村的金指环与此相近，亦为东晋物（图99·3）。今多称此为戒指，不过戒指之称乃后起，按照当日的称谓，应名作指环。不知佛像指环是否也与堆塑罐性质相类，即专用作随葬。长沙仰天湖贺龙体育馆十一号晋墓出土金佩饰乃合掌的

图 99·1　金立佛摇叶
安徽当涂姑孰镇三国孙吴墓出土

图 99·2　金坐佛指环
南昌火车站东晋六号墓出土

图 99·3　金坐佛指环
浙江武义履坦镇履一村出土

仙人，两耳高于顶是汉代以来仙人的造型特征
（图 100）。

北朝墓葬出土的金银首饰数量不多，且有几
件似属于考古发现中的孤例。山西大同恒安街
北魏墓出土金镶宝耳坠一对（图 101），纹样系
大月氏装饰品中流行的母题。作为主体的圆环是
女神与一对摩竭鱼，环之一侧装饰三枚金花宝

图 100　金佩饰
长沙仰天湖贺龙体育
馆十一号晋墓出土

钿：花叶一、人面一、小鸟一，一侧系缀长长的金链，圆环内设置插接机
括可便开阖，下方的一对小金环里各垂金花宝坠。河北磁县东魏茹茹公
主墓出土一枚金镶宝饰件，长十厘米，背面偏下之处焊有类同钗脚的一
截插接构件。饰件造型略如花瓣，顶端是莲座托起的摩尼宝，下方是流
云上面的宝珠，其上伸展数茎枝条，宝珠右侧一身捧盘飞天，宝珠左边
枝条上立一只鹦鹉，与站在上方莲花台的另一只遥相呼应，双鹦鹉间一
个浮在花蕾之上的化生童子（图 102 · 1）。此墓早期遭盗掘，棺椁葬具或

图 101　金镶宝耳坠　大同恒安街北魏墓出土

图 102·1　金镶宝饰件
河北磁县东魏茹茹公主墓出土

图 102·2　泥塑残件
洛阳永宁寺遗址出土

焚毁或残朽，已不可复原。如无其他旁证，这一枚饰件当日的名称，目前尚无从考索。不过洛阳永宁寺遗址出土泥塑残件中有一头顶双髻的少女，髻上插戴的铜饰与此造型相似，似可作为使用方式的一个参考（图102·2）。从这些零星发现很难见出整体规模，但或许可以说明，这一时期的人物纹设计尚未形成特色。

之后的隋唐和辽，这一类纹样稍稍多起来。出自扬州市区三元路西首建设银行工地的唐伎乐飞仙纹金梳（图103），纹样分作五重：缘边一重缠枝花朵，两花之间一只蝴蝶，其内两道粟粒般的连珠纹，中间镂空若纱罗，最内一重以莲瓣勾边，中间是镂空缠枝卷草中的一对飞仙。飞仙纹样是由道教艺术中发展而来的吉祥题材。又有来自佛教艺术的妙音鸟迦陵频伽。河南巩义市天玺尚城出土银钗一枝，造型设计以花钗为式，钗脚顶端花萼里生长出来的是几缕祥云，云中一对迦陵频伽，一个吹觱篥，一个击拍板（图104·1）。内蒙古巴林右旗和布特哈达辽墓出土迦陵频伽金耳环一对（图104·2），云朵上的迦陵频伽人面，鸟身，凤尾，头顶高冠，手捧莲花。保存完好的一只，云朵下方系缀三挂摇叶。

图 103　伎乐飞仙纹金梳
扬州市区三元路西首建设银行工地出土

图 104·1　银花钗钗首
河南巩义市天玺尚城出土

图 104·2　迦陵频伽金耳环
巴林右旗和布特哈达辽墓出土

图 105　金掬水月在手图银脚
簪簪首
株洲丫江桥元代窖藏

宋元时代，金银首饰较此前更为兴盛发达，式样增多，纹饰也更加丰富。除了前朝已有的仙人、婴戏，人物纹又每自诗词戏曲和绘画取意，创制为新样。出自株洲攸县丫江桥元代窖藏的一枝银脚金簪（图 105），簪首绕图一周是枝叶纷披的朵朵菊花，花丛间一个山石座，座上一个金盆。略略俯身的一位女子云肩，帔帛，腕戴缠钏，双手伸向金盆。纹样的取材当是得自其时流传的"掬水月在手"诗意图，受造型和尺寸大小的限制，金簪图案只能截取图画的一角场景，却是它的核心情节，或者说是图式的关键要素，即映月之盆和掬月佳人。图案用遍开的菊花布景，当也是意在点明时令而表现闺中玩月的情景。

人物纹的多姿多彩，全部绽放于明代。对前代的继承，是发展演变的线索之一。另一方面，则是受到空前发达的戏曲之滋养。神仙道扮成为寿宴上的佐樽之设，群仙的形象移植为簪钗纹样，自然传达的是喜乐吉祥之美意。戏曲版画的兴盛，也提供了大量粉本，它有可能为工匠所亲见，也有可能来自主顾的意愿。

明代戏剧主要有两种，一是由元而明的杂剧，一是由南戏演变成熟的传奇，而以传奇为主流。元代风行的杂剧，则在明代完成了由平民化向贵族化的转变，这是和明代藩王参与创作分不开的。作为一个独特的群体，明代藩王虽有天潢贵胄之尊，却又是最为几乎每一位当朝天子所猜忌、所警惕的一群。按照明初朱元璋定下的制度，他们终身不得"高官"，但一生得享"厚禄"，虽然在明代中后期宗室人口愈为庞大之后，禄银供给已是远远不足。既有俸给之厚，自然可以枕着繁华，享受优游度岁之乐，而为了免除来自当朝的猜忌，也以隐于游艺、隐于富贵，即不问朝政安享尊荣最为全身之道。封地在江西的宁藩一系中的朱权被迫隐遁之后，成为藩府生活的风雅典范。封地在开封的周宪王朱有燉，杂剧创作影响尤巨。如此一南一北构筑的诗酒风流，可以说为明代藩王的精神生活与物质生活定下了基调。

藩府与宫廷同风，即祝寿必要演剧。周宪王作于宣德四年的《群仙庆寿蟠桃会》前有小序述其作意：“自昔以来，人遇诞生之日，多有以词曲庆贺者。筵会之中，以效祝寿之忱。今年值予初度，偶记旧日所制〔南吕宫〕一曲，因续成传奇一本，付之歌喉，以资宴乐之嘉庆耳。”“今年值予初度”，是年作者五十初度也。明代藩王墓出土以仙人为装饰题材的簪钗，当与这一类戏剧人物密切相关。若金银首饰成副，那么祝寿主题正不妨以杂剧形象，如《宴瑶池王母蟠桃会》之类为粉本设计为造型不同的若干件，然后总成一幅喜庆图案，如同群仙庆寿剧的末折必有众仙同场祝寿的热闹。

宋金开始流行的八仙至明代而逐渐定型，在簪钗纹样上也显示了演变的若干轨迹。八仙的出现原是以庆寿为因，绘画与戏剧应该是同步的。明代铜镜的装饰图案，竟也有戏台上搬演八仙庆寿剧的场景（图106），足见这一时期的盛行之况。只是八个仙人名姓和作为人物标识的道具，经历了很长的演变过程才固定下来。后世八仙组合中必有的何仙姑，很久都处在游离状态，要到嘉靖时期方始确定加入。不过无论八仙画抑或八仙剧，既用于祝寿，注重的自然是它的喜瑞色彩，因此手中持物与人物身世是否贴合实非要义——何况每位仙人的传说都有多种版本——倒是以手中持物见祥瑞最为打紧，也因此八仙的传播与演变过程中，手中物事的归属最是不确定，换句话说，是安排最为随意。

杂剧搬演“瑶池奉献仙桃寿”的喜乐，自然是簪钗设计汲取的重要资源。明代的首饰或曰头面一副通常是大大小小一二十件，如此组合，

图 106　戏台铜镜
上海徐汇区斜土路明墓出土

也颇便于会聚群仙。湖北蕲春荆恭王朱翊钜夫妇墓出土金镶珠宝群仙庆寿钿（图 107），细窄的一道弯梁上九只金镶宝仙鹤，个个仙鹤口衔灵芝，鹤背的"螺丝"之端站着手中持物的群仙：汉钟离持棕扇，吕洞宾持剑，曹国舅手拿笊篱，刘海戏蟾，铁拐李一手持拐杖，一手捧葫芦。蓝采和持拍板，韩湘子一手提篮，一手捧花，张果老拿着芭蕉扇，徐神翁拿着渔鼓和简板。弯梁两端各做出一个圆环，原是为着穿上带子以佩系。组合为金钿纹样的所有部件都是用片材打制成形，因此分量很轻，部件的固结除了攒焊又有"螺丝"，"螺丝"盘旋动摇如弹簧，自然使它插戴起来随步而颤，正好似剧中的群仙"舞碧落青鸾队队，带红霞彩凤翩翩"

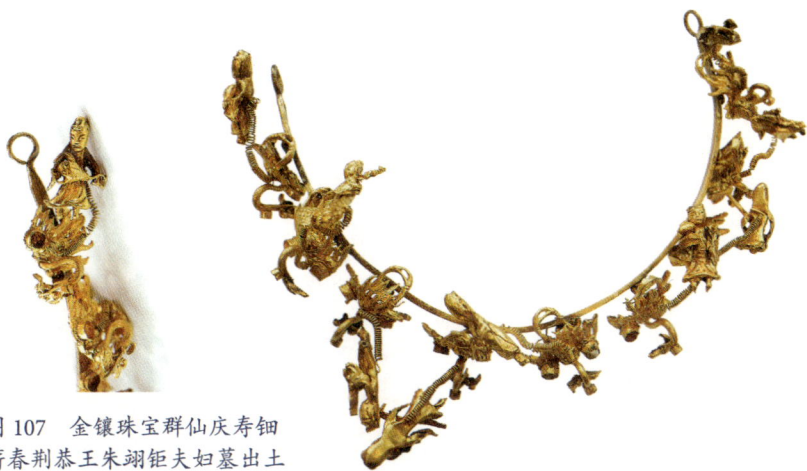

图 107　金镶珠宝群仙庆寿钿
蕲春荆恭王朱翊钜夫妇墓出土

（《群仙庆寿蟠桃会》）。金钿群仙中的刘海（又名刘海蟾）也见于内府演出本《群仙祝寿》杂剧，为下八洞神仙之一，祝寿的供献是"金钱一串、金蟾一个"。曹国舅拿笊篱，原有曲儿可证，元散曲〔双调·水仙子〕《曹国舅》："玉堂金马一朝臣，翻作昆仑顶上人。腰间不挂黄金印，闲随着吕洞宾，林泉下养性修真。金牌腰中带，笊篱手内存，更不做国戚皇亲。"不过在八仙持物尚未完全定型之际，何仙姑拿笊篱也时或有之，如元范子安《陈季卿误上竹叶舟》第四折，吕洞宾唱"这一个貌娉婷笊篱手把"，陈季卿云"是何仙姑大仙"。金钿为王妃胡氏物，妃卒于嘉靖四十三年。

　　出自江西南城县明益宣王夫妇墓的金镶玉嵌宝群仙庆寿钿，八仙组合以及仙人的手中持物，已经是完成形态。金钿属之于孙妃（妃卒于万历十年，万历三十一年与王合葬），与它同出的尚有金镶玉嵌宝王母骑青鸾挑心一枝（图 108），金累丝嵌宝双龙捧福寿掩鬓一对，原初应是主题纹样一致的一副头面（图 109）。金钿为双层的金制弯弧，下缘打作海浪，水波上面耸起山峰，两峰之间一朵嵌宝的祥云，以此而成九个小金龛，金龛里各立一个仙人，当心体量最大的是寿星扶杖，两边对称排着玉八仙：左侧何仙姑拈花枝，张果老两手分持简板和渔鼓，曹国舅执玉版，韩湘

图108 金镶玉嵌宝王母骑青鸾挑心
图109 金累丝嵌宝双龙捧福寿掩鬓一对

图110 金镶玉嵌宝群仙庆寿钿 江西南城县明益宣王夫妇墓出土

子吹笛；右侧铁拐李负葫芦，吕洞宾负剑，蓝采和捧花篮，汉钟离轻摇小扇（图110）。金钿背衬接焊四个扁管，中穿一根窄银条通贯整个金钿。银条两端的弯钩分别系着带子，那么它的佩系方式当是把带子套在横贯髽髻两侧银簪的簪头上。

四川平武王玺家族墓地六号墓出土一枝寿星图金满冠，簪首以一带雕栏分隔上下，下方一溜镂空地子上镶宝（宝石均脱落），上方布置一幅寿星图，画面正中火焰背光前坐着长髯的扶杖寿星，右手一侧侍者捧桃，

金银器的春秋

图 111·1　寿星图金满冠　四川平武王玺家族墓六号墓出土

图 111·2　银鎏金寿星图簪　浙江龙游出土

身后一只回首的小鹿，左手一侧侍女托盘盏，一只引颈仙鹤在后。雕栏前是负剑的吕洞宾、肩一柄笊篱的何仙姑、持拍板的蓝采和等献寿群仙（图 111·1）。它的构图元素和人物布局与浙江龙游出土宋代银鎏金寿星图簪颇多相似（图 111·2），可见图式的延续，虽然造型与风格已然改变。

以上几个实例中的群仙都是八仙之外再添一个寿星亦即南极老人星，后者遂成主角以突出祝寿之意，而八仙以及寿星又或独立成纹，如定陵出土孝靖后的两枝人物纹簪。其一，银鎏金镶宝玉仙人簪，簪首以累丝镶宝的三朵祥云为托座，云间生出一对灵芝，仙人头顶两个鬌髻，左手持一柄芭蕉扇，可知是八仙之一汉钟离（图 112）。其一，银鎏金南极老人跨凤簪，簪首一只两翼嵌宝的正面凤，尾羽高举与后面的一弯祥云背光组成背衬，南极老人手持如意，虽残了最具特征的广颡，但弯弯的眉

图 112　银鎏金镶宝玉仙人簪
北京定陵出土

图 113　银鎏金南极老人跨凤簪
北京定陵出土

眼牵起鼻翼笑纹，连同一部长髯都刻画精细，故神情未损（图113）。

　　装饰领域里比八仙历史更悠久的是西王母，明代纹饰每以骑鸾跨凤为特征，或许会有宋刺绣瑶台跨鹤图之类的粉本流传而为首饰设计者所取用（图114）。江西南城县明益宣王夫妇合葬墓出土金镶玉嵌宝王母骑青鸾挑心，湖北恩施猫儿堡出土王母骑凤金挑心。前例系孙妃之物，一只舒展双翼的鸾鸟系打制而成，翅膀和尾羽两侧分别焊接做成菊花形的石碗，内里嵌宝，薄金片围作头光，西王母凤冠云肩，一枝莲花在手，盘膝坐于鸾鸟之背，衣袖飘起仿佛天风鼓荡，正是驾鸾凌空而行（图108）。

前已提到，与挑心同出的尚有金镶玉嵌宝群仙庆寿钿和一对金累丝嵌宝双龙捧福寿掩鬓，俱以福寿为主要装饰题材。《天水冰山录》有"金厢王母青鸾嵌宝首饰一副"，"计一十三件，共重一十三两四钱"，孙氏的一副，大

图 114　刺绣《瑶台跨鹤图》局部
辽宁省博物馆藏

抵与之相当，不过所存只是一副中的几件大头面。恩施猫儿堡出土王母骑凤金挑心，王母云肩、补子、帔帛，花冠下一对博鬓，手持一枝花，花上停了一只大蝴蝶，凤凰的尾羽如花朵丛聚的一扇屏风竖在后边（图115）。背面一个扁管，应是纵插一柄簪脚，今簪脚无存。

　　道教题材也是人物纹的取样之一，只是目前所见实例不多。北京市郊明武清侯李伟夫妇墓出土一枝真武坐像金挑心。真武又名玄天上帝，系由北方之神玄武演变而来，早期形象为龟蛇一体，至宋代而被塑造成一个真实的人物，成为"被发黑衣，仗剑蹈龟蛇"的形象，见赵彦卫《云

图 115　王母骑凤金挑心
湖北恩施猫儿堡出土

图 116　彩塑描金真武像（北宋）
温州白象塔出土

图 117·1　明铜鎏金真武坐像
武当博物馆藏

麓漫钞》卷九。出自温州白象塔的彩塑描金真武像即大体如是（图 116）。
明代真武信仰臻于极盛，主要推动力来自宫廷：建文元年（一三九九）燕
王朱棣举兵"靖难"，传说曾得玄武下降相助，即位后，于武当山大兴宫
观，以报神恩，加封玄武为"北极镇天真武玄天上帝"。武当博物馆藏
明铜鎏金真武坐像一身，真武被发跣足，身穿铠甲，左手掐诀，右手持
剑（剑佚），左前一个玄武是他的标志（图 117·1）。出自李伟夫妇墓的真
武坐像金挑心（图 117·2），与这一身造像似同出一辙，更显露出不同于
一般工匠的传神写照之造诣。虽是片材，却以打制精妙而若浮雕，不仅
造型准确，细节丰满，且眉眼见神情，衣着有质感，纹饰錾刻犹如画
笔。所谓"长不及寸，眉目宛若生动，虽吴道子画所弗及"，《铁围山丛
谈》所云制作"紫云楼带"的北宋神工仿佛于此再现。挑心背面竖一个
用来装置簪脚的扁管，簪脚已失。李伟是明神宗朱翊钧的外祖父，女儿

图 117·2　真武坐像金挑心　北京市郊明武清侯李伟夫妇墓出土

即慈圣李太后。金簪没有铭文，不过样式或有可能来自宫廷。

　　佛教艺术中的形象，也大量移植为簪钗纹样，祈福求平安是其寓意，信仰的成分则大大减弱，因此多数都可以吉祥题材视之。南京太平门外板仓徐膺绪墓出土一枝金坐佛挑心，簪脚平直后伸，是明代早期的实例（图118）。湖北蕲春明都昌王朱载塎夫妇墓出土一枝金挑心，簪首以金镶宝莲座托起一驾金车，车舆上面复置一个莲花座，莲花座上的主尊三面八臂，宝冠上有大日如来，高举的两臂分持红蓝宝石，红以象日，蓝以象月，左边的面前一臂握金刚铃，旁侧一臂持弓，一臂持金刚橛；右边的面前一臂

图 118　金坐佛挑心
南京太平门外板仓徐
膺绪墓出土

握宝剑，旁侧一臂持羽箭，一臂持长矛。九猪在前驾车，车轮两侧云朵上各一个手持法器的护卫天女。车舆背后另以金片为底衬，一只与簪首垂直方向的金簪脚和底衬相接（图119）。簪首图案虽然是很少见的一例，不过造像特征十分显明，可知正是藏传佛教中的摩利支天。摩利支天大约在南北朝时期入传中土，汉译《佛名经》作摩梨支，其后隋阇那崛多《佛本行集经》译为摩利支天，释之为阳炎。摩利支天具有大神通自在力，擅隐身，能为人消除障难、增进利益、护国护民、救兵戈及得财、诤论胜利等功德。考古发掘的唐墓中有一枚带经筒的铜臂钏随葬，经筒内一身摩利支天小铜像并一卷墨书摩利支天经。从目前的发现来看，以藏密诸神像作为装饰图案的金银饰品，多集中在明代前半期，风气的兴起则源自宫廷。此墓的墓主人朱载塎系嘉靖中袭封，但随葬品的时代却可以远在其前，墓葬出土即有"正统九年"（一四四四）铭银里木碗，那么挑心制作的时间也当远比入葬时间为早——正如正统六年入葬的梁庄王墓随葬品中有永乐元年（一四〇三）物，天启年间（一六二一至二七）下葬的嫔妃墓中有宣德九年（一四三四）以及弘治元年（一四八八）、弘治六年制造的金器——如果不是有一个相关的背景，金簪的设计与制作恐怕不容易做到如此符合仪轨而又造型美观。

簪钗取自佛教人物者，最多的是观音，而大士像也是明代闺秀绘画与刺绣喜欢取用的题材。"顶戴"观音固然有信仰的因素在内，不过唐宋以降，观音逐渐演化为本土的俗神，乃至颇与神仙相类，苏轼《雨中游天竺灵感观音院》句云"白衣仙人在高堂"，所谓"白衣仙人"，即白衣观音。普通民众的观音信仰更是逐渐脱离开佛经中的教义，而添加了越来越多着眼于现实人生的中土传说。宋洪迈《夷坚志》收录观音传说四十余，观音的神通即多在于与日常生活相关的治病、送子之类。《法华经·普门品》中说到的观音菩萨三十三现，又似乎特为观音形象的塑造提供了想象的空间，因此出现了中土化的各式观音，其意义以及相关的

图 119　金镶宝摩利支天像挑心
湖北蕲春明都昌王朱载塎夫妇墓出土

传说也几乎与佛典无关，乃至尊像的服饰也往往不严格遵从造像仪轨。且看《西游记》第十二回《玄奘秉诚建大会，观音显象化金蝉》里对观音妆束的一番形容——"九霄华汉里，现出女真人。那菩萨，头上戴一顶金叶纽、翠花铺、放金光、生锐气的垂珠缨络，身上穿一领淡淡色、浅浅妆、盘金龙、飞彩凤的结素蓝袍，胸前挂一面对月明、舞清风、杂宝珠、攒翠玉的砌香环佩，腰间系一条冰蚕丝、织金边、登彩云、促瑶海的锦绣绒裙"，恰好似锦绣添花的一身时世妆。金银簪钗中的观音也常常如此。所谓"仁慈观熟，偏于此土有情"（明屠隆《補陀观音大士颂·叙》），而观音有情于此土，实有赖于此土为观音"重塑金身"。

定陵出土银鎏金镶宝玉观音挑心、银鎏金累丝镶宝观音挑心各一枝，均为孝靖后物。后者是用细金丝在边框里平填作一个个规整匀实的小卷草以为火焰式背光，观音所穿仿若轻软贴体之丝罗的衫和裙，是用拉泡丝的办法制成，窄金片打作绕身飘拂的帔帛，莲花座及火焰背光遍嵌红蓝宝石，挑心背后焊一柄扁平簪脚（图 120）。出自王玺家族墓地十五号墓的一枝金镶宝观音满冠，三个莲瓣式背光，中央莲花座上的观音云肩、帔帛，硕大的花冠两鬓口沿处一边一个很夸张的博鬓，两侧花台上分别立着合掌礼拜的善财和手捧宝珠的龙女，下方是绽放牡丹与菊花的一片珍丛（图 121）。这一枝金满冠中观音的服饰并非菩萨装，而与西王母近同，却是由随侍的善财龙女点明人物所属。

图 120　银鎏金累丝镶宝观音挑心　北京定陵出土

图 121　金镶宝观音满冠　四川平武王玺家族墓地十五号墓出土

　　头饰之外，尚用于耳环——《天水冰山录》便记有"金观音耳环"——乃至晃荡于鬓边的耳坠，自是"顶戴"尊崇的信仰之意为少，而以世俗之眼相看的吉祥之意为先。出自重庆黔江区濯水镇冉维屏妻杨氏墓的金累丝观音阁耳坠一对，上方是累丝作的荷叶提系，中央系缀两重盝顶的累丝屋檐以为观音阁，屋檐下端的小环提起一个仰覆莲座，莲座上一尊观音。荷叶提系和屋檐缘边均挂着犀角为坠的朵花流苏，莲座底端一个石碗，中嵌宝石（图 122）。观音虽然头戴菩萨冠，但却穿袍、系带，覆云肩。如此别致的式样设计，大约是工匠和主顾的共同创意。

　　最为流行的是送子观音和鱼篮观音。出自兰州市白衣寺塔天宫的一枝末代肃王朱识鋐之妻亦即工妃熊氏的金镶玉嵌珠宝送子观音挑心，金累丝的莲花台上伸展出镶珠嵌宝点烧蓝的莲蓬、花叶和慈姑叶，碾玉观音头罩观音兜，膝上一个小儿，衣裾下方的三朵浪花见出渡海之意。（图 123）。背面一柄银簪脚，上有铭曰："肃王妃熊氏施伴讀姚進兼裝。"熊氏

图122　金累丝观音阁耳坠一对　重庆黔江区濯水镇冉维屏妻杨氏墓出土

系天启二年册封为妃，挑心原是王妃施于白衣寺之物。

　　马郎妇观音和鱼篮观音，更有戏剧性。观音菩萨三十三现中，二者原是各为一身，在中土的民间传说中才逐渐演变为一事。黄庭坚《戏答陈季常寄黄州山中连理松枝二首》之二："老松连枝亦偶然，红紫事退独参天。金沙滩头锁子骨，不妨随俗恎婵娟。"宋任渊注："《传灯录》：'僧问风穴：如何是佛？穴曰：金沙滩头马郎妇。'世言观音化身，未见所出。按《续玄怪录》：昔延州有妇人，颇有姿貌，少年子悉与之狎昵，数岁而殁，人共葬之道左。大历中有胡僧敬礼其墓，曰：斯乃大慈悲喜舍，世俗之欲无不徇焉。此即锁骨菩萨，顺缘已尽尔。众人开墓以视，其骨钩结皆如锁状，为起塔焉。马郎妇事大率类此。"《续玄怪录》的作者是唐人李复言，任注所引即"延州妇人"一则。任注成于北

图123　金镶玉嵌珠宝
送子观音挑心
兰州白衣寺塔天宫出土

宋末年，既曰马郎妇
"世言观音化身"，那
么是北宋时期已经有
了这样的传说。马郎
妇与观音合作一身且
成为绘画题材，大约
不晚于宋。杨慎《词
品》卷二"衲子填词"
条引宋寿涯禅师《渔
家傲·咏鱼篮观音》：
"深愿弘慈无缝罅。乘

图 124　观音变相雕版·鱼篮观音　安徽博物院藏

时走入众生界。窈窕风姿都没赛。提鱼卖。堪笑马郎来纳败。/清冷露湿
金襕坏。茜裙不把珠缨盖。特地掀来呈捏怪。牵人爱。还尽许多菩萨债。"
所咏图像今虽无从得见，但根据词句的描写，可知在这一幅作品里马郎
妇与鱼篮观音已是合二为一，成为一个"窈窕风姿"且特地轻掀茜裙露
出珠缨的卖鱼妇。南宋释心月《鱼妇赞》："左提鱼篮，右搴衣袂。浩浩
尘中，一声活底。倾国倾城眼豁开，早已白云千万里。"此所谓"渔妇"，
亦鱼篮观音，且以"左提鱼篮，右搴衣袂"为特征。安徽博物院藏明《观
音变相图》雕版中的鱼篮观音便正是如此形象（图 124），推测绘图出自
丁云鹏。总之，不论雅俗，不论材质，各种不同来源的图像，都可以成为
金银首饰设计的粉本。

　　以鱼篮观音为装饰图案的簪钗与送子观音相同，也多安排为挑心，
设计构思正是借鉴于流传已久的图画以及同时代的其他工艺品。常熟宝
严寺明墓出土一枝鱼篮观音金挑心，火焰背光为衬板，漫天祥云中走出
遍身绫罗的女郎，高髻、云肩、飘带，绣履起处裙摆轻翻，左手一挂数
珠，右手挽了已失篮身的一个篮柄（图 125）。出自兰州白衣寺塔天宫的

图 125　鱼篮观音金挑心
常熟宝严寺明墓出土

图 126　金镶玉嵌珠宝鱼篮观音挑心
兰州白衣寺塔天宫出土

又有金镶玉嵌珠宝鱼篮观音挑心一枝，它以金为托座，内嵌玉件。白玉碾作莲瓣式镂空背光，背光边缘镂雕卷草，金累丝做成莲台，莲台两边以莲茎、莲叶和宝石点蕊的五朵莲花伸展内合抱为托座，白玉观音高髻、衫裙、帔帛，手提鱼篮，纤腰微步翩然于莲台之上（图 126），簪脚铭文与送子观音挑心相同。

此外尚有一种样式，综合了水月观音与渡海观音或曰南海观音的场景设置和表现形式。出自明王玺家族墓地六号墓的一件金满冠，下方中央是一双舞凤环抱的一大朵牡丹花，两边布着莲花、菊花和灵芝，上方火焰圆光的下缘打出几痕海浪，中间坐着头戴宝冠的观音，圆光旁侧的云朵上分别是合掌礼拜的善财与手捧宝珠的龙女。观音两侧腾起浪花成为一左一右两个小花台，观音左侧花台上面残缺，所失当是净瓶，右侧花台上立着一只鹦鹉（图 127）。

观音造像中添加一只鹦鹉，大约宋元以降开始流行。江苏宜兴法藏寺北宋地宫出土一身以银片打制的观音坐像，束腰座上的观音左手持莲花，

图 127　观音金满冠　四川平武王玺家族墓地六号墓出土

面前一带海浪，中间卷起浪峰，两边耸出山石，左侧山石一个净瓶，右侧山石一只鹦鹉，以此点明此为观音（图 128）。常州市人防工程宋井出土南宋景德镇窑观音像、武义博物馆藏南宋龙泉窑观音像两边也都是同样的布置（图 129）。明代，这样的表现方法已成为一种定式。此际总是同观音在一起的一只白鹦鹉，多半附丽了另外的故事，便是当日盛传于民间的《莺哥孝义传》。《西游记》第十二回《玄奘秉诚建大会，观音显象化金蝉》道观音在法会现出真身，"面前又领一个飞东洋，游普世，感恩行孝，黄毛红嘴白鹦哥"，正是道得明白。上海嘉定明西安府同知宣昶家族墓出土成化年间北京永顺堂刻印说唱词话十二种，《新刊全相莺哥孝义传》便是其中之一。故事末了说道，莺哥为父母报仇之后去礼拜观音，"观音见了心欢喜，将言说与小莺儿：我今度你归南海，快乐逍遥过几时。……观音驾云前行去，小莺后面便高飞。……紫竹林中

图 128　观音银像
江苏宜兴法藏寺北宋地宫出土

图 129·1　南宋景德镇窑观音像
常州市人防工程宋井出土

图 129·2　南宋龙泉窑观音像
武义博物馆藏

多景致，围山大海世间希。……莺儿得到观音殿，磻陀石上理毛衣"。南
海观音挑心的设计虽未必与《莺哥孝义传》有直接关系，因为簪钗设计
可资取用的纹样原有多种来源，不过进入俗文学的中土化的观音，大约
比释典中的观音更为民众所熟知。又有出自王玺家族墓地八号墓的一件
金满冠，它以剪出轮廓的片材为底衬，底衬背面设四枚片材折成的扁管。
正面以分别打制的物象构成图案：中间一围雕栏，下方一池娇花，火焰背
光前的菩萨以神兽为坐骑，两边合掌善财与捧珠龙女，旁侧分别立着鹦
鹉和插了柳枝的一个净瓶（图 130·1）。龙女善财，柳枝净瓶，特别是一只
鹦鹉，表明尊像仍是观音，那么坐骑自然是金毛吼。这一表现形式与同
时代的观音造像也很一致。发现于上海青浦区泖塔天宫的铜鎏金观音像，
观音两手各拈一枝莲花，左手莲花之端立着鹦鹉，右手莲花之端一个净

图 130·1　观音金满冠　四川平武王玺家族墓地八号墓出土

瓶，俯卧而回首在下方莲花台上的坐骑，亦为金毛吼（图 130·2）。

装饰领域的观音虽是从佛教艺术中生长出来，但宗教情感的成分是很少的。用作挑心，似乎真正是"顶礼膜拜"，然而信仰与装饰的结合，固有祥瑞、护佑之企盼，不过对美的追求该是远过于宗教修习的意义，此中渗透的仍是世俗情感。以佛教人物为装饰纹样的簪钗，其实多是如此。

祝寿以及喜庆时节搬演戏剧之外，王府平日宴集也多以演剧侑觞，除却必要有的吉庆戏，排场热

图 130·2　明铜鎏金观音像
上海青浦区泖塔天宫发现

闹或谐谑可供笑乐者，也当是常常上演的剧目。明郎瑛《七修类稿》卷五十《奇谑类》"不知画"条记一则逸事："嘉靖初南京守备太监高隆，人有献名画者，高曰：'好，好。但上方多素绢，再添一个三战吕布最佳。'人传为笑。"这固然是一个不懂画的笑话，但此中却也传出另外的消息，即《三战吕布》杂剧以及题材相同的图画都是内臣熟悉的。今存元郑光祖《虎牢关三战吕布》杂剧为脉望馆钞校本，其后附有"穿关"亦即穿戴关目，而这一类多为内府演出本。赵氏钞校剧本的时间在万历末年，穿关的年代当早于赵氏转录的时期，很可能是嘉靖、隆庆或更早时候的宫廷艺人所制定。此自可为郎瑛的纪事添一个注脚。中国国家博物馆藏明《南都繁会图》长卷描绘明代后期南京城的繁荣景象，画中榜题"杂耍把戏"的傀儡戏便是当日民间盛行的"会"或曰"社会"，其中即有"三战吕布"（图131）。三事如此相互映照，不仅见出宫廷风气，也可见民间风俗。湖北蕲春蕲州镇姚垱明荆藩墓出土一枝满冠，簪首纹样也正是三英战吕布（图132）。杂剧情节原是本于《三国志平话》，全剧四折两楔子，三英战吕布的情节即放在第四折前面的楔子里。激战的一招一式由张飞的一支〔赏花时〕依次道来——"不是张飞夸大口，则你那方天戟难敌

图131 《南都繁会图》局部　中国国家博物馆藏

图 132　三英战吕布银鎏金满冠　蕲春蕲州镇姚堢明荆藩墓出土

丈八矛，大哥哥双股剑冷飕飕，二哥哥三停刀可便在手，我可直赶上吕
温侯。"满冠的簪首纹样便如同这一场景的传摹：画面右方是头戴凤翅盔
跃马挺矛战吕布的关羽，拨马逃命的吕布持戟反身，且战且走，左方头
裹渗青巾的张飞拍马向前，后面刘备手持双股剑驱马回转欲和两兄弟一
同追战。对比元建安虞氏刻本《新刊全相平话三国志》中三英战吕布一
节上栏所配插图（图 133），可见二者布局相同，惟方向相反。又因为满
冠特有之造型，遂把一座虎牢关安排在当心成为背景。而人物的穿戴与
一招一式，又马辔头、马鞍鞯以及刘备坐骑待要转身向后的一瞬，乃至
关羽额下的一部浓髯，以锤錾打造出来的传神与生动，不输版画。簪首
纹样设计一方面可以戏曲表演为依凭，一方面也当有图像——如高隆所
熟悉者——为粉本。

图 133　元至治建安虞氏刻本《新刊全相平话三国志》插图

图134 四马投唐金满冠 蕲春黄土岭村明荆藩墓出土

蕲春黄土岭村明墓也是荆藩墓，随葬的一枝满冠，簪首纹样为四马投唐（图134）。脉望馆钞校内府本收有无名氏《四马投唐》（全名《长安城四马投唐》），见《孤本元明杂剧》。此剧演隋末李密事，本事见于《资治通鉴·唐纪》及《新唐书·李密传》。"四马投唐"一语在剧中不止一次出现，首见便是头折结末李密的下场诗："则今日俺四人投唐，走一遭去，金墉城镇守边疆，王世充定计借粮。申时计散了雄兵，罢罢罢，不得已四马投唐。"所谓"俺四人"，则即李密、王伯当、柳周臣、贾闰甫。

簪首纹样以一带雄峻的城墙布景，重檐歇山顶的主楼，正脊中间一个宝顶，两端做出吞脊的鸱尾，而下方重檐两端也各有鸱尾高翘。城墙与城门分别錾出砖纹与浮沤钉。画面左方两骑头戴凤翅盔，身穿铠甲，肩有覆膊，前面一人徒手控缰，后面一人挟弓，按照脉望馆钞校内府本所附"穿关"，柳周臣和贾闰甫的穿戴是凤翅盔。画面右方骑马在前者是头戴三山帽的李密，其后为王伯当。马后两个卒子头戴红碗子盔，李密马后的卒子擎出一柄三簷伞，对面的一个执幡旗，旗面用锥点纹錾出"四马投唐"。画面左角一人面上罩了鬼头，当是出现在第三折的鬼力；右角一人背对观者，头梳丫髻，身负毡帽，应为同是出现在第三折的樵夫。城楼上两个头梳丫髻探身下望的童子，城门前立一人双手捧圭，或者表现的是李靖。王季烈《孤本元明杂剧提要》述此剧曰："事亦略本《唐书》，而多增饰。关目过于繁杂，曲亦率直无俊语，惟排场热闹而已。"不过作为宫廷演剧，"排场热闹"正是最为合宜。正如《三战吕布》结末高唱"今日个中原清静昇平像，保山河臣宰贤良"，"端的是太平之世，愿圣寿永无疆"，《四马投唐》末尾也是一段可借以袒露忠诚的唱词："常言道忠孝的享荣昌，叛逆的受灾殃，这的是断大义施纲纪，正人伦训典常。自古贤良，麒麟阁图仪像，史记内传扬，博一个清名万古香。"此类杂剧乃是王府经常搬演的剧目，作为藩府制作，选取纹样之际必会有如此这般的运思，——原来女子盛妆之美艳中，寄寓的是王府主人之心事。

"瀛洲学士图"或曰"登瀛图"，亦为金银首饰的人物纹样之一，所谓"学士文章舒锦绣，夫人冠帔烂云霞"（宋王以宁《庆双椿·汪周佐夫妇五月六日同生》），夫贵妻荣，自是题中应有之义。其出典是《新唐书》卷一百二《褚亮传》中提到的唐太宗在秦王府设学士，命阎立本图象，使亮为之赞，号"十八学士"，"天下所慕向，谓之登瀛洲"。阎所作图不传，而代有摹本，且演变出不同的几类图式。元明时代，《十八学士图》已是工艺品中的流行题材，从母题中分化出来的两类图式也趋于固定。其中的《瀛洲学士图》或曰《登瀛图》，构成要素为花木楼阁、小桥流水，楼阁二三士人凭眺，桥上二三士人骑行，仆从相随前后，《天水冰山录》登录的"金瀛洲学士盘"，所指应该就是这一类图案。作为流行题材，《瀛洲学士图》其实已经泰半脱离它原有的历史叙事，而只是从史实中抽绎出吉祥寓意。戏剧的搬演更成为题材演变的关捩，元无名氏杂剧《十八学士登瀛洲》从唐太宗与十八学士故事中拈出线索，编纂为庆寿喜剧，末了云太宗之爱才为钧天大帝所知，因派遣增福神、祝禄神，又西池王母等众仙同往人间，为太宗增福延寿。于是房玄龄招集十八学士行礼祭祀，共赞太宗圣明。出自重庆江北大竹林明巽义家族墓的一枝金掩鬓，钗首以朵云式边框勒作盈寸小幅布置图画。树抱藤牵中高高低低的亭台楼阁推成远景和中景，高阁上几人凭栏，右侧阙门处錾出大半个"寿"字。近景是一带栏杆相拥的小桥流水，主人骑马，一人持鞭在前而回望，仆从徒步，或负剑，或抱琴，或捧盒，一对人马跨桥过水逶迤而行。络头鞍辔细如蚊脚，桥栏望柱，楼阁门窗，屋脊瓦垄，历历分明如界画。骑马者圆领袍背后的团花、腰间的带銙、手中所持马鞭、马鞍下障泥边缘的连珠纹、马鞦带，又桥下之清波、与桥相接之道路上面的斜方砖，等等，均以简笔传神。人物眉眼虽不作入细刻划，而衣冠风神俨然见出身分。钗的制作也别见细金工艺之精巧：整个构图是用三层叠焊的方法，即一枚金片做底衬，再取一枚极薄的金片打造、镂镂，以成远景和中景的亭台楼阁，复以一枚金片用同样的方法做成花木藤蔓、小桥流水和人马，末将三层依次叠起焊为一体，于是成为见出空间之纵深感的一幅立体画面，却以制作之工细而不见焊点。金钗之缘又是一道麻花丝为边墙，接焊于背的钗脚顶端掐出一个小卷探到钗表以稳定整体，这是元代以来即已形成特征的一种普遍做法。钗背錾七律一首，颂词四句，末署"岁在戊申仲冬吉日造"。所云"戊申"，为宣德三年(一四二八)。七律题作"三学士诗"，诗曰："冠世文章绝等伦，瀛洲学士盛时人。玉堂金马声名旧，明月清风气象新。阆苑朝回春满袖，宫壸（壶）醉后笔如神。平生自是承恩重，每赐金莲出禁宸。"（图 135）铭文之"宫壸"，当是"宫壶"之误，在此指天子所赐美酒。如欧阳修《雪后玉堂夜直》"銮坡地峻谁能到，莫惜宫壶酒屡倾"；元虞集《玉堂读卷》"宫壶驰赐殿头春"；明金湜《文华殿入直》"酒赐宫壶琥珀红"。所谓"玉堂金马""明月清风"，出欧阳修《会老堂致语》。宋王辟之《渑水燕谈录·高逸》："初，欧阳文忠公与赵少师槩同在中书，尝约还政后再相会。及告老，赵自南京访文忠公于颍上，文忠公所居之西堂曰'会老'，仍赋诗以志一时盛事。时翰林吕学士公著方牧颍，职兼侍读及龙图，特置酒于堂宴二公。文忠公亲作口号，

图135 瀛洲学士图金掩鬓/铭文
重庆江北大竹林明寒义家族墓出土

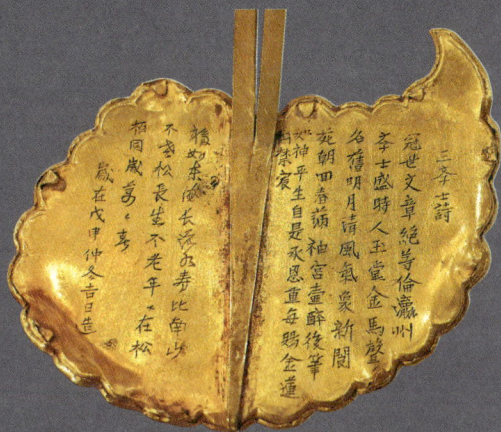

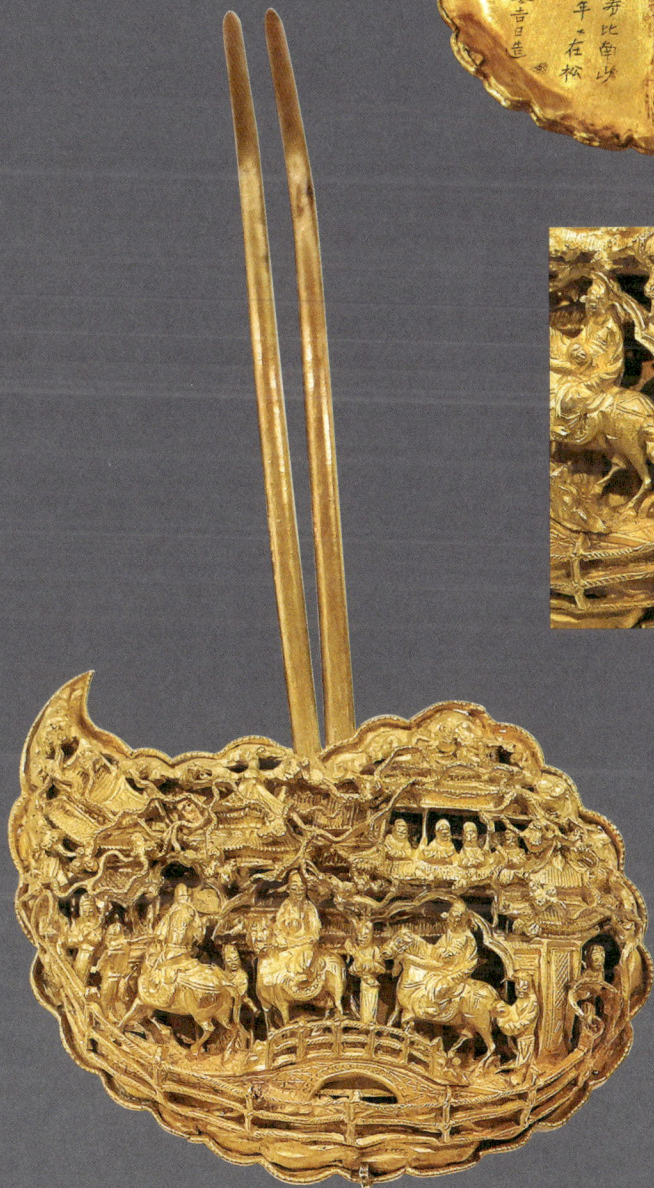

有'金马玉堂三学士，清风明月两闲人'之句，天下传之。"欧阳修、赵
槩、吕公著，都是北宋名臣。这里的"南京"，指应天府（今河南商丘）。"职
兼侍读及龙图"，即职兼翰林学士院侍读及龙图阁学士。所谓"天下传之"，
乃是实情，用它作为装饰纹样的宋代瓷枕，便不止一件。诗之末句"每
赐金莲出禁宸"，典出唐代令狐绹——《新唐书》卷一六六《令狐绹传》
曰绹为翰林承旨，"夜对禁中，烛尽，帝以乘舆、金莲华炬送还，院吏望
见，以为天子来，及绹至，皆惊"——此用以比喻帝王的特殊礼遇。由
颂词"福如东海长流水，寿比南山不老松；长生不老年年在，松柏同岁
万万春"，可知金钗是为寿诞而打制，钗首图案右侧阙门处錾出的大半个
"寿"字，也已点醒主题。

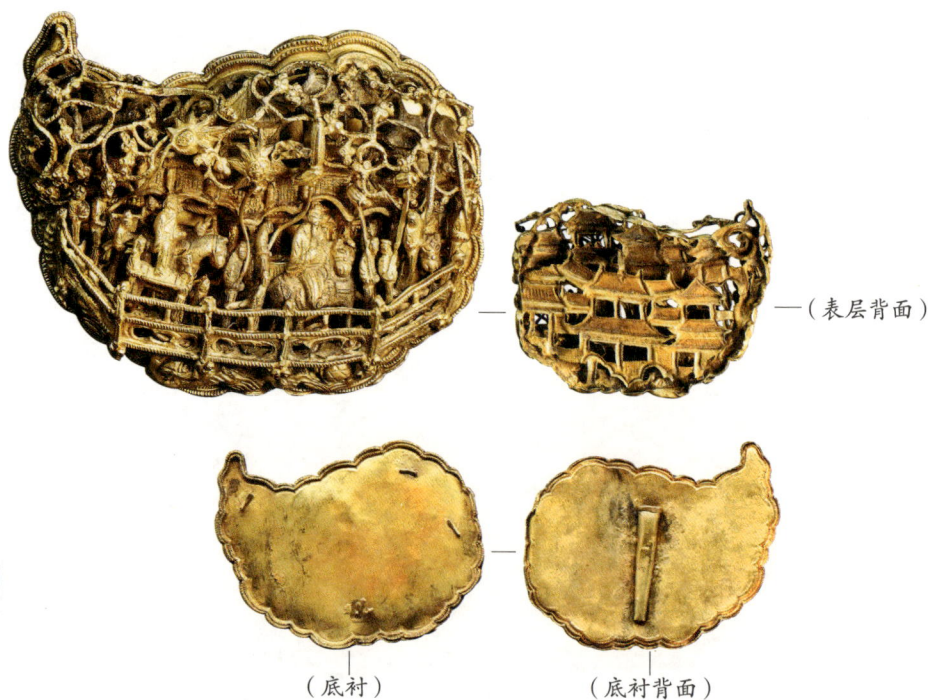

（表层背面）

（底衬） （底衬背面）

图136　瀛洲学士图金掩鬓
四川平武王玺家族墓地五号墓出土

金银器的春秋

既有故事，又取意吉祥，自为
供求双方所喜。上海、常熟、杭州
等地明墓多有瀛洲学士图金掩鬓成
对。出自明王玺家族墓地五号墓的
一枝，以一枚片材为底衬，其表另
以金材分层打制和镂镂纹样。两重
镂空作的楼阁为背景。近景同样是
一带长桥，桥下粼粼水波中有龟和
水禽，一队人马沿桥而行。前面四
人为导从，其中一对持卧瓜，主人
公之一骑马，后面一人为之高擎收
束起来的曲柄伞。随后是正待上马
的主人公之二，两个仆从搭着上马
杌子，前后各有一人为他擎障扇。
此外又有挟卷轴者、双手捧物者。
底衬背面竖置一枚扁管以用来安插
簪脚或钗脚（图136）。

图137·1 掬水月在手图金簪
武进前黄明墓出土

前面举出株洲攸县丫江桥元
代窖藏中的一枝金掬水月在手图
银脚簪，明代仍有这一图式的延
续，如常州武进前黄明墓出土的
一枝金簪（图137·1）。不仅簪首
图案布局与元代金簪一致，并且细
节的安排，如金盆和山石座，女子
妆束和抬头望月的身姿、旁边捧巾
的侍儿以及图案上方的点缀花朵，

图137·2 《金盆捞月图》局部
上海博物馆藏

也俱与上海博物馆藏明人《金盆捞月图》相仿（图137·2）。清顾复《平生壮观》卷十记明初画家王绂绘《玉堂斋戒》云："月色当空，松阴满地，轩中弹琴弈棋者十余人，庭中一盥手者，得'掬水月在手'意。"这一图式的传承，实与绘画以及同时代其他工艺品纹样的延续同步。

既成图式，设计者便不妨如同诗歌用事一样将之安排在有叙事性的纹样中，或丰富情节，或添助新意。出自王玺家族墓地八号墓的唐明皇游月宫金满冠一枝，与前举蹇义家族墓出土瀛洲学士图金掩鬓的制作方法相似，此件也是以内外两重的复式结构做成有纵深感的空间，底衬以片材打作边缘的两溜儿连珠纹和中间的迢递高城百尺楼，殿阁遂隐约为背景，另以金材打制的前景分作几个层次分别打制物象，结构场景。最外一重是横贯图案的一带雕栏，中间又别制弧形的半弯，与上方结满花朵的桂枝合作圆月。栏边一人击拍板，一人耸肩抛袖而舞，两侧各一人提灯笼，月中一对侍者手擎打扇，下方左边稍矮者为叶法善，右边稍高者为唐明皇。击拍板者旁侧，一只捣药玉兔为整个图案点题。雕栏的一边是怀抱各种乐器以及捧盒的一众，另一边近端处一位妇人由女侍相拥而行，前面一人挟毡包，一人捧奁盒，二者中间是一个带拖泥三弯腿的小几，几上一盆，盆边女子侧身而立，双手伸向盆里，正是久成图式的"掬水月在手"（图138·1）。如此自成一体又融入其间的小小单元，即如诗歌之用典而为整个场景平添趣味，也是设计者的一点幽默。而唐明皇游月宫原是流传已久且使用广泛的传统纹样（图138·2），由此翻出新意，更是金簪的设计成功之处。

如前所举，时常搬演于宴集的戏剧是首饰，特别是藩府首饰设计的文化资源。此外，绘画、刺绣以及其他工艺品中的流行纹样，也都是设计者方便选取的图像资料。以累丝工艺的格外发达，明代更能够在小小的簪首为仙人铺展歌舞欢笑于亭台楼阁的大场面。《天水冰山录》登录有"金厢楼阁群仙首饰"，"金楼台殿阁嵌大珍宝首饰"，"金厢累丝楼台人物

图 138·1 唐明皇游月宫金满冠／背面
四川平武王玺家族墓地八号墓出土

图 138·2 明朱地金漆明皇游月宫图竹丝盒
北京民俗博物馆藏

首饰"，又"杂样首饰"一类中的"金累丝夜游人物""金累丝美人游宴"等名目，都是当日人们对这一类首饰的命名。所谓"群仙"，所谓"美人"，本来各有故事，但聚拢在如此标目的首饰纹样中，便止须一个个穿梭于雕梁画栋，便可以完成图式所蕴含的吉祥祝福。

以主题一致且式样完备构成的一副，可举江西南城县明益庄王夫妇墓出土属之于继妃万氏的九枝金簪。它是宋元明绘画中楼阁图式的移植，而成功设计为一种新的视觉形式。九枝金簪主题一致，依插戴位置和名称不同而造型各不相同，即顶簪、挑心、满冠各一枝，鬓钗一对，掩鬓两对，累丝的透空朵花底衬纹样相同，制作工艺与纹饰风格也相同，当是同时打造。依仿《天水冰山录》中的命名，便是金累丝楼台人物首饰一副。

楼阁图式依然是传统的山字形排列，不过以造型之别而灵活变化。插戴于鬏髻顶端即所谓"关顶"的金簪一枝，金累丝的镂空花板制成一座月台，月台以雕栏环抱，栏边藤蔓缭绕以成万树琪花芳菲绕阁之境。又有矮几上面的盆花舒枝展叶，漫步的仙鹤与鹿可见清幽。左边一座十字脊的重楼叠阁，正脊中间一个宝顶，博风板下是透空式山花。楼阁里一个宽衣大袖的捧盒女仙，肩上飞着帔帛，女侍低眉拱手立在门外栏边。右边一座攒尖顶的亭子，亭中一榻，榻上一人高卧，槛窗下边的女侍手捧花瓶。另有女侍二人肃立在亭子背面。瑶台下边一只因疾速飞旋而不见身形的凤凰，折腰反首，托起瑶台。追着凤凰的一朵流云定身在凤尾处，于是成为支撑簪脚的一个托架。扁平的簪脚与凤身相接复弯向云朵，然后垂直下伸，正是顶簪最常见的形制（图139·1）。

挑心一枝，金累丝的花叶与牵绕于上下的花蔓同累丝透空朵花的背板一起撑起楼台殿阁，下方五座比屋连甍，各个帘幔高卷，中间一榻一人对着棋局，旁边一人抚琴，一人展画。又有捧盒者一，捧盘者一，分别侍立在两侧。耸起于后方的高阁里坐了一对捧卷的读书人。显见得挑心纹样是取自当日流行的琴棋书画图，却又把也是流行题材的"二乔读书"移植过来。背面的一柄簪脚平直后伸（图 139·2）。

满冠的造型与纹样差不多是传统仙山楼阁图式的套用，不过以细节的处理使它成为一幅宴饮图。杰阁参差殿宇峥嵘，以象府第宏丽壮阔。近景是台基上面曲槛回护的一溜殿阁，前设三道高阶。开敞的殿堂里，主人捧圭端坐中间，两边各有侍者四人，除左右各一人手持打扇之外，其余各个捧物。主人左侧一方的奉侍者，第一人手捧注子，第二人奉食，右侧一方奉侍者，第一人手捧承盘，盘承爵杯。满冠背面横贯金梁一根，中间起棱的扁平簪脚固定于金梁，然后平直后伸（图 139·3）。

花叶形掩鬓一对。两枝造型一致，只是以叶尖外拂的方向不同而别出插戴位置之左右。图案同样布置为雕栏曲回的画阁层楼，上方殿堂中间端坐者捧圭，持打扇者分立在左右两旁。下方厅堂帘幕高揭，而戴在右边的一枝，女主人在矮几上面的盆里洗手，前方女侍捧巾，后面女侍抱琴，尾随者捧盒。戴在左边的一枝，女主人右手持镜，左手簪花，前方女侍捧瓶，后面女侍拈花枝，又有一人捧物相随（图 139·4～5）。又云朵式掩鬓一对，表现内容与花叶式掩鬓大抵相同，其中一枝的临镜理妆是侍女之一在主人面前举一面圆镜，侍者之二在主人后侧捧镜台（图 139·6～7）。

金簪亦即鬓钗一对，构图与掩鬓相类，不过以造型细窄而稍事省减构图元素。上下殿堂均为居中端坐的捧圭者，下方的主人两旁也都各有侍者，只是主人右边的侍者持物不同，即一是捧钵盂，一是捧唾盂（图 139·8）。

"仙人好楼居"（《史记·封禅书》），是西汉或者更早即已产生的概念，以楼阁宫室象征美丽富足的无忧之境，这一基本寓意始终贯穿这一图式。仙山楼阁既入绘画，也为织绣图案所取用，宋代缂丝《仙山楼阁图》尤称佳品（清安岐《墨缘汇观》记他所藏王羲之《袁生帖卷》"卷外用宋刻丝《仙山楼阁》包首，古色淡雅，可称佳品"），这一题材于是渐成灌注了

139·1	139·6	139·7
139·2	139·4	139·5	139·8
139·3		

图 139·1　金累丝楼台人物顶簪
图 139·2　金累丝楼台人物（琴棋书画图）挑心
图 139·3　金累丝楼台人物（宴饮图）满冠
图 139·4　金累丝楼台人物（理妆图）掩鬓·插戴于右
图 139·5　金累丝楼台人物（簪花图）掩鬓·插戴于左
图 139·6　金累丝楼台人物（理妆图）掩鬓·插戴于右
图 139·7　金累丝楼台人物（理妆图）掩鬓·插戴于左
图 139·8　金累丝楼台人物簪

江西南城县明益庄王夫妇墓出土

图 140　金累丝楼台人物满冠
江苏江阴长泾九房巷明墓出土

图 140　金累丝楼台人物满冠
江苏江阴长泾九房巷明墓出土

图 141　楼台人物金簪
四川平武王玺家族墓地五号墓地出土

世俗意义的神仙故事。曾入过云楼收藏的王时敏《仙山楼阁图》，书堂吴梅村题记云"陈子静孚母夫人方太君七十，王烟客奉常、王湘碧郡伯绘《仙山楼阁图》以为祝"，更是一语点明画旨。明代簪钗也常常取它布置纹样，《天水冰山录》所列"金厢楼阁群仙首饰一副"，"金厢寿星楼阁嵌宝首饰一副"，大抵此类。出自明代墓葬的实例也有不少（图 140、图 141）。明益庄王墓出土的万妃金簪便是借用楼台群仙的构图，来表现亦仙亦凡的世间生活，当然这也是延续传统做法，即以旧有图式，讲述新的故事。至于框架里的细节设计，金簪有取意于王府日常生活实录的成分，大约

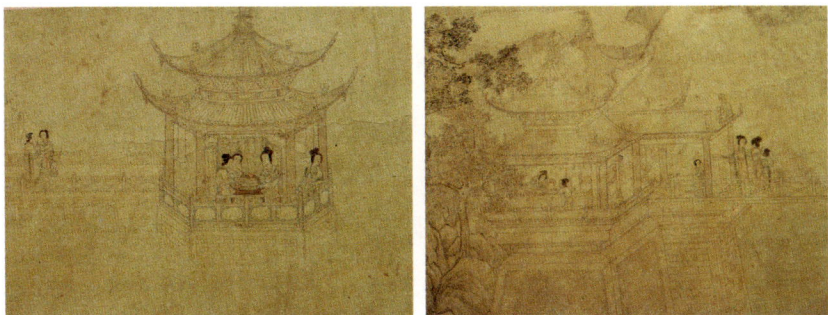

图 142 《汉宫春晓图》（池亭对弈、理妆） 辽宁省博物馆藏

也借鉴了不少当日流行的各种图像。如以古意比拟当下，绘制不止一人、传世不下十数件的《汉宫春晓图》。所谓"汉宫"，在这里便只是雍容华贵、富足安乐的日常生活之象征。一般是取长卷的形式，以庭园楼阁布景，以人物的各种活动组成不同的画面。辽宁省博物馆藏《汉宫春晓图》长卷，《石渠宝笈》著录为仇英，实为明代晚期之作。携琴游园，池亭对弈，展卷读书，又有捧着书画轴的侍女，以此把琴棋书画之意做足。此外，高阁里对镜理妆，园子里折花插发，山石绿茵间设席饮酒，时风之下的闺阁清雅，也莫不撷入画图（图 142）。万妃的金累丝楼台人物首饰一副九枝，合起来看，也正类同于这样的画卷，而从周宪王散曲中信手拈来一支，即堪为题跋："盈玉盏仙桃高捧，合瑶笙仙曲齐讴，展素羽仙鹤对舞，饮清泉仙鹿驯游。四般儿妆点的仙境清幽。"（〔北南吕·梁州〕《庆赏》）

婴戏图此前已为金银首饰所用，明代则式样更多。定陵出土孝靖后银鎏金镶宝玉持荷童子簪一对，簪首擎起持荷童子的托座，是银鎏金镶宝的莲塘风物：一对慈姑叶伸展在两侧，中间一枚四叶草即水中之蘋，下方缀一个上下系了宝石的白玉长命锁，于锁上刻着伞盖、如意、金铤、银锭（图 143）。上海闵行区吴泾镇明何文瑞家族墓出土银鎏金婴戏纹戒指一枚（图 144），戒面是一个右手支颐横卧的小儿，身披云肩，头顶一撮桃

尖发，可视作唐路德延《孩儿诗》"花底困横眠"诗意图。又有故事和形象源自释典的莲花童子与攀莲童子。前者由莲花化生演变而来（图145），后者来自磨喝乐。不过明代金银饰品中的莲花童子或童子攀莲已与释典中的形象无多关联，也同于婴戏图而成为一种程式化的吉祥纹样（图146·1）。出自无锡黄氏家族墓之黄扑妻范氏墓的莲叶童子金耳环一对，莲叶为托座，莲叶上面的童子梳着丫髻，手里捧的却是一枚古禄钱（图146·2）。可知莲花童子虽然前身是"化生"，但至此已蜕变为"招财进宝"的吉祥童子。钮扣中的两童子捧花也性质相同，定陵出土者花心一个"寿"字，更是点明寓意（图146·3）。

此外，尚有博古纹。纹样的名称源自北宋编撰的《宣和博古图》，不过到了明代的博古纹，容纳的已不仅仅是古器，而是百物并置，如犀角、珊瑚、金铤等杂宝，盘肠、海螺等八吉祥，如笙磬箫笛等乐器，又书册、画轴、棋局、扇子、瓶花等各项雅物，复以花草、瓜果、飞鸟之类点缀清丽（图147·1～2），直可

图143　银鎏金镶宝玉持荷童子簪
北京定陵出土

图144　银鎏金婴戏纹戒指
上海闵行区吴泾镇明何文瑞家族墓出土

图145　莲花童子金戒指
绵阳博物馆藏

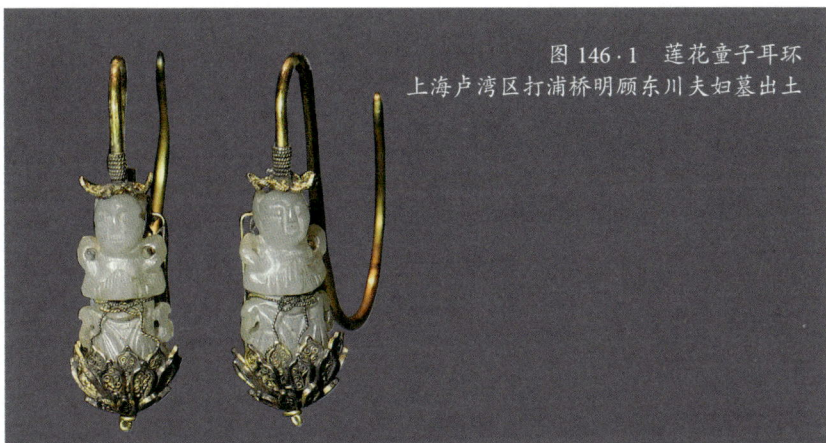

图 146·1　莲花童子耳环
上海卢湾区打浦桥明顾东川夫妇墓出土

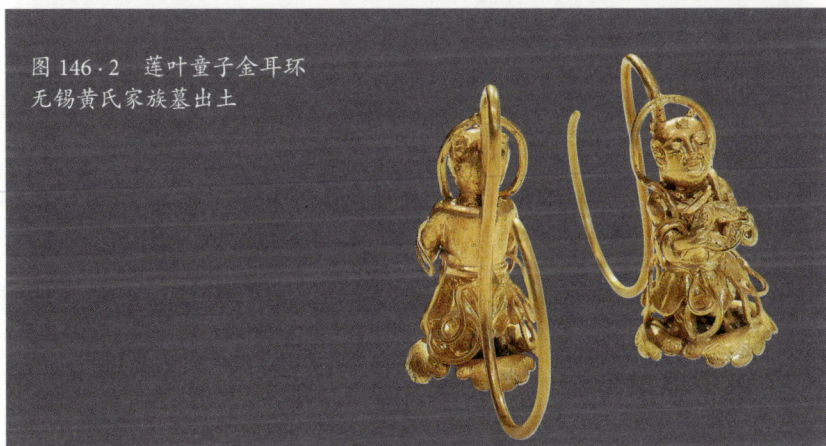

图 146·2　莲叶童子金耳环
无锡黄氏家族墓出土

图 146·3　银鎏金镶宝童子捧寿钮扣
北京定陵出土

图 147·1　青花博古图三足炉（崇祯）
故宫博物院藏

图 147·2　银鎏金博古纹粉盒
董四墓村明嫔妃墓出土

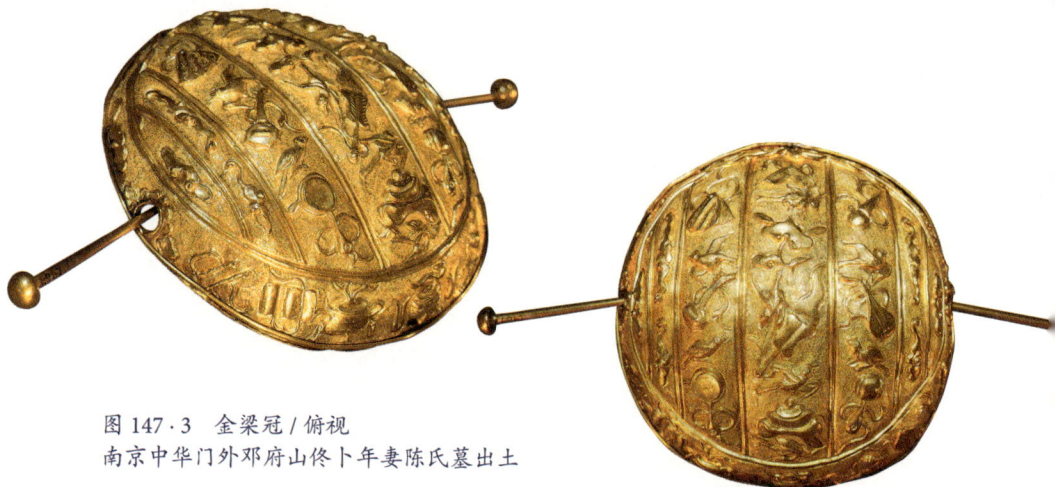

图 147·3　金梁冠 / 俯视
南京中华门外邓府山佟卜年妻陈氏墓出土

视作装饰图案中诸般流行元素之集锦。出自南京中华门外邓府山佟卜年
妻陈氏墓的一顶金梁冠，口圈与五道梁冠间的沙地上遍施荟萃百物的博
古纹，而以打制与錾刻俱佳特见工绮，因此虽然物象繁多，却是错落有
致，济济楚楚（图 147·3）。墓葬年代在顺治初年，金冠当制作于明季。

　　荡舟也是延绵数代的一类题材，时代不同，风貌各异，而各有巧思。
出自辽陈国公主墓的金穿琥珀珍珠耳坠一对，系以金丝贯穿一串琥珀制
作的摩竭鱼小船，船与珍珠相间，上有船篷和旗帜，各种物象虽只是粗
具轮廓，却仍可见出抱篙撑舟者姿态各异（图 148·1）。辽宁新民巴图营
子辽墓出土一枚金耳环或是重午的节令时物：六角攒尖顶的一个龙舟，
摇桨者之外，还有两人手臂拢着一茎硕大的艾叶（图 148·2）。四川绵竹

金银器的春秋

图 148·1 金穿琥珀珍珠耳坠一对
辽陈国公主墓出土

图 148·2 金龙舟耳环
辽宁新民巴图营子辽墓

图 148·3 银鎏金莲池小景钗钗首
绵竹博物馆藏

博物馆藏银鎏金莲池小景钗钗首为宋物，钗脚已失，但连接钗脚的龙头尚存。钗首原是以两枚镂空片材扣合而成，只是两片今已有些错位。茂盛的莲花、水草、游鱼、鸳鸯铺排出水意，钗头一枝并蒂莲，旁侧一座水阁，阁中二人，大朵的莲花迎来一叶龙舟，龙头是摩竭鱼的样式，与船尾衔钗的龙头前后呼应（图 148·3）。出自浙江临海明王士琦墓的金累丝游舫簪，簪首用花丝掐作船形，再以小卷草平填作一叶扁舟，船尾做出乌篷，中间用四根金条撑出一个小卷棚，棚周以细金条仿丝帛做成披垂的沥水，卷棚下设圈椅，士子手持摺叠扇巾服倚坐，船头艄公屈步躬身，长篙刺水。圈椅背面焊扁管，其中一枝内插一柄银簪脚，余两枝失脚。虽

图 148·4　金累丝游舫簪
浙江临海明王士琦墓出土

图 148·5　金累丝龙舟簪
北京朝阳区出土

然无风无水，而荡舟中流湖天一色之境宛然（图 148·4）。清代造型多为龙舟，北京市朝阳区出土金累丝嵌宝龙舟簪（嵌物已失），船体是侧视的效果，船身则成正视图，船顶高高耸出旗杆斗，原初当另外斜系一面丝帛制作的旗帜（图 148·5）。这一设计构思很有来自同时代漆器和牙雕龙舟的影响。

　　山水人物也为设计者拈入金银饰品以丰富装饰趣味。湖北恩施猫儿堡出土金钿珰七事一副，顶端（颇疑上方缺物）是一小枚倒覆的莲叶，下以金链连一枚金累丝的倒覆莲叶，莲叶两边各垂一个小铃，下方缀一个镂空的牡丹双鸾，复以两组累丝莲叶和莲花系连一大一小两枚圆牌，大的是一幅游春图：远景一座楼阁，近景小桥流水和一树垂柳，桥上一行三人，中间一人骑马，前方一人荷伞，后边一人挑担。小圆牌是一幅庭园小景。下边又是莲叶和垂铃，又有小花、金锭和一个攀花小儿。圆牌两边垂系的挂坠还有灯毬和童子（图 149）。这一副的钿珰挂件选取诸多时样而多是累丝作，自然轻盈。行步之际，花袅风丝，带起一个生香世界。或可设想，这正是设计者预期的效果。

图 149　金玎珰七事
湖北恩施猫儿堡出土

第四节　纹样四：其他

　　龙凤、花鸟、人物，是金银首饰中起始较早且延续时间较长的纹样，此外尚有其他。不过有的只是一代风气乃至一时风气，有的则是随着品类的消失而不再流行。

　　为了辟邪、图吉利，节日里以及平日簪戴各式饰物，是绵延很久的古老习俗。小小的瑞兽、祥禽、金胜、仙人、丹灶，均作为吉祥物而成两汉魏晋的佩饰（图150）。唐宋有金银春幡和幡胜。明代金银簪钗的装

图150·1　金佩饰
安徽当涂姑孰镇三国孙吴墓出土

图150·2　金佩饰（同心鸟）
安徽当涂姑孰镇三国孙吴墓出土

图150·3　金佩饰（蟾蜍）
苏州虎丘路新村三国孙吴墓出土

图150·4　金珮胜
苏州虎丘路新村三国孙吴墓出土

饰题材中，也不乏应节的时令纹样。刘若愚《酌中志》卷十九《内臣服佩纪略》举出一种名曰铎针的簪子，"有錞，居官帽中央者是也"，"金银、珠翠、珊瑚皆可为之。年节则大吉葫芦，万年吉庆。元宵则灯笼，端午则天师，中秋则月兔。颁历则宝历万年，其制则八宝荔枝、卍字鲇鱼也。冬至则阳生，绵羊引子、梅花"。不过插戴尚只是应节物事之一，它同节日里的穿着原是一致，同书卷二十道正旦前后，宫眷内臣穿葫芦景补子及蟒衣；端午前后，穿五毒艾虎补子蟒衣；冬至，穿阳生补子蟒衣，又室中多画绵羊太子画贴。如此，绘画与织绣自是簪钗纹样的主要来源。定陵出土簪钗中有银鎏金镶玉喜庆万年嵌宝簪一对（图151·1），金镶宝珠葫芦簪一对，而后者的簪首式样与定陵所出绒线绣龙戏珠纹护膝上面的"大吉"葫芦完全相同。这些应该都是正月里的佩服。南京鼓楼区出土一对金累丝灯笼耳坠（图151·2），正宜于正月十五的妆扮。北京定陵出土

图 151·1 银鎏金镶玉喜庆万年嵌宝簪一对之一 北京定陵出土

玉兔捣药金耳坠与金镶紫晶月兔簪一对（图151·3），当是中秋簪戴。出自江阴青阳邹令人墓仙人降五毒金掩鬓一对（图152），钗首云朵上，仙人系了云肩和草叶裙，一手持着长柄斧，一手提篮，侧身翘脚骑在艾虎背，虎额上錾出一个大大的"王"字。仙人肩膀处一只蜈蚣，斧头下边

图 151·2　金累丝灯笼耳坠　南京鼓楼区出土

图 151·3　玉兔捣药金
耳坠 / 金镶紫晶月兔簪
北京定陵出土

图 152　仙人降五毒金掩鬓一对之一
江苏江阴青阳邹令人墓出土

图 153　金累丝镶宝绵羊引子图簪一对
北京海淀董四墓村明嫔妃墓出土

一只蝎子。掩鬓的云朵上缘罩一株古松。应节的时令纹样，自是端午插
戴，纹样当取自五月里悬挂的辟邪图画。《酌中志》云五月初一起至十三
日止，宫眷内臣穿五毒艾虎补子蟒衣，其下又道"门上悬挂吊屏，上画
天师或仙子、仙女执剑降五毒故事"。所谓"冬至则阳生，绵羊引子、梅
花"，北京海淀青龙桥董四墓村明嫔妃墓出土金累丝镶宝绵羊引子图簪
（图 153），便是冬至的应令簪戴了。

　　佛教艺术以及佛教人物中的妆束和器具，也是明代首饰取材的一个
来源，佛字簪、宝塔、摩尼，——俗称摩尼宝（图 154）、八吉祥（图
197·3），等等，初心自是取护佑之意，而每每式样细巧别致，是神佛世
界的世俗化为首饰设计开启了思路。定陵中孝靖后的一件金累丝嵌珠宝

图 154　金镶宝摩尼挑心
湖北蕲春刘娘井明荆端王次妃刘氏墓

佛塔挑心，底端嵌宝的如意云朵托
起须弥座的塔基，塔身周围一圈有
宝珠顶望柱的栏杆，细细密密均匀
排列的一千多个卷草纹小金丝累作
覆钵式塔身，其上三重相轮，相轮
上方的仰莲伞盖下垂沥水，宝顶是
嵌了珍珠的摩尼宝，塔里坐着一个
小金佛（图 155）。《天水冰山录》"首
饰"项下列有"金厢玉累丝佛塔首
饰一副"，下注"计一十二件，共重
一十五两四钱"，又"金厢佛塔嵌珠
宝首饰一副"，注云"计一十六件，
共重一十二两四钱"。孝靖后的这
一件，可为此类首饰中的"领衔"。
簪首造型取式于菩萨手，是宋代
已有的设计，浙江东阳金交椅山宋
墓出土的一枝式样简质（图 156）。

图 155　金累丝嵌珠宝佛塔挑心
北京定陵出土

金银器的春秋

图 156　菩萨手金簪　浙江东阳金交椅山宋墓出土

图 157·1　菩萨手金簪　南京江宁殷巷出土

图 157·2　莲座菩萨手金簪　杭州桃源岭出土

出自南京江宁殷巷的明代金簪，簪首菩萨手五指纤纤而微拢（图157·1）。杭州桃源岭出土者，簪首莲花座上的一只菩萨手两指轻拈灵芝（图157·2）。清代则演变为吉祥纹样，遂有"宝掌拈花簪""圣手摘蓝"之类的名目，总之是簪首做成轻拈美物的一只纤手。

　　佛教题材的取用，其意多在于祈福、消灾免难，即所谓"修行"之种种。前面举出的佛像之外，又或选取藏密中带有象征意义的梵文字（图158·1）。它在元代即已进入装饰领域，不过多用于器皿（图158·3）。梵文簪钗的制作，其风大约扇起于明成化时期的宫廷，宪宗对番僧的宠信当即原因之一。寺院壁画及水陆画中的菩萨妆，或是簪钗设计构思的主要来源，正如各式佛像挑心的造型同于佛教艺术中观音所戴宝冠上面的化佛。

图 158·1　金镶珠宝梵文挑心
北京城南明万贵墓出土

图 158·2　金镶宝梵文挑心
常熟明温州知府陆润墓出土

图 158·3　梵文银盘
江苏金坛洮西公社湖溪大队元代窖藏

第五节　金镶玉

金镶玉属于镶嵌工艺。早期饰品的金属镶嵌所嵌多为绿松石，如新石器时代的腕饰（图159），如出自河南偃师二里头遗址的嵌绿松石铜牌饰（图160）。殷商颇以绿松石镶嵌器具以及器柄之类，不过不属于我们讨论的饰品。陕西黄龙界子河遗址一号墓出土弯作七重螺旋的金丝耳环两件，而各由一枚玉玦穿系。墓主是男性，时代为春秋早期偏晚（《考古与文物》二〇二三年第五期）。它不仅昭示了此式金耳环的佩戴方式之一，

图159　嵌绿松石腕饰
山西临汾下靳墓地出土

图160　嵌绿松石铜牌饰
河南偃师二里头遗址出土

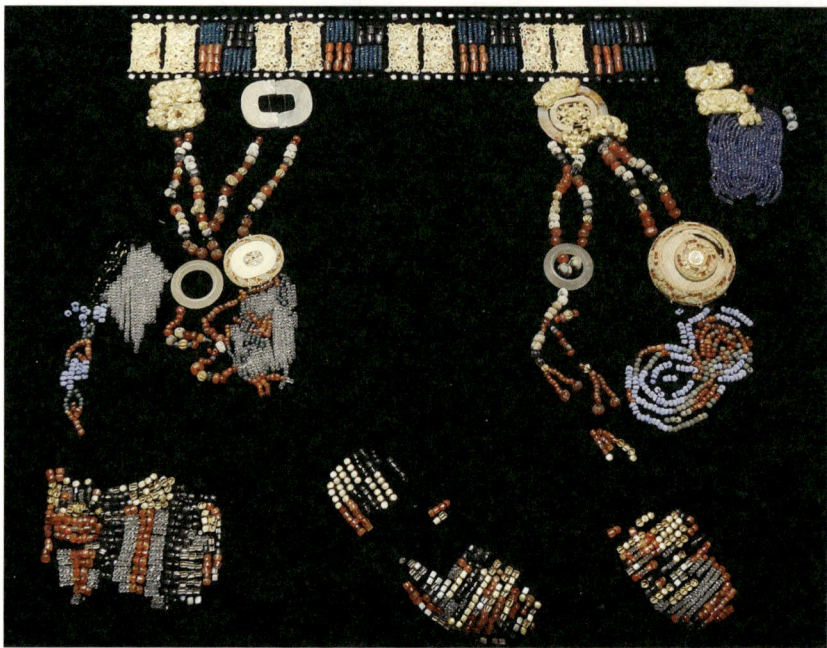

图161　金玉珠宝腰带及局部
张家川马家塬墓地十六号墓出土

而且是很有意味的金玉结合之例。时属战国的甘肃天水张家川马家塬墓地十六号墓出土腰带一副，乃黄金与宝物之聚珍：水晶、玛瑙、玻璃制作的蜻蜓眼等等，林林总总，制为珠者用于系缀，制为环者用于镶嵌，繁丽华美，同时代的饰品似无出其右者（图161）。这是来自西戎的制作。以细金条勾勒装饰框，内嵌宝物的方法，也为后来的南北朝和隋唐所用（图8、图102·1、图166），尤其多见于吐蕃系的金银器制作（图162）。只是诸般宝物以及绿松石，在文献中均另有名

金银器的春秋

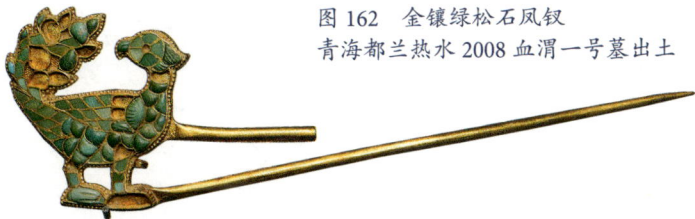

图 162　金镶绿松石凤钗
青海都兰热水 2008 血渭一号墓出土

称，而非古人眼中的"玉"，这里因略过不论。

　　所谓"金镶玉"，作为工艺的名称以及引申为对某种物象的比喻，明清方始流行。先秦以来至明代，虽然不乏制品的实例，但在如此漫长的历史进程中却始终没有形成风气。可以认为，在早期阶段，金银进入玉的世界，是拓展了传统之外的一种新秩序。而从演进的角度来看，金银饰品中玉的加入，乃是使它融入既有的秩序。至于金玉是否得结良缘亦即设计制作是否成功，主要取决于两个方面：其一，审美的维度；其一，功能也包括工艺的处理。这里还有一个前提，即财力，当然很多时候财力会同权势相连，——从考古发现来看，金玉结缘之作几乎尽数集中在皇室贵胄及显宦之家。实际上，成功的两个因素也总是紧密相连，毕竟美观与功能巧相结合，方是产品的最佳效果。

　　金镶玉的流行，目前所知始于战国，多见于带钩。出自西安未央区尤家庄的战国晚期银鎏金嵌玉带钩，钩头一个独角兽为带钩中腰露出一对獠牙的神兽衔住长颈，神兽上方又是一个钩喙长角的神鸟，两枚玉片分别镶嵌于兽和鸟身。带钩中腰下方圆钮上有"心"字铭（图 163·1）。河南辉县战国墓地出土银鎏金嵌玉镶琉璃珠带钩，意匠与前件相似。白玉琢作雁首为钩头，下方兽首衔钩，末端也以兽首为收束，两侧各有鸟兽转腾，钩表三枚白玉玦，玉玦中心分别嵌一颗半球形的蜻蜓眼琉璃珠（中间一枚脱落），兽角长伸搭扶在玉玦之缘，造型与功用的相互结合，用了极为自然的方式，或可视作早期的"爪镶"（图 163·2）。河南新郑胡庄墓地与信阳长台关楚墓出土错金银嵌金玉铜带钩和铁带钩则是集众美

图 163 · 1　银鎏金带钩
西安未央区尤家庄出土

图 163 · 2　银鎏金嵌玉镶琉璃珠带钩
河南辉县战国墓地出土

图 163 · 3　错金银嵌金玉铁带钩
信阳长台关楚墓出土

图 164　金镶玉耳饰一对　内蒙古准格尔旗西沟畔四号墓出土

于一身，后例钩首、钩身侧边和钩表的装饰框相间嵌错金银卷云，排布于钩表的方框内交错镶嵌金和玉，金则盘螭，玉则卷云，二者均作为装饰元素而使得纹样与不同的材质交相呼应（图 163·3）。

内蒙古准格尔旗西沟畔四号墓是西汉初期的匈奴墓葬，墓主人为女性。所出耳饰一对很有特色。一枚上方做出三个波曲的小金牌，背面焊接一根金条，金条上方弯作耳坠脚，下端悬挂坠饰。金牌以窄金片围出边框和框里的鹿纹，外缘一周粟粒，鹿纹内嵌绿松石。耳饰的主体是一枚金镶玉片，顶端有个小环挂在金牌下端的小钩里。玉片之一纹饰为蟠龙，另一枚为蟠螭，金丝连接的两挂金串饰内里镶嵌蚌壳和赭石（图164）。耳饰是北方草原样式，但金镶玉以及玉片纹样却是中原风格。

魏晋南北朝时期金玉结合的饰品实例不多，但不乏可称道者，如咸阳底张湾北周若干云墓出土金钉玉八环蹀躞带。金钉固然是服务于工艺，但同时具备了审美效应，乃至这一样式作为历史记忆变身为后世的典故，即宋人诗中的"万钉宝带烂腰环"（欧阳修《子华学士偪直未满邃出馆伴病夫遂当轮宿辄成拙句奉呈》）。八环带中的一枚镂孔方銙，更以金片与鎏金片材两重为衬，四角与中央贯以金钉，以是金不掩玉而玉得点点金光（图165）。同出小铁刀两件当是蹀躞带上系物，象牙刀柄与刀鞘两端均套以

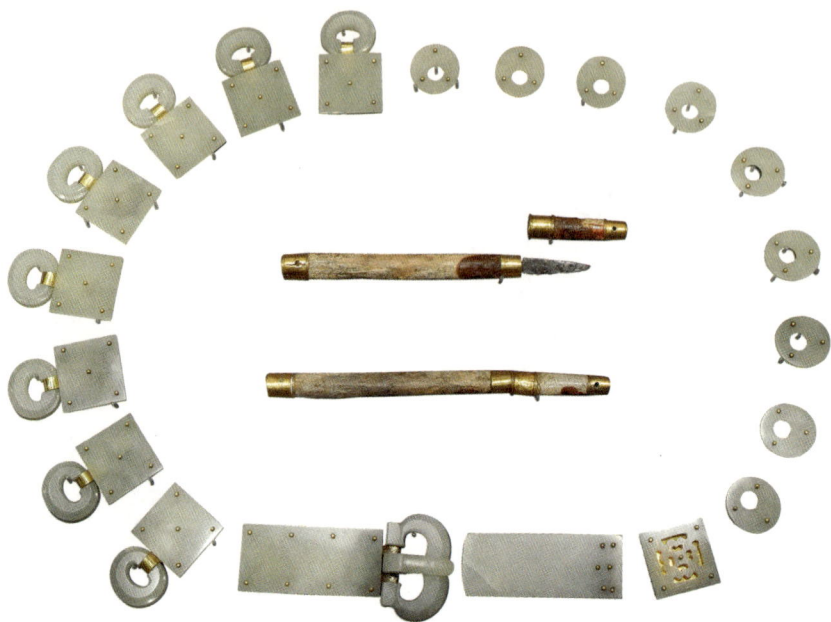

图 165　金钉玉八环蹀躞带　咸阳底张湾北周若干云墓出土

金箍。金箍在这里的使用也不是闲笔，乃功能与审美兼有之。

　　之后的唐代，礼仪用器中有"起梁珠宝钿带"。依舆服制度，群臣之服的"起梁带"按照品级之异而有别，即"三品以上，玉梁宝钿；五品以上，金梁宝钿；六品以下，金饰隐起而已"（《新唐书》卷二十四《车服志》）。陕西长安县南里王村唐窦曒墓出土一副玉带，正是玉梁珠宝钿带的完整实物（图166）。带銙白玉为梁，下衬铜板，用三五个小金钉上下固定，金粟铺地，其上以小金条围出花朵和枝叶轮廓，花瓣嵌珠，花心嵌宝，花叶依形填嵌彩色宝石和珍珠。

　　礼仪用器之外，唐代玉器更多进入日常生活成为装饰品，而依旧保持了雅洁的品格，它与金银的结合，既是主从关系，又各得其宜。比如多用于花钗及花钗式步摇的金银镶玉，用作镶嵌的镂空玉片轻薄如剪纸，是所谓"钗斜只镂冰"（李商隐《楚宫》），诗人所以有"玉钗头上风"之

图 166　玉梁珠宝钿带　陕西长安县南里王村唐窦皦墓出土

图167　银鎏金镶玉钗首
杭州临安吴越国康陵出土

图168　银鎏金镶玉步摇钗首
山西永济西厢村出土

咏（温庭筠《菩萨蛮》）。杭州临安五代吴越国康陵出土一件银鎏金镶玉钗首，银鎏金花萼为座，只有两毫米厚的一枚花叶式玉片嵌入其内，玉片碾作展翅于缠枝卷草间的一只衔绶凤凰（图167）。由唐代金银花钗的流行样式，可推知接焊钗首的钗脚当是细而长。出自山西永济西厢村的银鎏金镶玉钗首一枚，花叶式玉片，其表浅刻众叶相拥的一枝垂头花，下方托起玉叶的一弯银鎏金花枝镂空作，下缘花枝上有七个小孔，小孔内缀环，今存五枚（图168）。由此式样可知原初小环内必有坠饰，那么它是步摇一枝。合肥西郊南唐墓出土一枝银镶玉步摇，钗脚上方收束处做成顶着一朵桃花的花萼，花萼中含编绕出三个圆环的银丝，然后叶分两枝，即分别以"螺丝"送出造型相同的两个花萼，内里各个插入两枚银镂空花叶，碾琢出一朵桃花的花叶片也一起插入，花叶下缘的镂空处系坠子（图169）。以上几个实例，显示了金银镶玉三种不同的处理方式，或金银镂空，或玉片

图169　银镶玉步摇
合肥西郊南唐墓出土

图 170　玉龙金钩　广州西汉南越王墓出土

镂空，总要虚实相间，互不夺色，以生出相谐之美。

　　前已说到金玉结合从设计角度来看，审美之外，又有功能的考虑，虽然二者很难明确区分。出自广州西汉南越王墓的玉龙金钩一枚，它的设计似偏重于功能，而适成金玉合璧之巧构（图 170）。玉龙耸身卷尾，回颈张口衔住背鳍，金钩一首一尾都铸作虎头，下方的虎头头顶铸一个"王"字，虎口开张处成为一个卡头，正好套合在玉龙尾部的折断处，借势以成龙虎争斗，断口两边分别做出三个小孔用以固定。出自西安南郊何家村唐代窖藏的金镶玉手镯，系三节白玉以三个兽面金合页相衔而成，用作开阖的一个合页，中设活销，此外两个辖以小金栓而成活轴（图 171）。同出一共两对，存置其物的是一个银罐，器盖墨书"玉臂环四"，是标明其称。沈括《梦溪笔谈》卷十九《器用》曰："人有发六朝陵寝，得古物甚多，

图 171　金镶玉臂环
西安南郊何家村窖藏

予曾见一玉臂钗，两头施转关，可以屈伸，合之令圆，仅于无缝，为九龙绕之，功侔鬼神。"据此形容，所谓"玉臂钗"，自是玉臂环，"两头施转关"之"转关"，必要金材方可与之般配。作者在金陵所见当是这一类唐物，如此"功侔鬼神"者，唐代难得，宋代也很少。

　　功能性比较直接的金玉结合之作，有两汉以来流行的折股钗，隋唐时期或以玉作钗梁，金银作钗脚。西安隋李静训墓出土水晶钗梁一对、河北定州静志寺塔塔基出土玉钗梁数十枚，形制都十分相似（图172），应该是同样的情况，即其下插接金银钗脚。由扬州唐井出土的银镶玛瑙、银镶水晶钗（图173），可推知其式。辽宋金元及至明代均有性质相类的实例。河北易县大北城辽代窖藏金穿玉摩竭戏珠耳环一对，白玉琢出"简化版"的摩竭戏珠，上方的金穿耳部分是一束花叶上的一只蜻蜓（图174·1）。又银穿玉伞盖耳环一对，伞顶莲苞，下为覆莲，缘边碾琢一周沥水（图174·2）。内蒙古通辽吐尔基山辽墓出土金镶宝包嵌墨玉耳环一

图172　玉钗梁
河北定州静志寺塔塔基出土

图173　银镶水晶钗　扬州市蓝田大厦二期工地唐井出土

图 174·1　金穿玉摩竭戏珠耳环
河北易县大北城辽代窖藏

图 174·2　银穿玉伞盖耳环

图 175　金镶宝包嵌墨玉耳环一对之一
通辽吐尔基山辽墓出土

对（图 175）。浙江龙游寺底袁宋墓出土包金玉簪一枝（图 176）。哈尔滨新香坊金墓出土金穿玉荷叶莲苞耳环（图 177）。石家庄元史天泽家族墓出土金穿玉凤簪（图 178）。出自南昌青云谱京山学校明墓的金镶玉凤簪与上海松江区圆应塔地宫的银镶玉竹节簪，都可视作对前朝工艺的继承（图 91·2、图 179）。

开篇说到明代是中国古代设计史上的一个高峰，明人重巧思，爱巧艺，正是在这一风气下，金玉结缘进入它的盛期，主要成就便在于设计之妙。因此成品往往不是以玉工的出色取胜，而是更多体现在以搭配之巧生出的各种意趣，亦即今之所谓"设计感"。累丝的盛行，也使"金镶玉"的设计制作面目一新。湖北钟祥明梁庄王墓出土金累丝镶宝嵌玉牡丹鸾鸟满冠一枝（图 180·1），以累丝作的卷草纹为底衬，正面是嵌玉的

图 176　包金玉簪　浙江龙游寺底袁宋墓出土

图 177　金穿玉荷叶莲苞耳环
哈尔滨市新香坊金墓出土

图 178　金穿玉凤簪簪首
石家庄元史天泽家族墓出土

图 179　银镶玉竹节簪　上海松江区圆应塔地宫出土

图 180·1　金累丝镶宝嵌玉牡丹鸾鸟满冠
明梁庄王墓出土

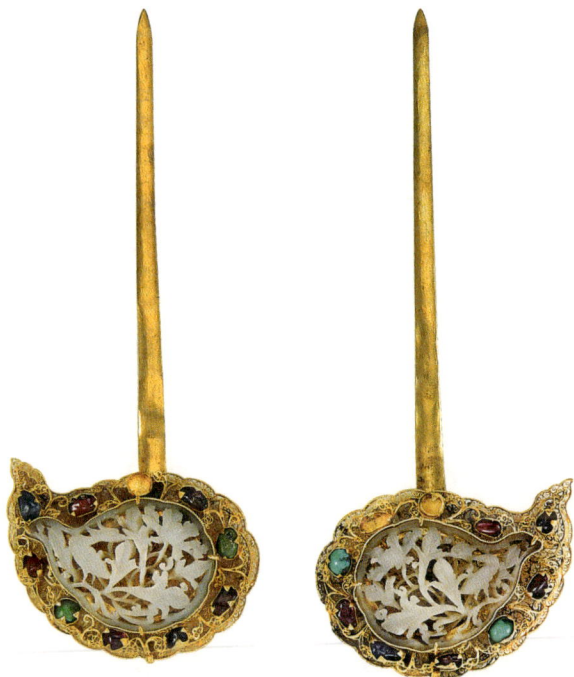

图 180·2　金累丝镶宝嵌玉牡丹鸾鸟掩鬓　明梁庄王墓出土

边框和抱爪，边框周回是累丝花叶和十八个石碗，内嵌红、蓝宝石与绿松石。边框里嵌一枚玲珑玉：白玉碾作一幅牡丹鸾鸟图，一枝牡丹花开中间，鸾鸟一双回环左右，一只俯身昂首，一只转颈顾盼。长尾与花枝交相缠绕把空间填满。与它合作一副的还有题材与制作工艺均相一致的一对掩鬓，造型为左右对称的云朵，中心边框内各嵌玲珑玉，不过是把满冠的牡丹鸾鸟图一分为二做成适合图案（图 180·2）。这里金与玉的结合，使金银本身变得柔和轻盈，精光内敛，恰如其分衬托了玉石之温润，宝石之明艳，显示了一种成熟的设计理念。梁庄王墓墓葬年代为正统四年（一四三九），制作的时间或当更早。

这一组实例中的累丝卷草纹底衬有很强的装饰意味，虽然它所具有的功能意义仍与此前的金银镶玉簪钗相同，却因累丝的精细而使功能与审美的合一更加圆满。明代金银首饰的发达远愈前朝，纷纭的造型与样式

图181　金累丝镶玉嵌宝群仙庆寿钿　浙江临海明王士琦墓出土

自然也为金玉结缘提供了更多的创造空间。简单者，如各式累丝镶玉花头簪（图18·1），如金镶玉观音簪，又各种造型的耳环与耳坠。繁缛者，则有数个金镶玉小件合而为一的群仙庆寿钿（图181）。与单一材质的金银首饰相比，金银镶玉丰富了图案的层次，增强了艺术表现力，当然更添得高雅的气息。

　　一枝出自无锡仙蠡墩十三号墓的金镶玉观音挑心，簪首以翻卷的海浪为托座，上方缭绕竹枝。观音之右，乃穿过竹林俯身飞来的一只鹦鹉，是正待依傍于观音身旁的一瞬。观音左边，一个插着柳枝的净瓶隐映于丛竹间（图182·1）。明钱希言《狯园·裙上观音像》曰：常熟罟里村媪平居持斋念佛，"疾笃将逝，索一新裙不得，便命取所常著旧蓝裙，曝之于庭，其裙衣裹十二幅，须臾现出十二面观音像，各幅变相不同，咸具竹林鹦鹉之致"。可知竹林，鹦鹉，海浪，柳枝净瓶，正是民间塑造的南海观音带有指向性的构图元素。此在前面已经提到，并且揭出它的造像渊源。以明成化《新刊全相莺哥孝义传》中的插图与这一枝

图182·1　金镶玉观音挑心
无锡市仙蠡墩十三号墓出土

挑心相对看，构图之相似，——包括紫竹林的表现形式，乃一目了然（图182·2）。而挑心设计与制作的可称道处，即在于以玉工展现造像之美，以金工完足叙事之要，是金玉合璧的一个好例。

定陵出土孝靖后的银鎏金累丝镶玉嵌宝鱼篮观音挑心一枝，簪首莲花台上立着宝冠、帔帛的碾玉观音，火焰背光两边制作的种子字并未忠实原形，在此更多是取装饰意味，而与纹样主题无关。玉工手下的观音嘴角上弯一副笑模样，更有

图182·2　明成化《新刊全相莺哥孝义传》插图

巧处是观音手里做了一个活环，鱼篮的提梁从中穿过，鱼篮因可以来回活动（图183·1）。又一枝银鎏金镶玉嵌宝观音挑心，簪首以累丝镶宝的一弯云朵为底托，莲花台和火焰背光以及用作装饰背光的种子字都是累丝作，玉人头上戴了高高一顶化佛冠，便如同自报家门是观音，背面衬以矮矮一座银鎏金镂空山石用来焊接簪脚（图183·2）。

前面说到明代流行的葫芦耳环是由元代继承而来，虽然基本造型变化不大，但材质却更为多样，金镶玉即可算作新式之一。而构成葫芦样的玉珠，很可能是真珠的化用，此又是由元代特重大珠（《析津志》有说）而来。纳入明代礼制的耳饰有"四珠环""金脚四珠环""四珠葫芦环"，所谓"四珠"，是一副所用，一只则即二珠，因此俗间又称"二珠环子"。此式耳环多出于藩王及皇亲贵戚和重臣显宦墓（图184），明代容像所见

图 183·1　银鎏金累丝镶玉嵌宝鱼篮观音挑心
北京定陵出土

图 183·2　银鎏金累丝镶玉嵌宝观音挑心

图 184　金镶宝八珠耳环
明益宣王夫妇墓出土

金银器的春秋

也是如此（图 185）。礼仪之外的制作，自然分外灵活。南京江宁将军山沐瓒夫人刘氏墓、上海李惠利中学明墓出土金镶宝玉葫芦耳环，后者耳环的玉葫芦是两个碾作古禄钱纹的灯毯相叠，上覆金镶宝花叶（图 186）。

玉寿字与金耳环或金耳坠，也是流行的搭配方式。山西晋城泽州县陡坡村明张光奎墓出土金镶玉寿字耳环一对（图 187·1）。江西南城县明益庄王夫妇墓出土金镶玉寿字耳坠一对（图 187·2）。兰州上西园明肃藩郡王

图 185　顾璘之妻沈氏容像局部
南京市博物总馆藏

墓出土金累丝镶玉灯笼耳坠，更以金玉相谐而成就它的细巧（图 188）。装饰之部的上方一个五爪提系，提系顶端为圆环，五爪之端五个金累丝的云钩，钩坠五串金累丝事件儿，每串系着四事，即如意，金锭，古禄钱，铎铃。提系下边接焊一顶金累丝花朵式伞盖，其下缘用细金条做成披垂的沥水。伞盖之下又一个金累丝花叶盖，盖下穿缀两颗白玉珠，玉珠下面各有金累丝的花叶托。耳环脚的一端钩起提系顶端的圆环，然后于钩尖上焊一只小小的金累丝嵌宝飞凤，一面为了装饰，一面也为着固定之用。耳坠看起来似乎金多玉少，但因为金事件儿都是玲珑作，故金光仍不掩玉之素雅，尽管物象所取皆为吉祥喜庆。

"花鸟"一节说到草虫簪，金玉结缘，也在此见出不俗的设计。无锡博物院藏金累丝镶宝玉鸭图掩鬓一对，金累丝花叶为底衬，叶片上面嵌宝，上方边框内嵌玉鸭，其中一枝玉鸭扭颈顾望若相呼，另一枝中的玉

186·1	186·2
187·1	187·2
188	

图186·1　金镶宝玉葫芦耳环
南京江宁将军山沐瓒夫人刘氏墓出土
图186·2　金镶宝玉葫芦耳环
上海李惠利中学明墓出土
图187·1　金镶玉寿字耳环
晋城泽州县陡坡村明张光奎墓出土
图187·2　金镶玉寿字耳坠
江西南城县明益庄王夫妇墓出土
图188　金累丝镶玉灯笼耳坠
兰州上西园明肃藩郡王墓出土

图 189·1　金累丝镶宝玉鸭图掩鬓
无锡博物院藏

图 189·2　金蟾玉荷叶银脚簪

鸭趯游向前若应答，用作底衬的金累丝花叶于是俨然水景（图189·1）。此外一对金蟾玉荷叶银脚簪，金托抱出一枚莹润的玉荷叶，叶心一只金蟾，——以蟾背錾出若干梅花点而有别于蛙（图189·2）。唐宋造型艺术中已有荷叶蟾蜍。作为首饰样式，所重当是从传统题材中提取"写生贵活"的象生意趣，金蟾玉荷叶簪的匠心便特在于以金色融入水润，遂将富贵易为清新。

鸣蝉是明代草虫簪喜欢取用的象生，来自士人一端的大量词赋虽未必为工匠所知，但清荫中的蝉鸣却是人人熟悉的夏景，何况它又是绘画中的常见题材（图190）。这些都有可能为首饰设计

图 190　明王翘《草虫花蝶图》局部
苏州博物馆藏

图191　明郝杰夫人吴氏容像局部　蔚县博物馆藏

传递灵感。无锡明华复诚夫妇墓出土玉叶金蝉簪一对，蔚县博物馆藏明郝杰夫人吴氏容像，乃细心绘出插在鬓边的一对金叶玉蝉簪（图191），显见得它是当日的流行题材，如此，则必要以选材精良、做工精细争胜。出自苏州五峰山张安晚家族墓十四号墓的金蝉玉叶簪，自是同类中的翘楚。金蝉材质上佳（含金量百分之九十五），叶则和田羊脂玉，金蝉肖形如闻它振翅而鸣，玉叶碾琢之薄几同于树叶以象轻阴，由此成就视觉艺术转换为听觉的"玉振金声"（图192）。未采用嵌宝的做法，似因这里的意匠在于"写生贵活"——因为知道工匠不会是对景写生，故更觉金錾玉碾之高妙，乃至以金玉之用材和做工的精好而引动触觉之美。

图192　金蝉玉叶簪　苏州五峰山张安晚家族墓出土

明代列入舆服制度的玉饰，有玉佩和次于玉佩的"白玉云样玎珰"。它列在《明宫冠服仪仗图·中宫冠服》的"燕居冠服"下，曰："白玉云样玎珰二：如珮制，每事上有金钩一，金如意云盖一件，两面钑云龙文，下悬红组五，贯金方心云板一件，两面亦钑云龙文，俱衬以红绮，下垂金长头花四件，中有小金钟一个，末缀白玉云朵五。"《明史·舆服志》所述基本相同。这是制度化的金玉结合，其中自然也有审美的考虑，因由此启发了另外的创作，即稍稍变换形制，而成制度之外的玎珰七事，——所谓"七"，为泛称，其"事"或多或少，并无一定。出自辽宁鞍山倪家台崔源家族墓之崔鑑墓的一挂金玉佩件，可算作白

图 193　金玉佩件
辽宁鞍山倪家台崔源家族墓出土

玉云样玎珰的变通式样，上方的金如意云盖两面镂空为折枝花，下垂金长头花四，又一枚玉方心云板，云板所系坠件已失（图 193）。来自"白玉云样玎珰"的"金如意云盖"与"金方心云板"，在金玉事件中又常常会做成一面金、一面玉，或以金玉搭配为图案。苏州博物馆藏金镶玉三事玎珰一副，云朵式的花题一面是金镂空螃蟹，镂空处隐约可见玉色，另一面则即玉荷叶上的金龟，正是唐以来流行的祥瑞题材龟游莲叶。花题金框下缘的三个小环里系了三挂金链，当心一挂底端是金挑牙儿和金耳挖，中腰拴一个玉马，两边系链各缀一个上覆金叶的水晶紫茄（图 194）。这是把卫生小工具的"三事"与"玎珰"合在了一处。南京太平门外板仓徐达家族墓地六号墓出土一挂，其顶端山云题以金累丝的花叶作底，一面嵌宝，一面嵌玉，下端金链上吊着各项下事件：葫芦，灵芝，蝴蝶，方胜，金莲花上的玉童子，末端一个嵌宝嵌玉的花叶金坠（图 195），《天水冰山录》中登录的"金厢宝玉七事一挂"，便是这一类。

图 194　金镶玉玎珰三事
苏州博物馆藏

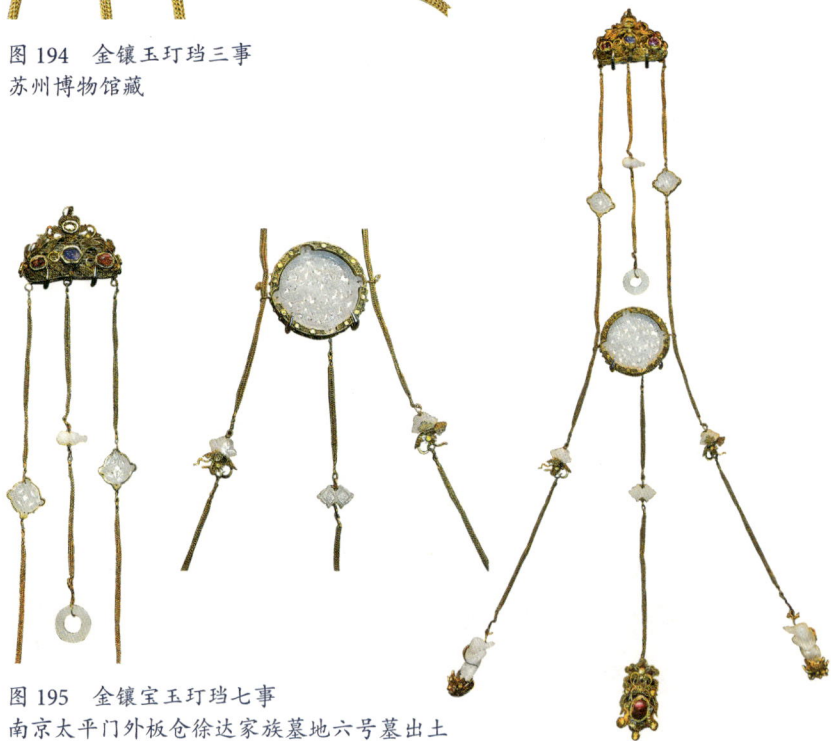

图 195　金镶宝玉玎珰七事
南京太平门外板仓徐达家族墓地六号墓出土

　　玎珰七事的设计，也或从绘画中借取雅意以丰富装饰趣味。出自湖北蕲春明荆恭王墓的一挂通长将及三十厘米，顶端花题和中间的金镶玉圆板分别做成四幅小品画，金累丝的装饰框里两面各成画幅。花题一面是金摺丝镶珠嵌玉折枝茶花，一面是金摺丝镶玉石榴黄鸟，每个石榴嘴边都点了金粟粒做成的几颗石榴籽。金链拴着的一对金玉折枝石榴分置于金镶玉圆板上下。圆板一面嵌着玲珑玉：草坡山石间一只口衔瑞草的凤凰，玉凤回首处是枝头的一只小鸟，下方一大朵玉牡丹。另一面的金累丝画框里一幅庭园人物小景：牡丹、松枝、竹林山石布景，松间竹畔的玉人头戴小冠支颐倚坐在山石边，浓荫里小鸟栖枝探身下望。底端三事是一对玉花高耸的金累丝花盆分缀两边，满插着金玉花枝的一个累丝花瓶垂系在中间。作为"玎珰"的盆花和瓶花于是与花鸟画、庭园图相互映照，别成一种新的造型语言（图 196）。

图 196　金镶玉玎珰七事
湖北蕲春明荆恭王墓出土

首饰中金镶玉的制作，以定陵出土者为最。定陵二后，其一神宗孝端皇后王氏，万历六年册立为后，万历四十八年卒，先于神宗三个月，谥孝端，合葬定陵。其一孝靖王太后，光宗生母，病故于万历三十九年，葬天寿山。她生前仅封作皇贵妃，熹宗即位后方尊为皇太后，并迁葬定陵。定陵中，两后虽然都是满头珠翠，但比较起来，金镶玉者，仍以孝端后为多，因不妨由此来检阅这两组代表了宫廷样式的实例。

可以率先析出以福寿吉祥为主题纹样的一组，而《天水冰山录》"首饰"项下列有"金厢玉宝寿福禄首饰一副"，以此为它命名，也很合宜。孝端后原戴着一顶外覆黑纱、棕丝编就的髟髟，其下为珠子璎珞的围髻，云髻下边是缀着七枚金累丝镶宝珠折枝西番莲的珠子箍。髟髟当中一枝镶宝金簪，便是挑心，乃一丛桃枝桃叶捧出嵌宝的一个玉玲珑大"寿"字，玉桃枝上边镶金托，托上嵌着红、蓝、绿各色宝石和三颗猫眼，下端猫眼制成一颗桃实，琢磨很是精细（图197·1）。髟髟两侧，对簪着金镶玉嵌宝万寿掩鬓，掩鬓的造型和纹样与挑心大抵相同，也是桃枝桃叶和桃实簇拥一个嵌宝玉寿字，小小一对金卍字缀在顶端桃实的下方以合万寿之意（图197·2）。此外为金镶玉珠宝吉祥鬓钗一对，纹饰为轮、螺、伞、盖。簪顶法轮描金绿玉为座，与簪脚相连处有个轴，因此整个法轮能够转动（图197·3）。又一对金镶宝桃簪，簪脚上刻着云龙纹，簪首桃形的金托里嵌一颗红宝（图197·4）。据《定陵》所绘出土位置，它是倒簪在鬓角。挑心两边的小簪子，则是一对金镶玉玲珑寿字嵌宝簪，簪首金托上一个绿玉描金的寿字，寿字当心嵌红宝（图197·5）。又金镶玉卍乐成对嵌宝簪，簪首金托嵌一个绿玉字，字心同样以红宝点缀（图197·6）。髟髟上方，一枝金镶玉嵌宝万寿簪，金累丝花叶衬底，上面做出嵌宝的金托，其上捧出白玉碾就的"万寿"两个字，字上镶嵌红蓝宝（图197·7）。头面十二事，惟挑心和金镶玉寿字簪的背面刻着字，前者为"万历戊午年造"，后者为"大明万历年造"。这里的"戊午"，为万历四十六年。

　　这一组之外，孝端后簪戴的头面，尚有"金镶宝玉龙戏珠首饰一副"。嵌珠宝金钗一只，钗首是花丝编制的花叶形金托，金叶上嵌着红、蓝宝石，当心一朵白玉花，花心一颗黄宝石，三只金制的小蜜蜂飞舞在玉花周围（图 198·1）。《天水冰山录》"金簪"项下列有"金厢蜂采花钗一根"，可用来为它命名。又有插在鬓边的三对金镶宝玉蝶赶花簪。其中一对簪脚浅刻流云纹，簪首三个花丝编就的金托，一作梅花，一作蝶，一作慈姑叶，其上各嵌珍珠，且分别以红蓝宝点花蕊，嵌饰蝶身（图 198·2）。另一对形制与它相似，不过是金托上嵌玉，玉上嵌宝，蝴蝶须子更用金丝绕作"螺丝"，须尖顶一颗珍珠（图 198·3～4）。此外一对乃以玉石的色彩不同而与之交相呼应（图 198·5）。最是炫目者，为插在顶端的金镶宝玉龙戏珠簪一枝。簪首以遍身镂作缠枝花的一枚玉片为底衬，其上隆起一大一小两个花台，大小花台各为两重，玉花环绕一重，珠花环绕一重，是大者；玉花一重，宝花一重，是小者。下方花朵为玉作，枝叶为金工，花心嵌宝，枝叶点翠。大花台的顶端踞玉龙，玉龙张口微微吐舌，舌尖对穿金丝，金丝之端系红宝，龙头一颗猫眼，红宝石为之点睛。与玉龙相对的小花台顶端一颗摩尼宝，绿玉描金，碾琢为十字形的框架，当心以金丝围作滴珠式内框，其下悬一颗真珠。底衬以穿系小环的金丝为下缘，小环上缀了一周珠宝璎珞。簪脚与簪首的连接，是在底衬下方平贴一个银鎏金镶宝花叶片，簪脚由宝花底部横过叶片弯作一个拐脖，然后拢作半圆折向下方，簪脚打弯处复以一枚银鎏金折枝宝花为撑（图 198·6）。之外又有金镶宝、金镶珠小金簪各一对，前者簪顶金托上嵌猫儿眼，后者梅花托里嵌珍珠。其中一对金镶宝玉蝴蝶采花金簪的背面，刻着"万历戊午年造"的字样。如此装饰题材大体一致的一十二事，也合当头面一副。只是原应占据首要位置的挑心，这里易作一枝正面插戴的金钗。《天水冰山录》"金厢珠宝首饰"项下列有金厢双蝶牡丹珠宝首饰一副（计一十件，共重一十九两），金厢蝴蝶穿梅翠首饰一副（计一十二件，共重二十两零五钱五分），金厢蝴

图 197·1　金镶宝玉寿字挑心
图 197·2　金镶珠宝寿字掩鬓
图 197·3　金镶玉珠宝吉祥簪（鬓钗）
图 197·4　金镶宝桃簪
图 197·5　描金绿玉寿字嵌宝簪
图 197·6　金镶玉卍卐字簪
图 197·7　金镶玉嵌宝万寿簪
金厢玉宝寿福禄首饰一副　北京定陵出土

197·1	197·2	197·3	
197·4	197·5	197·6	197·7

定陵孝端后头面之一组合及插戴方式示意

198·1	198·2	198·3	198·4	198·5
		198·6		

图 198·1　金镶宝蜂采花钗
图 198·2　金镶珠宝玉蝶赶花簪一对之一
图 198·3～4　金镶宝玉蝶赶花簪一对
图 198·5　金镶宝玉蝶赶花簪一对之一
图 198·6　金镶宝玉龙戏珠簪簪首
金镶宝玉龙戏珠首饰一副　北京定陵出土

定陵孝端后头面之二组合及插戴方式示意

蝶嵌珠宝首饰一副（计一十件，共重一十六两五钱五分），等等，孝端后簪戴的这一副，亦属此类。用来命名的，总该是诸件首饰中主题最为突出且制作最为精美的一件，那么它可命作"金镶宝玉龙戏珠首饰一副"。全副首饰做工精整，选材用心，布采鲜净，悬坠摩尼宝的十字形框架也是别致的设计。各色珠玉宝石，错错落落，高高下下，敷纤缭绕，随势赋形，俨如群玉之圃。两副头面均打造于万历四十六年。

清代，穿珠嵌宝点翠成为金银饰品的重要特色，玉则近乎隐退。不妨认为，"金镶玉"，明代是极盛期，也是结束期。不过清代首饰镶嵌却有一个特殊的实例引人注目，便是故宫博物院藏蝴蝶簪一枝。所附黄签一面墨书"金镶珠石蝴蝶簪"，一面墨书"乾隆四十三年十一月二十八日收"。轻薄的蝶翼累丝作，复以玻璃珠缘边，蝶翼之表系缀四颗珍珠，两颗假珠穿系在"螺丝"制成的蝶须之端，高高凸起在双翅之间的蝶腹翠色莹莹，光影闪烁，制作它的乃是一枚金虫鞘翅（图199）。清曹鉴冰《沁园春·发》"堕马妆新，蟠龙式旧，巧绾穿心时样宜。增妍处，有金虫深颤，琼燕斜飞"，所咏是也。金虫，又名青虫（梁简文帝《和湘东王名士悦倾城诗》"珠概杂青虫"）、玉虫（元于伯渊〔仙吕·点绛唇〕〔天下乐〕"整花枝翠丛，插金钗玉虫"），它是鞘翅目吉丁虫科色泽美丽的种类，其鞘翅闪动金属光泽的蓝，又或绿与铜绿、翠绿，每在光线的反射下微泛金光，

图199　金累丝镶玉虫珠石蝴蝶簪　故宫博物院藏

因有金虫之名。又以鞘翅为吉丁质，故历久不坏。清《广东通志》卷五十二《物产志》引竺法真《登罗浮山疏》云："金花虫，大如斑猫，形色文彩如金龟子，喜藏朱槿中，多双栖，亦名绿金蝉，又名吉丁虫，带之令人增媚。"竺法真为刘宋末至齐梁间人。唐陈藏器《本草拾遗》：吉丁虫"甲虫背正绿，有翅在甲下。出岭南宾、澄州也"，其功用，乃令人喜好相爱，故"人取带之"（古称"吉丁虫"，与今昆虫学分类中的"吉丁虫"，含义并不对等）。宋祁《益部方物略记》：金虫，"出利州山中，蜂体绿色，光若金，里人取以佐妇钗环之饰云。赞曰：虫质甚微，翠体金光，取而槁之，参饰钗梁"。金虫翅膀用为装饰材料的做法，诗歌显示的线索是从南北朝延续至明清，周边的日本和朝鲜，不乏工艺相同的实物。只是迄今为止中土尚未发现早期的物质遗存，这一件保存完好的清宫制品，自然值得珍视。

把目光放远，自会发现金银饰品中的"金镶玉"是中国的独特创造，它是金与珠宝相辉映之外的另一个艺术天地。今为人们耳熟能详的"金玉良缘"，其语不古，因为金和玉自古就不在一个审美层次。玉在中国自上古以来即为人所珍，由尊崇而制为礼器，赋予神秘的意义。金在中国的出现则远在其后，象征财富是它的主要含义。即便唐以后玉在上古时期所具有的神秘色彩渐次衰减，但在礼制范畴内的器服，玉仍是排在首位。明人讲古玩，虽然把金银同样列入珍宝一类，玉却也是高居第一。亦如前面所说，在早期阶段，金银进入玉的世界，是开启了传统之外的一种新秩序。而从演进的角度来看，金银饰品中玉的加入，乃是使它融入既有的秩序。工匠的贡献，即在于以设计与制作之巧，恰当展现材质的特性，包括各自包含的文化意蕴，使金与玉彼此相安，且臻于功能与审美的合一。

金银首饰至明而臻于辉煌，当然装饰题材与制作工艺的蓄势早在宋元。完整的一副明代头面，不论造型与纹样，事事皆有来源，演变的线索几乎一一可寻，它的集大成，既含继承，更寓新创，由是通往盛丽、华美与精细的极致。释道神仙，时令节物，福禄长生，富贵吉祥，明代织绣、陶瓷、漆器等各种工艺品中流行的题材，几乎尽被浓缩在方寸之间。语汇丰富而又更多世俗趣味的明代首饰，以此撑起生活细节的腴丽和丰满。它依附于时代，而以它的极富展示性高踞于时尚的侈丽之端。金银首饰自然也活跃在明代小说写实一派的笔下，它在日常生活中本来有的名称，因此成为作品中一种独特的叙事语言。最有代表性的自推《金瓶梅词话》，书中屡屡描述了对金银首饰的赏鉴和消费，后者尤其是炫耀身价的直接方式。金丝鬏髻，挑心，掩鬓，花钿，满冠，关顶的簪子，耳环，钮扣，戒指，手镯，胸前的坠领（图 200），裙边的玎珰（图 194 ～ 196），金银首饰的样式及其拥有的数量成为这部小说塑造人物、设置关目、烛照情节的写作方式。有赖于保存着历史文化乃至生命信息的考古发现，使我们得知明代戏曲小说中的首饰与实物竟多有契合，这一份真实的存在，一面折射出明代社会生活中早已隐没的图景，一面展现出金银首饰史中丰艳的一叶。于是这一长久不为人知的奢华之色变得具体而真切。而它又何尝不是世界首饰史中特色鲜明的篇章呢。

图 200·1　金丝鬏髻
无锡明墓出土

图 200·2　金西番莲纹挑心
南京江宁将军山明沐瓒夫
人刘氏墓出土

图 200·3　金镶宝日月纹掩鬓一对
江西南城县明益端王夫妇墓出土

	200·4	
200·5	200·6	
200·7	200·8	200·9

200·4　金镶宝花钿　苏州市平望公社胜利大队十一小队出土
200·5　鬏髻背面的满冠（王昶妻徐氏物）　江苏武进王洛家族墓出土
200·6　银鎏金镶玉嵌宝蝶赶菊顶簪　北京定陵出土
200·7　金镶宝八珠耳环　南昌市通用机械厂明墓出土
200·8　金镶宝蝶赶花钮扣　北京丰台宋家庄出土
200·9　金镶宝戒指　重庆江北区大竹林明寒夫家族墓出土

图 200·10　金连珠镯
四川平武明王玺家族墓地出土

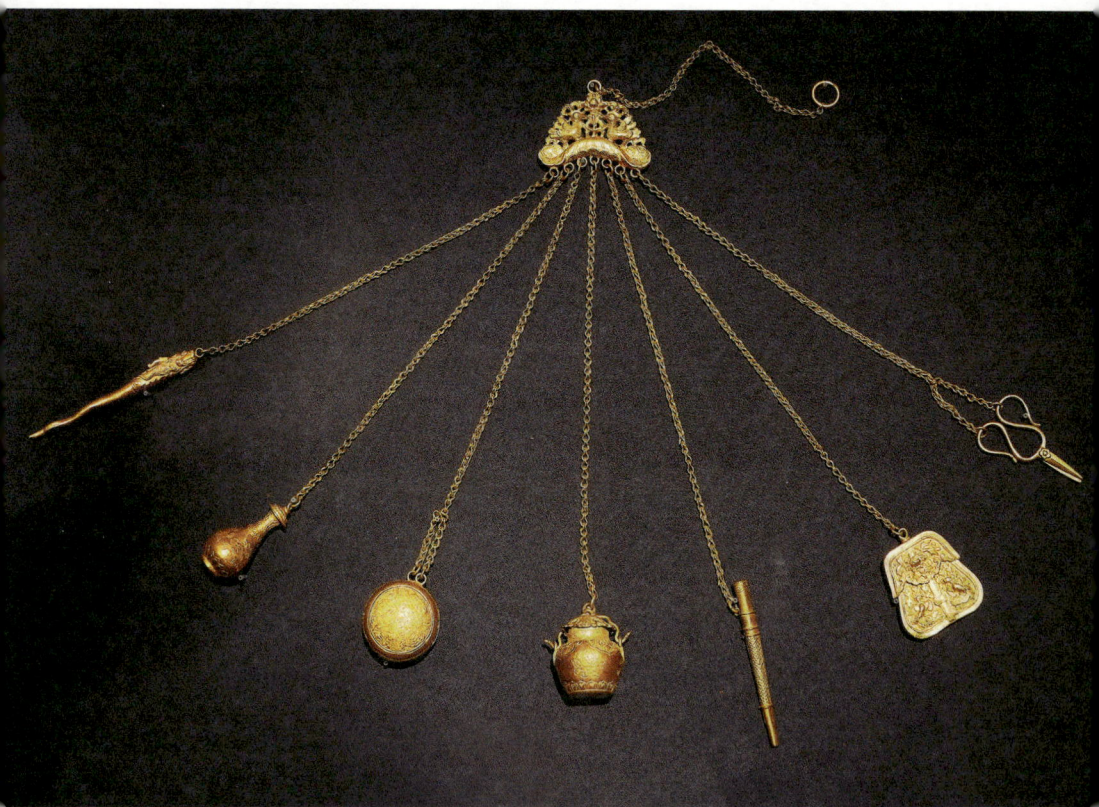

图 200·11　金坠领　北京城南明万贵墓出土

附论：设计史视野中的金银器

——以隋唐以前的几件实物为例

从文献入手，可以见出中国古代关于设计一事，主要内容大致有两项，即一为法式，一为样式。法仪或曰法式一旦确立，百工依法从事，中规中矩，则不论巧拙，均可做出合格的产品。在缺席"设计"一词的古代设计史中，法式正是设计史中的重要语汇，它使工艺品的生产有组织，有秩序，容易达到标准化，通用化，程序化，因而很容易形成规模，且又格外方便于功能的置换。

在法式的基础上，产生了样式、样式的传播和演变。可以《考工记》中的论述为据。它说，"国有六职，百工与居一焉"；"坐而论道，谓之王公；作而行之，谓之士大夫；审曲面势，以饬五材，以辨民器，谓之百工"；"知者创物，巧者述之，守之世，谓之工"。如果从设计的角度来解读这段论述，那么"坐而论道"之王公，即法式的制订者；"作而行之"的士大夫，为法式的贯彻者。"审曲面势，以饬五材，以辨民器"，即因材施治，制为合用之器，此便是工匠。再从另一个层次说，所谓"知者创物"，即有智慧、有才干者创制新式。"巧者述之"，孙诒让《周礼正义》引《说文》"述，循也"，因曰这里的意思是"循故法而增修之"，即一面遵行旧式，一面用"增修"的办法使它符合新的需要。器物的造型与纹样在制作过程中不断完善、日趋完美之后，逐渐成为稳定的图式，于是，"守之世，谓之工"，是继承、传播犹系之于工匠。那么可以说，"知者创物，巧者述之，守之世，谓之工"，此即构成中国古代设计发展史的一个基本框架。在这样的结构里，第一，工匠可以方便利用"知者"的创造，并在制作过程中不断改进和完善。第二，它为造型与纹样的发生、传播和演变奠定了基础，艺术表现的程式以不同的方式广为传播而为工匠所掌握，这时候的所谓"设计"，便主要体现在各种程式化的艺术语汇的移植、组合与拼接。金银器造型、纹样的发生与演变，同样符合这一模式。本书讨论唐宋器皿，讨论明代首饰，皆已涉及这一话题。这里再拈出隋唐以前的几件实物，稍言未尽之意。

（一）

青铜时代，礼器的拥有是权力的标志，因此楚王问周之九鼎的大小轻重，成为觊觎政权的暗喻（《左传·宣公三年》）。而青铜器以它科技与艺术的完美结合，造型和纹饰的成熟与丰富，原也是引导艺术潮流的主要力量。动物造型，不论写实、变形抑或图案化，在青铜器制作中均已运用纯熟，各式肖形尊、各类器足的出色，更不待言。《考工记·梓人》中对动物的分类，由类别之异而论述对于装饰对象的合与不合，见出造型设计之际于物象选择的周密思考。其中讲述梓人为筍虡之要领，曰"天下之大兽五"，各有其形，各有其性，不同乐器的筍虡，便当因依乐器之发音而分别选择与之相宜的物象。比如磬之筍虡选取羽属，因为羽族气力不大而轻捷，声音清阳而传送很远，因此适合较轻的负载，那么用于磬虡是相宜的。如此，敲击悬磬之际，音声便好似由磬虡发出来（"恒无力而轻，其声清阳而远闻，无力而轻，则于任轻宜，其声清阳而远闻，于磬宜。若是者以为磬虡，故击其所县而由其虡鸣"）。可见用于装饰的物象，选择合宜是如何至关紧要。这里体现出来的设计理念，已成为青铜器制作中的实践。这一时期里的金银器制作，其要便在于以新的材质为媒介创造出符合时代意识的时新叙述。工艺既不难，设计的精采便成关键。青铜器的艺术语汇自然是重要依托，不论借鉴、创新还是吸纳外来物象化他为己。

兽面纹常常是用不同的物象组合在一起，或大兽里面套小兽，不同的物象各自代表了某种神秘的力量，虽然真正的含义难以确切知晓，但是从艺术的角度当可由此见出经营画面的匠心。出自甘肃天水张家川马家塬战国墓的一枚兽面金饰，乃以合成法布置为复合图像：两侧四螭交缠成为一对方耳，螭尾一对卷作鼻翼，另一对螭尾分别卷向眼睛上方成为双眉，中间纵向一螭耸身卷尾，螭首为嘴，卷尾点缀前额。双目原当嵌宝。分别看来，九螭低昂连卷各具姿态，合在一处，颠倒均为兽面（图 1），这或许也是设计者的期望所在，即使画面的视觉元素呈现流动的效果，且以构图本身来表现观念的丰富性。

图 1　兽面金饰
张家川马家塬墓地出土

车饰纹样最有设计感，它需要设计者考虑到装饰对象的各种形态以适当安排造型，也要傅色揣称尽量选择贴合用途的物象，以臻于形态、物象、功用的完美结合。马家塬战国墓出土金银器中，造型、纹样以设计而见优胜者，当推车饰：舆板、车轮、车毂、车䡅，又车衡与轭与軥，车之大大小小的部件，皆遍施各种式样的金饰与银饰。或剪凿刻镂，或以铁嵌错金银，又或二者结合，如以嵌错金银的铁条为框架，内置镂空银花片，再以包金铜泡固定为一面舆板。这里车围偏高者都不是战车，因此尽可以金银点染得流光闪烁，明辉耀日（图 2）。《诗·大雅·韩奕》

图2　张家川马家塬墓地十四号墓随葬车复原

状写韩侯之车"簟茀错衡""鞗革金厄";《楚辞·大招》说车曰"琼毂错衡，英华假只"，如此英华照耀的车舆同样活跃在西戎的社会生活中，而以金银器以及金银错铁的大量使用带来新的艺术风尚。这里再特别来看车轮上面的装饰。车轮是旋转运动之物，驰行是它的功用，装饰纹样自要与此相合才好。三号墓地出土鸷鸟形车轮金饰与礼县大堡子山遗址出土鸷鸟形金饰片造型几乎相同，却是两两成组，而既可视作两两相对，也可视作两两相背。鸟身镂空卷云，镂空，自使其轻，卷云，则与鸟之特性相与呼应，在此，造型与纹饰也是你中有我我中有你，却又是切合车轮之用的艺术语汇（图3）。十六号墓出土银车饰，造型好似双头鸟，又仿佛是大堡子山鸷鸟形金饰片的反身相连，遍体镂空似卷云似飞鸟，以此营造疾速旋转的视觉效果，然而两边又是对称的，因此整个纹样依然有着平衡和稳定（图4）。此外，同墓出土的"卷云纹金饰"、一号墓出土的贴银铁泡（图5），也都是相近的设计理念，即用抽象的图案把动态的物象——火之光焰、水之涡旋、鸟之疾飞——定格于一瞬。"烟交雾凝，若无毛质"（鲍照《舞鹤赋》），飞旋产生的视觉幻象，工匠早先于诗人的赋笔而付诸创作实践。在战国秦瓦当中也颇有这一类纹样。这里似乎不存在

図3·1　车轮金饰　张家川马家塬墓地三号墓出土
图3·2　马家塬出土车轮饰件复原
图4　车轮银饰　张家川马家塬墓地十六号墓出土
图5·1　金饰　张家川马家塬墓地十六号墓出土
图5·2　贴银铁泡　张家川马家塬墓地一号墓出土

某某模仿某某，而毋宁说，当日有着共用的图谱（无论以何种形式），不同门类的工匠可以按照自己的需要灵活运用。

战国中晚期是带钩制作的鼎盛期，不仅材质多种，且式样纷繁，因此特别见出随类赋形的设计巧思。虽然仍以铜质为多，但同一风气之下，金银制品亦自有佳构。出自山东曲阜鲁国故城遗址三号墓的一枚错金银带钩，造型取自有"臂行者"之称的长臂猿，身形矫健，攀枝度树，从密林深处荡越而来，带着枝叶的窸窣和疾行的风，料珠嵌饰的双目聚拢着机敏，长臂猿特征之一的钩形长手熨帖自然成为钩头（图6）。"腾猿夭矫，闪倏柯杪"（东晋庾阐《扬都赋》），元气淋漓的肖形之作，成就了这一枚带钩功能与艺术的完美合一。耐人寻味的是，长臂猿的栖息地是亚洲热带森林，在中国古代主要分布于长江三峡及云南和广东。为它写真，不仅需要亲见，而且还要熟悉它的生活环境。后此一千多年方有可与这一位工匠比肩的北宋画师易元吉。郭若虚《图画见闻志》卷四"花鸟门"记易元吉事，说他曾游荆湖间，"入万守山百余里，以觇猿狖、獐鹿之属，逮诸林石景物，一一心传足记，得天性野逸之姿"，而"寓宿山家，动经累月"，因此虽然不寿，但终以画猿尤其是长臂猿之精妙而独步画坛。可见用心观察物象乃写真传神之要。那么这一件发现于北方的战国晚期带

图6　错金银猿形带钩　山东曲阜鲁国故城遗址三号墓出土

钩，如此超凡的写实功力，它的背后当有怎样的创作故事呢，惜史籍缺载，只能付诸想象了。

北方草原装饰艺术的"动物世界"，对青铜时代的中原工匠来说也并不陌生，因为青铜器上的纹样早是"百兽率舞"。鸟喙兽身的格里芬，这一外来形象几乎成为异域物象的代表，带着神异与新奇而在不同地区传播和演变，中土工匠对它似乎很容易接受，并且有本领不断推新出奇。比如神兽或曰怪兽头顶连翩飞鸟式的卷角，又或把纹样元素提取出来，做成一排鸟头而形体相连。神兽也常常替换为写实的动物，如虎，如马，或其他，而卷角依然。设计者特别注意到这一纹样的装饰性，它既略同于边饰可以稳定图案，又与主图交融而使得画面更有运动感。不知工匠曾否有过原汁原味的粉本，但即便有这样一个模仿对象，训练有素的高手恐怕也未必甘心做一个忠实的模仿者。在化他为己的创作过程中，造型艺术的传统构图方式常常成为主导，乃至索性代以本土意象。陕西神木纳林高兔匈奴墓出土一批金银器，时代约当战国晚期至西汉早期。其中一件金兽被称作"金怪兽"，如果换一副"出神入幻"的眼光来看它，似以名作"金神兽"更为恰当。头顶夸张的巨角或可视作云气蟠空，四个鸟喙神兽见首不见尾，在云气回旋中幻化为一，旋即落在一个花台上，带下来的遍身云气又幻化出一个鸟喙兽头成为神兽的卷尾。也不妨反过来看，即它虽一身，却有化身千百的神通（图7）。当然这一形象来源于格里芬，但已然

图 7　金神兽　陕西神木纳林高兔匈奴墓出土

经历几番变化。仅就造型艺术而言，或者可以认为，欧亚草原风格的金银器制作，是凭借生活经验经营艺术，是生存方式的视觉化；中土工匠的同类制作则是外来艺术的本土化，是从艺术经验出发来塑造物象，营造审美意趣的新奇感。

两汉金银器中的动物造型依然有着北方草原纹样的影响，鸟喙兽首的格里芬尤其流行，大约中土工匠始终视它为神兽，它带有远方的想象，自有发挥创造的余裕。不过对于中原工匠来说，总要赋予来自自家生活的寓意才会使它更有生命力。以出自山东章丘洛庄汉墓九号陪葬坑的铜鎏金当卢为例，与前举纳林高兔出土金神兽相比，整体造型固然不同，却不乏同源的构图元素。当卢纹样是转腾于云间的天马，天马额顶生出三个长角，其中一对向两边披垂，且折作两个弯弧而成为上方的图案轮廓，弯弧之间便是钩喙的兽头，单独的一只长角贴脊而下，在末端弯作钩喙兽首。天马的反转身躯，虽然仍属北方草原动物纹样的遗响，却是已经把它融入对天马的想象，因此原为两兽搏斗的奋力挣扎，在这里转换为腾身踏云的矫健（图 8 ）。形象相类而时代稍早者，有出自西安长安区神禾原秦陵一号墓的一枚战国晚期金带饰。带饰尺寸很小，乃以简洁洗练的手法錾就纹饰，弯弯的长角以连珠纹出之，

图 8　铜鎏金当卢
山东章丘洛庄汉墓九号陪葬坑出土

金银器的春秋

草原动物纹样中的反转身躯，在此转化为夸张的飞驰（图9）。

　　牌饰是今人使用的一种泛称，即指不能清楚知晓准确用途的一类牌式饰件，背面多设钮，马具、带具之类居多。邯郸赵王陵二号陵出土对兽纹金牌饰一枚，边框一周如意云，框内一对神兽，兽首似龙，长鬣披垂，弯角翻卷，前足踏云，腾身翻空，而反转的后足却状如马蹄，并且它是少见的金铜合金制品（图10）。出自西安长安区神禾原秦陵外藏坑的战国晚期镂空螭纹银牌饰，长方形装饰框里，张口怒目的一条螭以蟠屈的身姿和卷曲的长尾铺满画面。若单看头颈以下的身形，螭乃用力攀壁向上，然而它却是头颈反转而向下，反常的表现形式因此见出一种超然的力量。头顶夸张的卷角与长尾上下带起的卷云前后呼应，这个小小的视觉空间里两股不同方向的力，于是又达于平衡（图11）。

图9　金带饰
西安长安区神禾原秦陵一号墓出土

图10　金铜合金双龙纹牌饰（战国）
邯郸赵王陵二号陵出土

图11　镂空螭纹银牌饰　西安长安区神禾原秦陵外藏坑出土

宁夏盐池青山乡古峰庄村出土三枚"金方奇"，出土地附近没有发现遗址和墓葬。其中有铭文的一枚厚一厘米，长十八、宽十四厘米。剪纸式的镂空图案，即画面中所有的表现元素皆以情节的巧妙搭配连络映带而不断开。中间上方一位驰骋射虎的武士，战马后面一只猿猴，一只咆哮的虎，虎背一只狼，骑士肘后是鹰逐兔。战马的前蹄之间飞着鹰隼，武士箭指迎面扑来的一只大虎，马头上方一只小虎，虎背又是一只狼。战马下方中央是大致对称的两棵树，左边树上一只狼，树下是名犬韩卢，右边树上一只野猪，两树之间是人立的猿猴和一只有翼兽。画面下方左右两侧各一位胡跪引弓的武士。三名射手妆束相同，都是短靿靴、铠甲、羽缨高耸的卷檐帽，腰跨箭箙。战马马鞍、鞍鞯、障泥具备，后鞦还垂着两枚杏叶。画面之外，框以两周柱钉，其外环以禾穗纹装饰带，四角为龙头，上下各一个兽面，外缘又是一周柱钉。背面铭曰："金鎣灵质，盛衰不移。良工刻构，造兹方奇。明明毂骋，百兽飞驰。猿猴腾踯，狡兔奋髦。九龙衔穗，韩卢昐陂。洸洸巨例，御世庄丽。保国宜民，千载不亏。白乌二年，岁在戊午，三月丙申朔，九日甲辰，中御府造，用黄金四斤。"（图12）"金鎣灵质"两句，乃金石不灭之意。"明明毂骋"以下四句，概括图案内容，可以装饰带上的四角龙头与禾穗纹象征"九龙衔穗"。"洸洸巨例"以下四句是为此"方奇"作赞。"方奇"，原指各地出产的珍奇物品。如《后汉书·西域传》。至于"白乌二年"，则有两说。一说是隋大业九年称帝建元白乌的向海明政权遗物；一则认为金方奇的制作年代为十六国晚期——"公元四一七年，内迁南匈奴的某一支称帝，建元白乌，并于白乌二年铸造了这三件方奇"。似以后说为是。不过接下来说道"方奇的构图与波斯萨珊王朝时期的美术风格相似，是丝

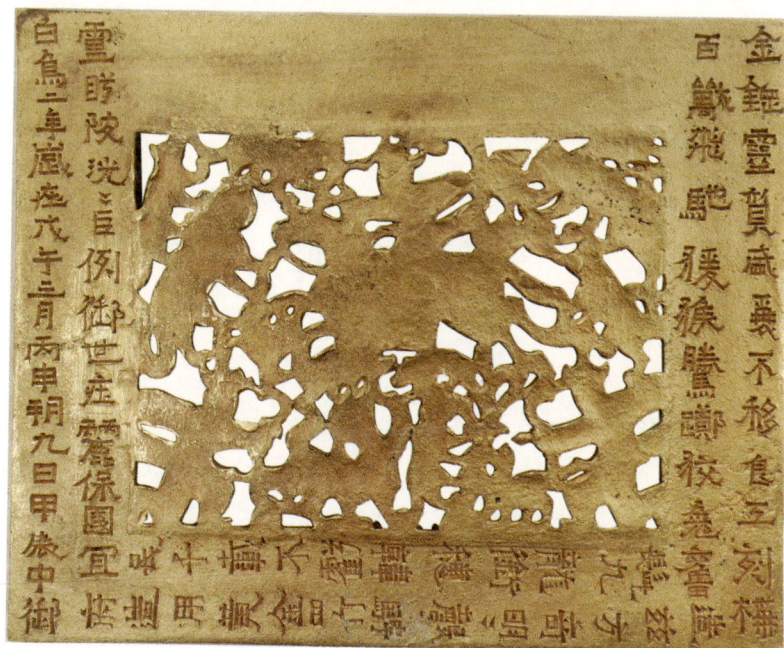

图 12 "金方奇" 宁夏盐池青山乡古峰庄村出土

绸之路上文化交流的又一例证"（马强《白乌二年金方奇及相关问题》,《文物》二〇一五年第四期，页94），或不然。以萨珊银盘中的狩猎纹为比照，二者构图与风格均相差甚远。此器的刻铭方式更是来自中原传统，乃至遥承东汉画像石。且看永寿三年造许卒史安国祠堂题记中的一段，即称高平名工所刻图像"琢砺磨治，规矩施张，搴帷反月，各有文章。调（雕）文刻画，交龙委蛇，猛虎延视，玄猿登高，师熊噉戏，众禽群聚，万狩云布。台阁参差，大兴舆驾。上有云气与仙人，下有孝友贤仁。遵（尊）者俨然，从者肃侍。煌煌濡濡，其色若备。作治连月，功扶（夫）无呕。贾钱二万七千"。末署"易以永寿三年十二月十六日大岁在癸酉成"（《文物》一九八二年第五期）。"方奇"铭文的内容、结构、文体都与此相似。再看字体。东晋时期的刻铭依然遵循汉魏以来的传统，以篆书和隶书为正宗体势。此际的隶书样态之一，是字形方整，笔画方厚，棱角分明，如南京象山东晋墓出土《王建之墓志》（晋简文帝咸安二年，三七二），它属于东晋高门刊刻碑志所采用的正规隶书，而金方奇的铭文字体与此十分相近。"东晋方笔隶书的流行，与当时普遍采用的方截平直的镌刻方法密切相关"（刘涛《中国书法史魏晋南北朝卷》，页254，江苏教育出版社二〇〇二年）。方奇铭文以真金为媒质，却有石刻之韵味，这在金器铭文中也是鲜见的。总之，这一枚"金方奇"巧妙化用来历不同的各种文化资源，而成就了令人惊奇的一种形式组合。

　　从设计史的角度来看，史籍疏于记载的有关设计者的工作，分量很重的部分便是图式的选择和移植。要把理念转换为容易识别的视觉语汇，设计者在图式的选择上该是最有着实用的考虑，本书《小引》里已经提到，图式的传播，在很多情况下只是单纯的样式，却并不包括其中的精神内涵，那么易地之后，完全可以为图式赋予另外的含义。因此，相似的构图常常不是来自工艺的传承、文化的传承，而只是显示着一个共同的图式来源。用已有的图式讲述新的故事，或用新的图式演绎古老的传说，正是设计史中内容尤其丰富的部分。唐皎然《诗式》言诗歌创作之借鉴，有偷语、偷意、偷势三则，用来说金银器的设计制作也很合宜。从其他工艺品借取装饰题材、构图元素、造型语言，然后加入自己的创造，遂得"点"某材而成"金"。宋人论集句诗曰"融液众作而成一家之言，必有大气魄；陵暴万象而无一物不为吾用，必有大力量"（刘克庄《陈秘书集句诗》），成功的造型艺术又何尝不如是。艺术语汇的移植、组合与拼接，佳制自然也像浑然无迹如己作的集句诗。而"大气魄"与"大力量"，必有来自时代的赐予。在我们这一个以金银器为主角的"古代设计展"中，是不是看到了历代工匠书写的集句诗呢，不妨再移用一句宋诗作结语，便是"五侯鲭具人间味，百衲衣裒天下工"（孙应时《胡元迈集句作宫词二百首求题跋为书两章》之一）。

图片来源总览

第一章

1　小金盆（春秋）　陕西宝鸡凤翔上郭店村出土　凤翔县博物馆藏　馆方提供

2·1　金盏与镂空金匕　湖北随县擂鼓墩曾侯乙墓出土　湖北省博物馆藏　自摄

2·2　玉耳金铜　浙江绍兴三〇六号战国墓出土　浙江省博物馆藏　自摄

2·3　小金盒（战国）　山东淄博临淄单家庄出土　山东省文物考古研究院藏
自摄

3　云气纹银盘　山东临淄西汉齐王墓陪葬坑出土　齐文化博物院藏　自摄

4　银盒　广州西汉南越王墓出土　西汉南越王博物馆藏　自摄

5　酒器一组　河北赞皇东魏司空李希宗夫妇墓出土　采自《河北考古重要发现：一九四九至二〇〇九》（科学出版社二〇〇九年），页239

6·1　鎏金银碗　内蒙古正镶白旗伊和淖尔北魏墓群三号墓出土　锡林郭勒博物馆藏　自摄；鎏金银碗外壁图案　采自"鉴往知远：新时代考古成果展"展板

6·2　银鎏金胡瓶　宁夏固原南郊北周李贤夫妇墓出土　固原博物馆藏　自摄

7·1　金花银碗　弗利尔美术馆藏　自摄

7·2　鸳鸯莲瓣纹金碗　西安南郊何家村窖藏　陕西历史博物馆藏　自摄

8·1　雅典的希腊建筑遗迹　自摄

8·2　科林斯柱头　阿富汗北部阿伊哈努姆出土　阿富汗国家博物馆藏　自摄

9·1　金花银八棱卮杯　西安韩森寨电车二厂出土　陕西历史博物馆藏　自摄

9·2　缠枝花鸟银盖碗　弗利尔美术馆藏　自摄

9·3　金筐宝钿佩佩件　西安唐李倕墓出土　陕西考古博物馆藏　自摄

金银器的春秋

10·1　恒河女神牙雕　阿富汗贝格拉姆古城遗址出土　阿富汗国家博物馆藏　自摄

10·2　摩竭鱼　印度桑奇大塔栏楯浮雕　自摄

11　银金花摩竭戏珠纹四曲盆　内蒙古鄂尔多斯市杭锦旗出土　鄂尔多斯市博物院藏　自摄

12·1　狮纹金铛　西安南郊何家村窖藏　陕西历史博物馆藏　自摄

12·2　四天王盝顶银金花宝函　法门寺地宫出土　法门寺博物馆藏　自摄

12·3　金镶宝双狮日月牌饰　青海都兰热水墓群二〇一八血渭一号墓出土　自摄

13　玉鹿饰　山西曲沃北赵晋侯墓地出土　山西省考古研究院藏　自摄

14　金鹿饰　辽宁凌源三官甸子青铜短剑墓出土　辽宁省博物馆藏　自摄

15　银平脱双鹿纹漆盒　西安南郊曲江池乡出土　陕西历史博物馆藏　自摄

16·1　卧鹿纹银金花盘　赤峰喀喇沁旗哈达沟窖藏　内蒙古博物院藏　自摄

16·2　银金花鹿纹菱花口三足盘　河北宽城大野鸡峪村出土　河北博物院藏　自摄

17·1　猞猁纹银盘　赤峰敖汉旗李家营子出土　内蒙古博物院藏　自摄

17·2　鹿纹银碗　西安沙坡村出土　中国国家博物馆藏　自摄

18·1～5　金花银龟纹盘等　西安南郊何家村窖藏　陕西历史博物馆藏　自摄

19·1　"大齐天宝元年造"北朝空心砖拓片　晋阳古城遗址出土　晋阳古城博物馆展陈　自摄

19·2～3　北朝空心砖残件　晋阳古城遗址出土　晋阳古城博物馆藏　自摄

20·1　徐显秀墓墓门浮雕　采自太原市文物考古研究所《北齐徐显秀墓》（文物出版社二〇〇五年），图10、图13

20·2　漆樏　安徽马鞍山三国吴朱然墓出土　自摄

21·1　金花银三足罐　西安市东郊国棉五厂六五号墓出土　陕西历史博物馆藏　自摄

21·2　金花银蚌式盒　西安市东郊国棉五厂六五号墓出土　陕西历史博物馆藏　自摄

21·3　银盝顶盒　西安南郊何家村窖藏　陕西历史博物馆藏　自摄

22·1　双凫纹银盒　西安雁塔区月登阁村唐杜华墓出土　陕西考古博物馆藏　自摄

22·2　凫衔绶带纹银匜　西安南郊何家村窖藏　陕西历史博物馆藏　自摄

22·3　金花银花鸟纹碗　西安沙坡村出土　故宫博物院藏　自摄

23·1　鸿雁花卉纹银杯　西安长安区南里王村景龙二年韦泂墓出土　陕西考古

博物馆藏　自摄

23·2　毯路鸿雁纹金花银笼子　法门寺地宫出土　法门寺博物馆藏　自摄

23·3　鎏金大银盆　白鹤美术馆藏　自摄

23·4　鸿雁纹金花银簪　中国国家博物馆藏　自摄

24·1　银鎏金鹦鹉纹盒盖面　镇江丁卯桥银器窖藏　镇江博物馆藏　自摄

24·2　银金花鹦鹉衔枝纹蝶式盒　印尼勿里洞黑石号沉船出水　新加坡亚洲文明博物馆藏　自摄

24·3　鹦鹉纹银盒　镇江丁卯桥银器窖藏　镇江博物馆藏　自摄

25　唐祥瑞生肖镜　许昌博物馆藏　馆方提供

26　四曲花口荷叶双鱼纹金花银酒船　陕西耀县柳林背阴村出土　陕西历史博物馆藏　自摄

27　双鱼纹金花银碗　西安南郊何家村窖藏　陕西历史博物馆藏　自摄

28　"裴肃进"团凤纹金花银盘　西安北郊坑底村出土　陕西历史博物馆藏　自摄

29　玉盒　河北定州静志寺塔基地宫出土　定州博物馆藏　自摄

30·1　四曲花口金盘　印尼勿里洞黑石号沉船出水　新加坡亚洲文明博物馆藏　自摄

30·2　金委角方盘　印尼勿里洞黑石号沉船出水　新加坡亚洲文明博物馆藏　自摄

31　银盐台荷叶盖　法门寺地宫出土　法门寺博物馆藏　自摄

32　金花银花鸟纹提梁罐盖　西安南郊何家村窖藏　陕西历史博物馆藏　自摄

33　金花银碗　大同市博物馆藏　自摄

34·1　银鎏金菱花口长盘　大英博物馆藏　自摄

34·2　银鎏金小盒　西安市东南洪庆村出土　中国国家博物馆藏　自摄

34·3　银金花人物图香宝子　法门寺地宫出土　法门寺博物馆藏　自摄

35·1　鎏金银豆　杭州临安明堂山水丘氏墓出土　杭州市临安区博物馆藏　自摄

35·2　敦煌莫高窟第一四八窟壁画　采自《敦煌石窟全集·动物画卷》(商务印书馆〔香港〕有限公司一九九九年)，页103

35·3　捧真身菩萨　法门寺地宫出土　法门寺博物馆藏　自摄

35·4　银金花伎乐图香宝子　法门寺地宫出土　法门寺博物馆藏　自摄

36·1　长干寺舍利银椁盖面　镇江甘露寺铁塔塔基地宫出土　镇江博物馆藏　馆方提供

36·2　银椁盖面　陕西临潼庆山寺塔基地宫出土　临潼博物馆藏　自摄

37·1　银金花大盘　赤峰喀喇沁旗哈达沟窖藏　内蒙古博物院藏　自摄

37·2　银鎏金大盆　白鹤美术馆藏　自摄

38·1　“李勉奉进”双鲤纹金花银盘　西安西北工业大学基建工地出土　西安博物院藏　自摄

38·2　银金花大盘　赤峰喀喇沁旗哈达沟窖藏　内蒙古博物院藏　自摄

39·1　银胡瓶　河北宽城大野鸡峪村出土　河北博物院藏　自摄

39·2　银高足杯　西安沙坡村出土　中国国家博物馆藏　自摄

39·3　环柄单耳银杯　西安沙坡村出土　中国国家博物馆藏　自摄

40　银胡瓶　赤峰敖汉旗李家营子出土　内蒙古博物院藏　自摄

41　莲瓣龙纹银碗　西安长安区岔道口村唐永隆二年李孝则墓出土　陕西考古博物馆藏　自摄

42　银鎏金仕女狩猎纹杯　西安南郊何家村窖藏　陕西历史博物馆藏　自摄

43　银鎏金仕女狩猎纹杯　西安未央区大明宫乡马旗寨出土　西安博物院藏　自摄

44　金篚簾　阿富汗北部席巴尔甘大月氏贵族墓地四号墓出土　阿富汗国家博物馆藏　自摄

45　粟特银碗　弗利尔美术馆藏　自摄

46　银鎏金海兽水波纹碗　西安南郊何家村窖藏　陕西历史博物馆藏（内壁自摄，外壁采自《花舞大唐春：何家村遗宝精粹》，文物出版社二〇〇三年）

47　狮纹金铛　西安南郊何家村窖藏　陕西历史博物馆藏　自摄

48·1～2　鸳鸯莲瓣纹金碗　西安南郊何家村窖藏　陕西历史博物馆藏　自摄

49　金花大银盆　法门寺地宫出土　法门寺博物馆藏　自摄

50　錾花金壶　陕西咸阳西北医疗器械厂工地出土　咸阳市博物馆藏　自摄

51·1～2　银提梁酒樽、银酒勺　四川广元旺苍县银器窖藏　旺苍县文管所藏　自摄

52·1　大同七里村北魏墓群二十九号墓壁画　采自《文物》二〇二三年第一期页48，图二九

52·2　银鸬鹚杓　河南偃师杏园唐墓出土　中国社会科学院考古研究所藏　自摄

52·3　银鸬鹚杓　安徽肥东县出土　安徽博物院藏　自摄

53　陕西长安县南里王村唐墓壁画　采自《中国美术全集·绘画编·12·墓室壁画》（文物出版社一九八九年），图一二五

54　鎏金大银盆　白鹤美术馆藏　自摄

55　唐赵逸公墓出土壁画　洛阳古代艺术博物馆藏　自摄

56　“宣徽酒坊”款银酒注　西安市西郊鱼化寨出土　陕西历史博物馆藏　自摄

57·1～3　银酒注　四川广元旺苍县银器窖藏　旺苍县文管所藏　自摄

58　银鎏金伎乐图酒注　四川广元旺苍县银器窖藏　旺苍县文管所藏　自摄

59　金花银双鱼榼　赤峰喀喇沁旗哈达沟窖藏　内蒙古博物院藏　自摄

60　银金花舞马衔杯纹壶　西安南郊何家村窖藏　陕西历史博物馆藏　自摄

61·1　银金花鸿雁纹四曲碗　陕西耀县柳林背阴村出土　陕西历史博物馆藏　自摄

61·2　"宣徽酒坊宇字字号"鸿雁纹银碗　陕西耀县柳林背阴村出土　陕西历史博物馆藏　自摄

61·3　银金花团窠鸿雁纹四曲花口碗　四川广元旺苍县银器窖藏　旺苍县文管所藏　自摄

61·4　鹦鹉纹五曲花口银碗　武功县文化馆藏　自摄

61·5　银金花双鱼纹四曲花口碗　印尼勿里洞黑石号沉船出水　新加坡亚洲文明博物馆藏　自摄

62·1　银金花小簇花纹盖碗（酒海）　西安南郊何家村窖藏　陕西历史博物馆藏　自摄

62·2　银金花折枝花纹盖碗（酒海）　西安南郊何家村窖藏　陕西历史博物馆藏　自摄

63·1　金筐宝钿装金卮　西安南郊何家村窖藏　陕西历史博物馆藏　自摄

63·2　八伎乐金卮　西安南郊何家村窖藏　陕西历史博物馆藏　自摄

63·3　八伎乐鎏金银卮　西安南郊何家村窖藏　陕西历史博物馆藏　自摄

64　粟特银杯　弗利尔美术馆藏　自摄

65　缠枝花鸟银卮　弗利尔美术馆藏　自摄

66·1　金錾花七棱鋬耳杯　内蒙古阿鲁科尔沁旗辽耶律羽之墓出土　内蒙古文物考古研究所藏　自摄

66·2　金錾花八棱鋬耳杯　内蒙古通辽吐尔基山辽墓出土　内蒙古文物考古研究所藏　自摄

66·3　银鎏金杯盘一副　巴林右旗洪格尔苏木哈鲁辽墓出土　巴林右旗博物馆藏　自摄

67　银鎏金花鸟纹耳杯／盏心　西安南郊何家村窖藏　陕西历史博物馆藏　自摄

68　双鱼纹金盏银盘（盘盏一副／盏心）　河南伊川鸦岭唐齐国太夫人墓出土　河南博物院藏　自摄

69·1　银金花摩竭戏珠莲叶纹承盘　四川广元旺苍县银器窖藏　旺苍县文管所藏　自摄

69·2　银鎏金莲花纹承盘　长沙中南工业大学桃花岭唐墓出土　长沙市博物馆

藏　自摄

69·3　银鎏金莲花鲇鱼纹承盘　繁峙县金山铺乡上浪涧村窖藏　山西博物院藏
自摄

70·1　银长杯　赤峰敖汉旗李家营子出土　内蒙古博物院藏　自摄

70·2　金花银多曲长杯　白鹤美术馆藏　自摄

70·3　银多曲长杯　维多利亚与阿尔伯特博物馆藏　自摄

71　金摩竭纹四曲长杯（酒船）　西安市太乙路出土　陕西历史博物馆藏　自摄

72·1　金花银酒船　陕西耀县柳林背阴村出土　陕西历史博物馆藏　自摄

72·2　金花银酒船　西安博物院藏　自摄

72·3　银鎏金酒船　河南三门峡市第二面粉厂出土　河南博物院藏　自摄

72·4　金花银酒船　呼和浩特和林格尔县出土　内蒙古博物院藏　自摄

72·5　摩竭戏珠纹银酒船　浙江长兴下莘桥窖藏　长兴博物馆藏　自摄

72·6　鸿雁衔瑞纹金酒船　印尼勿里洞黑石号沉船出水　新加坡亚洲文明博物
馆藏　自摄

73·1～2　银酒船　四川广元旺苍县银器窖藏　旺苍县文管所藏　自摄

73·3　银酒船　湖南麻阳旧县银器窖藏　麻阳博物馆藏　湖南省博物馆提供

74　银素面盏（觚盏）　镇江丁卯桥银器窖藏　镇江博物馆藏　自摄

75　银鎏金龟负“论语玉烛”笼台　镇江丁卯桥银器窖藏　镇江博物馆藏　自摄

76　银鎏金纛与令旗　镇江丁卯桥银器窖藏　镇江博物馆藏　自摄（令旗之一顶
端有矛者为馆方提供）

77　银鎏金酒筹　镇江丁卯桥银器窖藏　镇江博物馆藏　自摄

78　银金花壘子　法门寺地宫出土　法门寺博物馆藏　自摄

79　银金花五曲碟　法门寺地宫出土　法门寺博物馆藏　自摄

80　六出花口银金花碟　西安曲江池村出土　西安博物院藏　自摄

81·1　银金花狮纹六曲三足盘　西安东郊八府庄唐大明宫东苑遗址出土　中国
国家博物馆藏　自摄

81·2　“裴肃进”团凤纹银金花盘　西安北郊坑底村出土　陕西历史博物馆藏
自摄

82·1　银金花双凤戏珠纹菱花口长盘　镇江丁卯桥银器窖藏　镇江博物馆藏　自摄

82·2　银金花人物故事图菱花口长盘　西安博物院藏　自摄

82·3　菱花口素面长盘　四川广元旺苍县银器窖藏　旺苍县文管所藏　自摄

83　唐昭陵房陵公主墓壁画（摹本）　采自张鸿修《中国唐墓壁画集》(岭南美术
出版社一九九五年)，图五三

84·1～2　银酒勺与银匙　镇江丁卯桥银器窖藏　镇江博物馆藏　自摄

85·1～3　银酒勺与银匙　浙江长兴下莘桥银器窖藏　长兴博物馆藏　自摄

86　银香炉　法门寺地宫出土　法门寺博物馆藏　自摄

87　银金花香炉　法门寺地宫出土　法门寺博物馆藏　自摄

88·1～3　银金花朵带环子五足炉与银金花人物图香宝子　法门寺地宫出土　法门寺博物馆藏　自摄

89·1　"张宗礼进"银香炉　法门寺地宫出土　法门寺博物馆藏　自摄

89·2　"杨复恭"大银香炉　法门寺地宫出土　法门寺博物馆藏　自摄

90·1　银金花香龟　法门寺地宫出土　法门寺博物馆藏　自摄

90·2　银香龟　繁峙县金山铺乡上浪涧村窖藏　山西博物院藏　自摄

91　"咸通十三年文思院造银白成手炉"　法门寺地宫出土　法门寺博物馆藏　自摄

92·1～2　银香筯与银香匙　法门寺地宫出土　法门寺博物馆藏　自摄

93　银香案　法门寺地宫出土　法门寺博物馆藏　自摄

94·1　银鎏金花鸟纹香囊　西安南郊何家村窖藏　陕西历史博物馆藏　自摄

94·2　金花银香囊　法门寺地宫出土　法门寺博物馆藏　自摄

95　"暖药"金铫　西安南郊何家村窖藏　陕西历史博物馆藏　自摄

96·1～2　长柄银铫与银提梁釜　洛阳伊川鸦岭乡唐齐国太夫人墓出土　河南博物院藏　自摄

97　文思院造银金花茶碾子　法门寺地宫出土　法门寺博物馆藏　自摄

98　文思院造银金花茶罗子　法门寺地宫出土　法门寺博物馆藏　自摄

99　银盐台　法门寺地宫出土　法门寺博物馆藏　自摄

100·1　毬路鸿雁纹金花银笼子　法门寺地宫出土　法门寺博物馆藏　自摄

100·2　金银丝结条笼子　法门寺地宫出土　法门寺博物馆藏　自摄

101·1　金花银花鸟纹提梁罐　西安南郊何家村窖藏　陕西历史博物馆藏　自摄

101·2　三足小银罂　西安唐李倕墓出土　陕西考古博物馆藏　自摄

102　银金花小盒　西安国棉五厂住宅小区唐墓出土　陕西省考古研究院藏　自摄

103·1　金鸳鸯比目鱼盒　绵竹博物馆藏　自摄

103·2　折枝花卉狮鹿纹银盒　洛阳东郊十里铺村东明小区出土　洛阳博物馆藏　自摄

103·3　金花银缠枝对鸟纹花叶式盒　印尼勿里洞黑石号沉船出水　新加坡亚洲文明博物馆藏　自摄

103·4　花鸟鸳鸯纹银盒　印尼勿里洞黑石号沉船出水　新加坡亚洲文明博物馆藏　自摄

103·5　银鎏金犀牛纹盒　白鹤美术馆藏　自摄

103·6　金花银瓜形盒　弗利尔美术馆藏　自摄

103·7　鸳鸯纹金盒　山西博物院藏　自摄

103·8　龟背纹银盒　河南巩义天玺尚城出土　河南省巩义市文物考古研究所藏　自摄

104·1　金象生龟盒　四川绵竹大东街商业场出土　绵竹博物馆藏　自摄

104·2　青斑石鳖合子　日本正仓院藏　采自《正仓院展》(第七十五回)，图41

105　金花银石榴花纹盒　西安南郊何家村窖藏　陕西历史博物馆藏　自摄

106　双狮纹金花银盒　法门寺地宫出土　法门寺博物馆藏　自摄

107　银金花鸿雁纹穿心盒　白鹤美术馆藏　自摄

108　银盝顶盒　西安南郊何家村窖藏　陕西历史博物馆藏　自摄

109　银平脱漆盒残片　洛阳北郊唐颍川陈氏墓出土　洛阳博物馆藏　自摄

110·1　金银平脱镜　西安东郊韩森寨出土　陕西历史博物馆藏　自摄

110·2　银平脱花鸟狩猎纹镜　上海博物馆藏　自摄

111·1　瑞兽葡萄纹金背镜　西安灞桥区马家沟唐太州司马阎识微夫妇墓出土　西安市博物院藏　自摄

111·2　鸟兽葡萄纹银背镜　西安唐李倕墓出土　陕西考古博物馆藏　自摄

112　纯银阿育王塔　杭州雷峰塔遗址出土　浙江省博物馆藏　自摄

113·1　金碗　杭州临安吴越国钱镠墓出土　自摄

113·2　金花口盘　杭州临安吴越国钱镠墓出土　自摄

113·3　金匙　杭州临安吴越国钱镠墓出土　自摄

113·4　金筯　杭州临安吴越国钱镠墓出土　自摄

113·5　金盒　杭州临安吴越国钱镠墓出土　自摄

114·1　银鎏金嵌宝包镶漆奁匣盖内　通辽科左后旗吐尔基山辽墓出土　内蒙古文物考古研究所藏　自摄

114·2　银鎏金双凤衔花纹果盘　通辽阿鲁科尔沁旗耶律羽之墓出土　内蒙古文物考古研究所藏　自摄

115　银莲花盏　巴林右旗友爱村窖藏　巴林右旗博物馆藏　自摄

116　金錾花折肩罐　通辽科左后旗吐尔基山辽墓出土　内蒙古文物考古研究所藏　自摄

117　摩竭戏珠纹银盘　凌源小喇嘛沟辽墓出土　凌源市博物馆藏　自摄

118　金花银鹿纹皮囊式壶　赤峰郊城子公社出土　中国国家博物馆藏　自摄

第二章

1·1　银长瓶　四川蓬安南燕乡龙滩子村窖藏　蓬安文管所藏　自摄

1·2　云鹤纹银长瓶一对　四川彭州金银器窖藏　彭州市博物馆藏　自摄

1·3　三卷如意云头纹银长瓶一对　四川彭州金银器窖藏　彭州市博物馆藏　自摄

1·4　龙牙蕙草纹银长瓶　南京江浦南宋张同之墓出土　南京市博物总馆藏　自摄

2·1　《孝经图》　辽宁省博物馆藏　自摄

2·2　金花银盆　福建邵武故县窖藏　邵武市博物馆藏　自摄

2·3　银盆　江西星子县陆家山窖藏　江西省博物馆藏　自摄

2·4　银鎏金盆　江苏溧阳平桥南宋窖藏　镇江博物馆藏　自摄

3·1　银注子一副　四川彭州金银器窖藏　彭州市博物馆藏　自摄

3·2　泸县宋墓石刻　泸县博物馆藏　自摄

4　银注子一副　四川德阳孝泉镇清真寺窖藏　四川博物院藏　自摄

5　银鎏金团窠式对鸟纹注子一副　福州茶园山许峻墓出土　福建博物院藏　自摄

6　银台盏一副　杭州临安原高虹中小学出土　杭州市临安区博物馆藏　自摄

7·1～2　银盘盏一副　浙江桐乡骑塘龙吟金家木桥窖藏　桐乡市博物馆　自摄

8·1～2　金盘盏一副　安徽休宁南宋朱晞颜墓出土　安徽博物院藏　自摄

9　"散盏"铭银花口盏　四川南江县玉泉乡欧家河窖藏　南江县博物馆藏　自摄（铭文为馆方提供）

10　金屈卮　浙江兰溪灵洞乡宋墓出土　兰溪市博物馆藏　自摄

11　金盏　福建邵武故县窖藏　邵武市博物馆藏　自摄

12　金釦银酒盂与银承盘　南京江浦南宋张同之夫妇墓出土　南京市博物总馆藏　自摄

13　银鎏金摩竭式酒船　广西南丹县北宋银器窖藏　采自《广西文物珍品》（广西美术出版社二〇〇二年），图二四九

14　银海眼纹委角方盘　成都地区出土　成都博物馆藏　自摄

15　银鎏金鲇鱼戏珠纹漆木柄匙　上海青龙镇遗址隆平寺塔地宫出土　上海博物馆藏　自摄

16·1　银鎏金龙纹箸瓶　浙江东阳金交椅山宋墓出土　东阳市博物馆藏　自摄

16·2　银鎏金团窠式对鸟纹箸瓶　浙江湖州三天门宋墓出土　湖州博物馆藏　自摄

16·3　金箸瓶及匙箸　贵州遵义南宋播州土司杨价夫妇墓出土　贵州省文物考

古研究所藏　自摄

　　17·1　银汤瓶　四川德阳孝泉镇清真寺窖藏　四川博物院藏　自摄

　　17·2　银铫子　四川德阳孝泉镇清真寺窖藏　四川博物院藏　自摄

　　17·3　银托盏一副　四川德阳孝泉镇清真寺窖藏　四川博物院藏　自摄

　　18·1　银托盏一副　绵阳涪城黄家巷窖藏　绵阳市博物馆藏　自摄

　　18·2　银鎏金梅梢月纹茶盏　福州茶园山许峻墓出土　福建博物院藏　自摄

　　19·1～2　银胆瓶　四川彭州金银器窖藏　彭州博物馆藏　自摄

　　19·3～4　仿古纹银瓶　绵阳涪城黄家巷窖藏　绵阳市博物馆藏　自摄

　　20·1　象生花式银鎏金盏·荷花　江苏溧阳平桥窖藏　镇江博物馆提供

　　20·2　象生花式银鎏金盏·千叶莲　江苏溧阳平桥窖藏　镇江博物馆藏　自摄

　　21　银鎏金荷塘纹盘盏一副　衢州市博物馆藏　自摄

　　22·1～2　金菊花盏　四川彭州金银器窖藏　彭州市博物馆藏　自摄

　　23·1　银菊花盏　四川蓬安南燕乡龙滩子村窖藏　蓬安文管所藏　自摄

　　23·2　银菊花盏　重庆南岸涂山窑遗址出土　重庆中国三峡博物馆藏　自摄

　　24　银鎏金菊花盘盏一副　福建邵武故县窖藏　邵武市博物馆藏　自摄

　　25　铜鎏金菊卮　陕西历史博物馆藏　自摄

　　26　银葵花盘　洛阳邙山宋代壁画墓出土　采自《文物》一九九二年第十二期，
图二七：1

　　27　《百花图·蜀葵》　吉林省博物院藏　自摄

　　28　银鎏金葵花盏　四川彭州金银器窖藏　彭州市博物馆藏　自摄

　　29·1　金葵花盏　安徽休宁南宋朱晞颜墓出土　安徽博物院藏　自摄

　　29·2　金葵花盏　江苏金坛水北卫东连出土　金坛区博物馆藏　自摄

　　29·3　金葵花盏　重庆南川区人民医院出土　重庆中国三峡博物馆藏　自摄

　　30　银鎏金葵花盏　哈尔滨市新香坊金墓出土　黑龙江省博物馆藏　自摄

　　31·1　银鎏金水仙花台盏一副　常州沪宁高速芳茂山服务区南宋墓出土　常州
博物馆提供

　　31·2　银水仙花台盏一副　安徽六安花石咀一号墓出土　皖西博物馆藏　自摄

　　32　银鎏金梅梢月纹盘盏一副　福建邵武故县窖藏　邵武市博物馆藏　自摄

　　33　象生花式银鎏金盏·菱花　江苏溧阳平桥窖藏　镇江博物馆提供

　　34·1　金芙蓉花盏　四川安县文星公社胜利大队出土　四川博物院藏　自摄

　　34·2　银芙蓉花盘　四川彭州金银器窖藏　彭州市博物馆藏　自摄

　　35　银芙蓉花盘盏一副　四川蓬安县南燕乡龙滩子村南宋窖藏　蓬安县文管所藏
自摄

36·1　象生花式银鎏金盏·葵花　江苏溧阳平桥窖藏　镇江博物馆藏　自摄

36·2　象生花式银鎏金盏·梅花　江苏溧阳平桥窖藏　镇江博物馆提供

36·3　象生花式银鎏金盏·栀子花　江苏溧阳平桥窖藏　镇江博物馆藏　自摄

37·1～4　银鎏金象生花式盏（牡丹、山茶、菊、海棠）　福建邵武故县窖藏　邵武市博物馆藏　自摄

38·1～3　象生花式银盏（蜀葵、黄蜀葵、芙蓉）　杭州临安原高虹中小学出土　杭州市临安区博物馆藏　自摄

39　金花银蕉叶杯　大都会博物馆藏　自摄

40·1　银釦水晶蕉叶杯　南京北宋长干寺塔地宫出土　南京市博物总馆藏　自摄

40·2　银蕉叶杯　南京江浦南宋张同之墓出土　南京市博物总馆藏　自摄

41　银鎏金枝梗桃杯　江苏溧阳平桥窖藏　镇江博物馆藏　自摄

42　金瓜杯一对　四川彭州金银器窖藏　彭州市博物馆藏　自摄

43　银鎏金果盘　江苏溧阳平桥窖藏　镇江博物馆藏　自摄

44·1～4　银錾折枝花果盘　湖南临澧柏枝乡窖藏　湖南省博物馆藏　自摄

45·1　银錾莲塘鸳鸯果盘　江西星子县陆家山窖藏　江西省博物馆提供

45·2　银錾莲塘仙鹤果盘　江西星子县陆家山窖藏　江西省博物馆藏　自摄

45·3　银錾练鹊聚八仙果盘　江西星子县陆家山窖藏　江西省博物馆藏　自摄

46·1～3　银錾折枝花果盘　四川绵阳涪城黄家巷窖藏　绵阳市博物馆藏　自摄

47·1　银鎏金蝴衔梅花菱花口盘　江阴利港南宋银器窖藏　自摄

47·2　银鎏金蝴衔海棠菱花口盘　江阴利港南宋银器窖藏　自摄

47·3　银鎏金蝴衔山茶菱花口盘　江阴利港南宋银器窖藏　自摄

47·4　银鎏金蝴衔瓜蔓盘　江阴利港南宋银器窖藏　自摄

47·5　银鎏金蝴衔千叶莲盘　江阴利港南宋银器窖藏　自摄

48　银鎏金夔龙衔瑞长盘　北京定陵出土　明十三陵博物馆藏　自摄

49　银鎏金聚八仙果盘　蓬安南燕乡龙滩子村窖藏　蓬安县文管所藏　自摄

50·1　龟游莲叶玉饰　北京市丰台区王佐乡乌古论窝论墓出土　首都博物馆藏　自摄

50·2　龟游莲叶玉饰　上海博物馆藏　自摄

51·1　龟游莲叶鱼藻纹银盘　江苏溧阳平桥窖藏　镇江博物馆藏　自摄

51·2　龟游莲叶纹银盏　杭州临安原高虹中小学出土　杭州市临安区博物馆藏　自摄

51·3　龟游莲叶纹银盏　四川彭州金银器窖藏　彭州市博物馆藏　自摄

52·1　银鎏金四出花口盂　江阴利港南宋银器窖藏　自摄

52·2　螭纹银盏　四川彭州金银器窖藏　彭州市博物馆藏　自摄

52·3　双螭纹银杯盘一副　湖南临澧柏枝乡南宋金银器窖藏　湖南省博物馆提供

52·4　双螭纹金杯盘一副　贵州遵义南宋播州土司杨价夫妇墓出土　贵州省文物考古研究所藏　自摄

53　凤首盖钮注子一副　四川彭州金银器窖藏　彭州市博物馆藏　自摄（注子线图为展厅陈列中的展板）

54　团凤纹花式银盏　杭州临安原高虹中小学出土　杭州市临安区博物馆藏　自摄

55　"凤穴"银盏　四川德阳孝泉镇清真寺宋代窖藏　四川博物院藏　自摄

56　金托盏一副　内蒙古巴彦淖尔市临河区高油房西夏城址出土　内蒙古博物院藏　自摄

57　银鎏金仿古纹杯盘一副　江苏溧阳平桥窖藏　镇江博物馆提供

58　银鎏金四曲花口盘盏一副　江苏溧阳平桥窖藏　镇江博物馆提供

59　仿古纹象钮银注子一副　四川彭州金银器窖藏　彭州市博物馆藏　自摄

60　仿古纹象银注子　贵州遵义南宋播州土司杨价夫妇墓出土　贵州省文物考古研究所提供

61·1　银长瓶（带座）　浙江东阳东郊斯村出土　东阳博物馆藏　自摄

61·2　仿古式蝉纹银盏　江西星子县陆家山窖藏　江西省博物馆藏　自摄

62　金花银台盏一副　浙江义乌柳青乡游览亭村窖藏　义乌市博物馆藏　自摄

63　盏心图案　浙江义乌柳青乡游览亭村窖藏　自摄，图案六摹本　友人摹

64·1　越窑青釉酒台子　故宫博物院藏　采自《紫禁城》二〇〇六年第一期，页32

64·2　高士图玉带銙　杭州临安吴越国钱镠墓出土　自摄

65　银鎏金魁星盘盏一副　福建邵武故县窖藏　邵武市博物馆藏　自摄

66　银鎏金"池养化鱼龙"诗意纹盘　陕西历史博物馆藏　童宇摄

67　银鎏金魁星盘　南昌青云谱出土　江西省博物馆藏　自摄

68·1～4　银錾花粉盒等　福州茶园山端平二年墓出土　福州市博物馆藏　自摄

69　青釉小碟　南京建筑工地出土　采自《南京文物精华·器物编》（上海人民美术出版社二〇〇〇年），页130

70　菱花口银胭脂碟　江西德安南宋咸淳十年周氏墓出土　德安县博物馆藏　自摄

71·1　银荷叶盖罐（油缸）　湖南三天门南宋墓出土　湖州市博物馆藏　自摄

71·2　银盖罐（油缸）　安徽六安花石咀古墓二号墓出土　皖西博物馆藏　自摄

72　柳斗式荷叶盖罐（油缸）　苏州吴中藏书篁村宋墓出土　苏州市吴中区博物馆藏　自摄

73·1～2　银粉盒　江西德安南宋咸淳十年周氏墓出土　德安县博物馆藏　自摄

74　银胭脂盒　陕西蓝田吕氏家族墓园吕仲山夫人墓出土　陕西考古博物馆藏　自摄

75·1　鸾凤纹银盒盖　绵阳涪城黄家巷窖藏　绵阳市博物馆藏　自摄

75·2　团凤纹银盒盖　绵阳涪城黄家巷窖藏　绵阳市博物馆藏　自摄

76　团凤纹银盒盒盖　蓬安南燕乡龙滩子村窖藏　蓬安文管所藏　自摄

77　银鎏金双凤纹葵口盏　福州茶园山许峻墓出土　福建博物院藏　自摄

78　八棱錾花银盏　安徽六安花石咀古墓二号墓出土　皖西博物馆藏　自摄

79　朱漆戗金盏　常州武进村前乡南宋五号墓出土　常州博物馆藏　自摄

80　錾花银盏　元末张士诚母曹氏墓出土　苏州博物馆藏　自摄

81　银炉　宁波天封塔地宫出土　宁波博物馆藏　自摄

82　银炉　四川彭州金银器窖藏　彭州市博物馆藏　自摄

83　鼎式银炉　绵阳涪城黄家巷窖藏　绵阳市博物馆藏　自摄

84　银盏炉　浙江义乌夏演乡流村古井出土　义乌博物馆藏　自摄

85　银鎏金香囊　南京北宋长干寺塔地宫出土　南京市博物总馆藏　自摄

86　带座银香毬　宁波天封塔地宫出土　宁波博物馆藏　自摄

87　银香毬　四川彭州金银器窖藏　彭州博物馆藏　自摄

88　银鎏金莲花鹊尾炉　南京北宋长干寺塔地宫出土　采自《文物》二〇一五年第五期封面

89　团凤茶花纹银香盒　南京北宋长干寺塔地宫出土　南京市博物总馆藏　自摄

90　银鎏金团凤纹香盒　南京北宋长干寺塔地宫出土　南京市博物总馆藏　自摄

91·1～3　团凤纹银盒　定州静志寺塔地宫出土　定州博物馆藏　自摄

92·1　"邓万四郎"款金高脚杯　无锡元钱裕墓出土　无锡博物院藏　自摄

92·2　银马杓　赤峰敖汉旗新丘元代银器窖藏　敖汉旗博物馆藏　自摄

93·1　银船盘盏一副　湖南澧县澧南乡出土　澧县博物馆提供

93·2　《莲舟仙渡图》　故宫博物院藏　采自《宋画全集》第一卷第七册（浙江大学出版社二〇一〇年），图一三七

94　朱碧山银槎杯　故宫博物院藏　采自《中国历代艺术·工艺美术编》（文物出版社一九九四年），图二八七

95·1～2　明黑漆螺钿拔步床　日本京都藤井有邻馆藏　自摄

96·1　金镶宝飞鱼纹执壶　北京城南明万通墓出土　首都博物馆藏　自摄

96·2　金镶宝爵杯与歇爵山盘　北京定陵出土　明十三陵博物馆藏　自摄

97·1　金錾云龙嵌宝葫芦式执壶　故宫博物院藏　自摄

97·2　金嵌松石盒　故宫博物院藏　自摄

98　银镀金咖啡壶　凡尔赛宫与特里亚侬宫国立博物馆藏　自摄

插图

插图：1、2、3、4、6、9、12、15、16、18　彭州博物馆藏　自摄

插图：5、7、8、10、11、13、14、17　采自《四川彭州宋代金银器窖藏》（文物出版社二〇〇三年）

第三章

1·1　玉笄　山东临朐西朱封遗址出土　中国考古博物馆藏　自摄

1·2　嵌绿松石玉簪　山西襄汾陶寺遗址出土　中国考古博物馆藏　自摄

2·1　金耳饰　甘肃玉门火烧沟遗址出土　甘肃省文物考古研究所藏　自摄

2·2　金穿绿松石耳饰　山西石楼县桃花者村出土　山西博物院藏　自摄

2·3　金耳饰　北京延庆军都山玉皇庙春秋墓地出土　首都博物馆藏　自摄

3　金步摇冠饰　辽宁北票房身村二号墓出土　辽宁省博物馆藏　自摄

4·1　银鎏金镶寿字湖石仙鹤簪　巴林右旗白音尔登苏木清荣宪公主墓出土　赤峰博物馆藏　自摄

4·2　银点翠镶珠宝凤鸟花卉簪　苏州博物馆藏　自摄

5·1　银丝髻䯼　无锡明华复诚夫妇墓出土　无锡博物院藏　自摄

5·2　䯼髻与头面的插戴　嘉兴王店李家坟明李湘夫妇墓出土　嘉兴博物馆藏　自摄

6　同心鸟纹金钗　苏州虎丘路新村三国孙吴墓出土　苏州市考古研究所藏　自摄

7　金步摇残件　甘肃高台地埂坡魏晋四号墓出土　高台博物馆藏　自摄

8　金镶宝饰件　太原北齐东安王娄睿墓出土　山西博物院藏　自摄

9　步摇花　西安隋李静训墓出土　中国国家博物馆藏　馆方提供

10·1　银鎏金花钗　西安长安区紫薇花园墓地出土　陕西省考古研究院藏　自摄

10·2　银鎏金步摇　山西永济西厢村出土　山西博物院藏　自摄

10·3　"裴肃进"双凤纹金花银盘　陕西历史博物馆藏　自摄

11　沙洲水禽八曲金盒　陈国公主墓出土　内蒙古文物考古研究所藏　自摄

12·1　金包青金石慈姑叶式耳环　河北易县大北城辽代窖藏　易县博物馆藏　自摄

12·2　金葫芦花叶耳环　河北易县大北城辽代窖藏　易县博物馆藏　自摄

13·1～4　银鎏金并头花簪　江苏江阴观音山窖藏　江阴博物馆藏　自摄

14·1　鹌鹑啄穗图金簪　安庆博物馆藏　馆方提供

14·2　《谷丰安乐图》　台北故宫博物院藏

15·1～2　金步摇　四川阆中市双龙镇宋墓出土　阆中博物馆藏　馆方提供

16·1　绣羽鸣春图金簪　湖南张家界元代金银器窖藏　张家界市文物处提供

16·2　《绣羽鸣春图》　故宫博物院藏　采自《宋画全集》第一卷第八册（浙江大学出版社二〇一一年），图二〇六

17　菊花头金簪　江苏江阴长泾夏彝夫妇墓出土　江阴博物馆藏　自摄

18·1　金镶玉嵌宝牡丹花头银脚簪　浙江临海明王士琦墓出土　浙江省博物馆藏　自摄

18·2　金镶宝花头簪　四川平武王玺家族墓地出土　四川省文物考古研究院藏　自摄

19·1　金镶宝花头簪　湖北蕲春明都昌王朱载塎夫妇墓出土　蕲春县博物馆藏　自摄

19·2　金镶宝花头簪　南京太平门外徐俌夫人墓出土　南京市博物总馆藏　自摄

20　金镶宝花树　常州市红卫出土　常州博物馆藏　自摄

21　金累丝镶宝花树　苏州洞庭红光四队出土　苏州博物馆藏　自摄

22　金镶宝鸟雀登枝花树一对　湖北蕲春彭思镇都昌王妃袁氏墓出土　蕲春县博物馆藏　自摄

23·1　金镶宝蝶赶花簪　无锡大墙门出土　南京博物院藏　自摄

23·2　金镶宝蝶赶花银脚簪一对　江苏江阴青阳邹令人墓出土　江阴博物馆藏　自摄

24　金累丝蜂蝶赶菊花篮簪　浙江临海明王士琦墓出土　浙江省博物馆藏　自摄

25·1　金牡丹花簪　湖北钟祥明郢靖王墓出土　钟祥博物馆藏　自摄

25·2　金牡丹花　南京江宁将军山沐朝辅墓出土　南京市博物总馆藏　自摄

26　金镶宝慈姑叶挑心　南京太平门外板仓徐俌夫人墓出土　南京市博物总馆藏　自摄

27　金镶宝蝶赶菊挑心　湖北蕲春蕲州镇荆王府墓出土　蕲春县博物馆藏　自摄

28·1　花钿簪　浙江永嘉银器窖藏　永嘉县文物馆藏　郑旭明摄

28·2　金镶宝花钿　江苏江阴青阳邹令人墓出土　江阴博物馆藏　自摄

29　金镶宝花钿　湖北蕲春明都昌王朱载塎夫妇墓出土　湖北省博物馆藏　自摄

30　金镶宝花钿　湖北蕲春蕲州镇刘家咀永新王墓出土　蕲春县博物馆藏　自摄

31　鬏髻与头面（王昶妻徐氏）　常州武进王洛家族墓出土　武进博物馆藏　自摄

32　金镶宝群芳吐艳顶簪　湖北蕲春蕲州镇刘家咀明永新王墓出土　蕲春县博物

馆藏　自摄

　　33·1　金镶宝牡丹花顶簪　江阴青阳邹令人墓出土　江阴博物馆藏　自摄

　　33·2　金镶宝顶簪　湖北蕲春明都昌王朱载塔夫妇墓出土　蕲春博物馆藏　自摄

　　34　金牡丹花顶簪　常州王家村明墓出土　常州博物馆藏　自摄

　　35　银鎏金草虫啄针一对　上海卢湾区李惠利中学明墓出土　上海博物馆藏　自摄

　　36　金镶宝螳蛛簪　南京中华门外邓府山佟卜年妻陈氏墓出土　南京市博物总馆藏　自摄

　　37·1　金镶宝菊花螳螂顶簪　常州丽华新村出土　常州博物馆藏　自摄

　　37·2　玉螳螂　山西曲沃晋侯墓地六十三号墓出土　山西省考古研究所藏　自摄

　　38　金镶宝螳螂捕蝉银脚簪　江阴青阳邹令人墓出土　江阴博物馆藏　自摄

　　39·1　金累丝双鸾衔桃步摇一对　北京定陵出土　明十三陵博物馆藏　自摄

　　39·2　金镶玉鹦鹉衔桃嵌宝簪一对　北京定陵出土　明十三陵博物馆藏　自摄

　　40·1　黄鸟石榴金耳环　金坛博物馆藏　自摄

　　40·2　金镶宝桃簪　辽宁鞍山倪家台明崔鑑墓出土　辽宁省博物馆藏　自摄

　　40·3　金累丝镶宝桃簪　重庆江北大竹林明寋义家族墓出土　中国重庆三峡博物馆藏　自摄

　　41·1　《花鸟草虫图卷》　吉林省博物院藏　自摄

　　41·2　银瓜鼠簪　无锡黄氏家族墓出土　无锡博物院藏　自摄

　　42·1　金光葫芦耳环　南京江宁将军山出土　江宁博物馆藏　自摄

　　42·2　金瓜棱葫芦耳环　南京太平门外板仓徐俌夫人墓出土　南京市博物总馆藏　自摄

　　43·1　金累丝葫芦耳环　浙江余杭塘栖超山明墓出土　临平博物馆藏　自摄

　　43·2　金累丝嵌宝葫芦耳环　南通博物苑藏　自摄

　　44·1　金摺丝葫芦耳环　南昌永和大队明戴贤墓出土　江西省博物馆藏　自摄

　　44·2　金摺丝葫芦耳环　绵阳游仙镇吴家村王家梁一号墓出土　绵阳市博物馆藏　自摄

　　45　金镂花葫芦耳环　金坛博物馆藏　自摄

　　46　金镶玉蝶赶梅耳坠　湖北蕲春明都昌王朱祁鑑妃袁氏墓出土　蕲春县博物馆藏　自摄

　　47·1　金镶宝蝶赶菊耳环　江阴青阳邹令人墓出土　江阴博物馆藏　自摄

　　47·2　金镶宝蝶赶花耳环　南昌市通用机械厂明墓出土　江西省博物馆藏　自摄

　　47·3　金镶珠宝蝶赶花耳环　北京定陵出土　明十三陵博物馆藏　自摄

　　48·1　金镶宝蝶赶花钮扣　江西南城明益庄王墓出土　江西省博物馆藏　自摄

48·2　金累丝镶宝蝶赶花钮扣　北京定陵出土　明十三陵博物馆藏　自摄

49　银鎏金累丝镶珠宝蝶赶花顶簪　北京定陵出土　明十三陵博物馆藏　自摄

50·1　金卧狮纹戒指　四川王玺家族墓出土　四川考古研究院藏　自摄

50·2　银狮子戏毬纹戒指　绵阳游仙镇吴家村王家梁一号墓出土　绵阳市博物馆藏　自摄

51　金鸳鸯戒指　四川王玺家族墓出土　四川考古研究院藏　自摄

52　莲塘纹金戒指一对　南京中华门外西善桥出土　南京市博物总馆藏　自摄

53　金蛙戒指一对　湖北蕲春都昌王朱祁鑑妃袁氏墓出土　蕲春县博物馆藏　自摄

54　花鸟草虫册页　上海博物馆藏　自摄

55·1～3、55·5　金带饰　韩城梁带村芮国墓地二十七号墓出土　陕西考古博物馆藏　自摄

55·4　龙纹钺　韩城梁带村芮国墓地二十七号墓出土　梁带村芮国遗址博物馆藏　自摄

56　八龙金带扣　新疆焉耆县博格达沁古城黑疙瘩遗址出土　新疆维吾尔自治区博物馆藏　自摄

57　金指环　南京江宁上坊三国孙吴墓出土　南京市博物总馆藏　自摄

58　银龙簪　山东邹城郭里镇西晋刘宝墓出土　邹城博物馆藏　自摄

59　"延熹三年"六龙戏珠砚　河南南乐县宋耿洛村出土　河南博物院藏　自摄

60　三龙戏珠金钗　苏州虎丘路新村三国孙吴墓出土　苏州市考古研究所藏　自摄

61　金龙簪　甘肃张掖高台地埂坡魏晋四号墓出土　高台博物馆藏　自摄

62　四龙戏珠金钏　咸阳机场唐贺若氏墓出土　咸阳文物保护研究所藏　自摄

63·1　铜鎏金龙首银项链　西安未央区西安中学出土　西安博物院藏　自摄

63·2　菩萨像（二至三世纪）　斯瓦特地区出土　巴基斯坦国家博物馆藏　自摄

64　双龙首金镯一对　四川江口明末战场遗址出土　四川省文物考古研究院藏　自摄

65　海水龙纹金抒腰　辽陈国公主墓出土　内蒙古文物考古研究所藏　自摄

66　银鎏金龙纹抒腰　建平张家营子乡辽墓出土　辽宁省博物馆藏　自摄

67　银蛟龙戏珠簪　浙江永嘉南宋银器窖藏　永嘉县文物馆藏　郑旭明摄

68　金镶琥珀二龙戏珠挑心　南京中华门外佟卜年妻陈氏墓出土　南京市博物总馆藏　自摄

69　金镶宝龙戏珠挑心　无锡明黄氏家族墓出土　无锡博物院藏　自摄

70　金镶珠宝龙纹掩鬓一对之一　北京定陵出土　明十三陵博物馆藏　自摄

71　金镶宝龙戏珠簪　湖北蕲春明都昌王朱载塎夫妇墓出土　蕲春县博物馆藏　自摄

72·1　金事件·耳挖　南通明顾养谦夫妇墓出土　南通博物苑藏　自摄

72·2　金事件·耳挖和挑牙　上海浦东新区明陆深家族墓出土　上海博物馆藏　自摄

73　二龙戏珠金凤簪　江西南城县明益宣王夫妇墓出土　江西省博物馆藏　自摄

74　二龙戏珠金饰　江西南城县明益庄王夫妇墓出土　江西省博物馆藏　自摄

75　对凤衔胜金饰　南京雨花台区冯苇村后头山出土　南京市考古研究院藏　自摄

76　银鎏金花钗　扬州市蓝田大厦二期工地唐井出土　扬州博物馆藏　自摄

77　银花钗　徐州博物馆藏　自摄

78　银鎏金高翅凤冠（公主）　内蒙古奈曼旗辽陈国公主墓出土　内蒙古文物考古研究所藏　自摄

79　金凤衔瑞草耳环　辽宁建平张家营子辽墓出土　辽宁省博物馆藏　自摄

80　花凤纹金戒指　内蒙古巴林右旗哈鲁辽墓出土　巴林右旗博物馆藏　自摄

81　凤衔瓜果金钗　湖北蕲春罗州城遗址南宋金器窖藏　蕲春县博物馆藏　自摄

82　金凤首簪　上海宝山区月浦镇谭思通夫妇墓出土　上海博物馆藏　自摄

83　镶珠宝点翠十二龙九凤冠　北京定陵出土　明十三陵博物馆藏　自摄

84　金镶宝钿花弯凤冠　湖北蕲春刘娘井明墓出土　湖北省博物馆藏　自摄

85　插于凤冠两侧的凤簪　湖北蕲春刘娘井明墓出土　湖北省博物馆藏　自摄

86·1　金累丝凤簪　湖北钟祥明梁庄王墓出土　湖北省博物馆藏　馆方提供

86·2　金累丝凤簪　江西南城县明益端王夫妇墓出土　江西省博物馆藏　自摄

86·3　金累丝凤簪　江西南城县明益庄王夫妇墓出土　中国国家博物馆藏　自摄

86·4　金凤簪　江西南城县明益宣王夫妇墓出土　江西省博物馆藏　自摄

87　金帔坠　湖北钟祥明梁庄王墓出土　湖北省博物馆藏　自摄

88·1　金凤簪（翟）　江西南昌县明辅国将军墓出土　江西省博物馆藏　自摄

88·2　金累丝凤簪（翟）　南京太平门外板仓徐俌夫人墓出土　南京市博物总馆藏　自摄

89·1　金帔坠　南京市板仓明墓出土　南京市博物总馆藏　自摄

89·2　金帔坠　南昌明宁康王女菊潭郡主墓出土　江西省博物馆藏　自摄

90·1　金镶玉嵌宝花鸟纹帔坠　上海卢湾区打浦桥明顾东川夫妇墓出土　上海博物馆藏　自摄

90·2　银鎏金镶玉嵌宝帔坠　上海卢湾区打浦桥明顾东川夫妇墓出土　上海博物馆藏　自摄

91·1　金镶宝凤首簪一对　江西南城县明益宣王墓孙妃棺出土　江西省博物馆藏　自摄

91·2　金镶玉凤簪　南昌青云谱京山学校明墓出土　江西省博物馆藏　自摄

92　金镶宝凤凰挑心　苏州市平望公社胜利大队十一小队出土　苏州博物馆藏　自摄

93　金累丝镶宝凤凰挑心　南昌青云谱京山学校明墓出土　江西省博物馆藏　自摄

94　顾绣《南极呈祥》南京博物院藏　自摄

95·1　金累丝凤穿花鬓钗　南京太平门外徐膺绪墓出土　南京市博物总馆藏　自摄

95·2　金累丝凤穿花簪　南京太平门外板仓徐俌夫人墓出土　南京市博物总馆藏　自摄

96　金凤穿花婴戏图簪一对之一　湖北恩施猫儿堡出土　恩施博物馆藏　馆方提供

97·1　金镶宝凤凰掩鬓　江西南城县明益宣王夫妇墓出土　江西省博物馆藏　自摄

97·2　双凤穿花金掩鬓　南昌青云谱老龙窝明墓出土　江西省博物馆藏　自摄

97·3　云霞双凤金掩鬓　南昌石城明辅国将军朱拱禄墓出土　江西省博物馆藏　自摄

98　金凤凰掩鬓　南昌明宁康王女儿墓出土　江西省博物馆藏　自摄

99·1　金立佛摇叶　安徽当涂姑孰镇三国孙吴墓出土　安徽省考古研究所提供

99·2　金坐佛指环　南昌火车站东晋六号墓出土　采自《文物》二〇〇一年第二期

99·3　金坐佛指环　浙江武义履坦镇履一村出土　武义博物馆藏　自摄

100　金佩饰　长沙仰天湖贺龙体育馆十一号晋墓出土　长沙市博物馆藏　自摄

101　金镶宝耳坠　大同恒安街北魏墓出土　大同博物馆藏　自摄

102·1　金镶宝饰件　河北磁县东魏茹茹公主墓出土　北朝考古博物馆藏　自摄

102·2　泥塑残件　洛阳永宁寺遗址出土　采自《赫奕华丽：北魏洛阳永宁寺出土塑像精粹》(上海书画出版社二〇二三年)，页131

103　伎乐飞仙纹金梳　扬州市区三元路西首建设银行工地出土　扬州博物馆藏　自摄

104·1　银花钗　河南巩义市天玺尚城出土　河南省巩义市文物考古研究所藏　自摄

104·2　迦陵频伽金耳环　巴林右旗和布特哈达辽墓出土　巴林右旗博物馆藏　自摄

105　金掬水月在手图银脚簪　株洲丫江桥元代窖藏　株洲市博物馆提供

106 戏台铜镜 上海徐汇区斜土路明墓出土 上海博物馆藏 自摄

107 金镶珠宝群仙庆寿钿 蕲春荆恭王朱翊钜夫妇墓出土 湖北明代藩王博物馆藏 自摄

108 金镶玉嵌宝王母骑青鸾挑心 江西南城县明益宣王夫妇墓出土 江西省博物馆藏 自摄

109 金累丝嵌宝双龙捧福寿掩鬓一对 江西南城县明益宣王夫妇墓出土 江西省博物馆藏 自摄

110 金镶玉嵌宝群仙庆寿钿 江西南城县明益宣王夫妇墓出土 江西省博物馆藏 自摄

111·1 寿星图金满冠 四川平武王玺家族墓六号墓出土 四川省文物考古研究院藏 自摄

111·2 银鎏金寿星图簪 浙江龙游出土 龙游县博物馆藏 石超提供

112 银鎏金镶宝玉仙人簪 北京定陵出土 明十三陵博物馆藏 自摄

113 银鎏金南极老人跨凤簪 北京定陵出土 明十三陵博物馆藏 自摄

114 刺绣《瑶台跨鹤图》 辽宁省博物馆藏 自摄

115 王母骑凤金挑心 湖北恩施猫儿堡出土 恩施博物馆藏 自摄

116 彩塑描金真武像（北宋） 温州白象塔出土 温州博物馆藏 自摄

117·1 明铜鎏金真武坐像 采自《神游武当：道教千年文物特展》（台北历史博物馆二〇一四年），页213

117·2 真武坐像金挑心 北京市郊明武清侯李伟夫妇墓出土 首都博物馆藏 自摄

118 金坐佛挑心 南京太平门外板仓徐膺绪墓出土 南京市博物总馆藏 自摄

119 金镶宝摩利支天像挑心 湖北蕲春明都昌王朱载塎夫妇墓出土 蕲春县博物馆藏 自摄

120 银鎏金累丝镶宝观音挑心 北京定陵出土 明十三陵博物馆藏 自摄

121 金镶宝观音满冠 四川平武王玺家族墓地十五号墓出土 四川省文物考古研究院藏 自摄

122 金累丝观音阁耳坠 重庆黔江区濯水镇冉维屏妻杨氏墓出土 黔江区文物管理所藏 自摄

123 金镶玉嵌珠宝送子观音挑心 兰州白衣寺塔天宫出土 兰州市博物馆藏 自摄

124 观音变相雕版·鱼篮观音 安徽博物院藏 自摄

125 鱼篮观音金挑心 常熟宝严寺明墓出土 常熟博物馆藏 自摄

126 金镶玉嵌珠宝鱼篮观音挑心 兰州白衣寺塔天宫出土 兰州市博物馆藏 自摄

127 观音金满冠 四川平武王玺家族墓地六号墓出土 四川省文物考古研究院藏 自摄

128 观音银像 江苏宜兴法藏寺北宋地宫出土 宜兴博物馆藏 自摄

129·1 南宋景德镇窑观音像 常州市人防工程宋井出土 常州博物馆藏 自摄

129·2 南宋龙泉窑观音像 武义博物馆藏 自摄

130·1 观音金满冠 四川平武王玺家族墓地八号墓出土 四川省文物考古研究院藏 自摄

130·2 明铜鎏金观音像 上海青浦区泖塔天宫发现 上海博物馆藏 自摄

131 《南都繁会图》 中国国家博物馆藏 自摄

132 三英战吕布银鎏金满冠 蕲春蕲州镇姚垮明荆藩墓出土 蕲春县博物馆藏 自摄

133 元至治建安虞氏刻本《新刊全相平话三国志》插图 采自元刊《三国志平话》

134 四马投唐金满冠 蕲春黄土岭村明荆藩墓出土 蕲春县博物馆藏 自摄

135 瀛洲学士图金掩鬓 重庆江北大竹林明寒义家族墓出土 重庆中国三峡博物馆藏 自摄

136 瀛洲学士图金掩鬓 四川平武王玺家族墓地五号墓出土 四川省文物考古研究院藏 自摄

137·1 掬水月在手图金簪 武进前黄明墓出土 武进博物馆藏 自摄

137·2 《金盆捞月图》 上海博物馆藏 采自《中国绘画全集·明·5》（浙江人民美术出版社等二〇〇〇年），图二三七

138·1 唐明皇游月宫金满冠 四川平武王玺家族墓八号墓出土 四川省文物考古研究院藏 自摄

138·2 明朱地金漆明皇游月宫图竹丝盒 北京民俗博物馆藏 自摄

139·1～8 金累丝楼台人物首饰一副 江西南城县明益庄王夫妇墓出土 中国国家博物馆藏 自摄

140 金累丝楼台人物满冠 江苏江阴长泾九房巷明墓出土 江阴博物馆藏 自摄

141 楼台人物金簪 四川平武王玺家族墓地五号墓出土 四川省文物考古研究院藏 自摄

142 《汉宫春晓图》（池亭对弈、理妆） 辽宁省博物馆藏 自摄

143 银鎏金镶宝玉持荷童子簪 北京定陵出土 明十三陵博物馆藏 自摄

144 银鎏金婴戏纹戒指 上海闵行区吴泾镇明何文瑞家族墓出土 采自《上海

明墓》（文物出版社二〇〇九年），彩版三九：5

145　莲花童子金戒指　绵阳市博物馆藏　自摄

146·1　莲花童子耳环　上海卢湾区打浦桥明顾东川夫妇墓出土　上海博物馆藏
自摄

146·2　莲叶童子金耳环　无锡黄氏家族墓出土　无锡博物院藏　自摄

146·3　银鎏金镶宝童子捧寿钮扣　北京定陵出土　明十三陵博物馆藏　自摄

147·1　青花博古图三足炉（崇祯）　故宫博物院藏　自摄

147·2　银鎏金博古纹粉盒　董四墓村明嫔妃墓出土　首都博物馆藏　自摄

147·3　金梁冠　南京中华门外邓府山佟卜年妻陈氏墓出土　南京市博物总馆藏
自摄

148·1　金穿琥珀珍珠耳坠一对　辽陈国公主墓出土　内蒙古文物考古研究所藏
自摄

148·2　金龙舟耳环　辽宁新民巴图营子辽墓　辽宁省博物馆藏　自摄

148·3　银鎏金莲池小景钗　绵竹博物馆藏　自摄

148·4　金累丝游舫簪　浙江临海明王士琦墓出土　浙江省博物馆藏　自摄

148·5　金累丝龙舟簪　北京朝阳区出土　首都博物馆藏　自摄

149　金玎珰七事　湖北恩施猫儿堡出土　恩施博物馆提供（局部为自摄）

150·1～2　金佩饰　安徽当涂姑孰镇三国孙吴墓出土　当涂博物馆藏　自摄

150·3～4　金佩饰　苏州虎丘路新村三国孙吴墓出土　苏州市考古研究所藏
自摄

151·1　银鎏金镶玉喜庆万年嵌宝簪　北京定陵出土　明十三陵博物馆藏　自摄

151·2　金累丝灯笼耳坠　南京鼓楼区出土　南京市博物总馆藏　自摄

151·3　玉兔捣药金耳坠／金镶紫晶月兔簪　北京定陵出土　明十三陵博物馆藏
自摄

152　仙人降五毒金掩鬓一对之一　江苏江阴青阳邹令人墓出土　江阴博物馆藏
自摄

153　金累丝镶宝绵羊引子图簪一对　北京海淀董四墓村明嫔妃墓出土　首都博
物馆藏　自摄

154　金镶宝摩尼挑心　湖北蕲春刘娘井明荆端王次妃刘氏墓　湖北省博物馆藏
自摄

155　金累丝嵌珠宝佛塔挑心　北京定陵出土　明十三陵博物馆藏　自摄

156　菩萨手金簪　浙江东阳金交椅山宋墓出土　东阳市博物馆藏　自摄

157·1　菩萨手金簪　南京江宁殷巷出土　南京市博物总馆藏　自摄

157·2　莲座菩萨手金簪　杭州桃源岭出土　石超提供

158·1　金镶珠宝梵文挑心　北京城南明万贵墓出土　首都博物馆藏　自摄

158·2　金镶宝梵文挑心　常熟明温州知府陆润墓出土　常熟博物馆藏　自摄

158·3　梵文银盘　江苏金坛洮西公社湖溪大队元代窖藏　镇江博物馆藏　自摄

159　嵌绿松石腕饰　山西临汾下靳墓地出土　山西省考古研究院藏　自摄

160　嵌绿松石铜牌饰　河南偃师二里头遗址出土　中国考古博物馆藏　自摄

161　金玉珠宝腰带　张家川马家塬墓地十六号墓出土　甘肃省文物考古研究所藏　自摄

162　金镶绿松石凤钗　青海都兰热水 2008 血渭一号墓出土　摄于青海省博物馆

163·1　银鎏金带钩　西安未央区尤家庄出土　西安博物院藏　自摄

163·2　银鎏金嵌玉镶琉璃珠带钩　河南辉县战国墓出土　中国国家博物馆藏　自摄

163·3　错金银嵌金玉铁带钩　信阳长台关楚墓出土　中国国家博物馆藏　自摄

164　金镶玉耳饰一对　内蒙古准格尔旗西沟畔四号墓出土　内蒙古博物院藏　自摄

165　金钉玉八环蹀躞带　咸阳底张湾北周若干云墓出土　陕西考古博物馆藏　自摄

166　玉梁珠宝钿带　陕西长安县南里王村唐窦皦墓出土　陕西考古博物馆藏　自摄

167　银鎏金镶玉钗首　杭州临安吴越国康陵出土　杭州市临安区博物馆藏　自摄

168　银鎏金镶玉步摇　山西永济西厢村出土　山西博物院藏　自摄

169　银镶玉步摇　合肥西郊南唐墓出土　安徽博物院藏　自摄

170　玉龙金钩　广州西汉南越王墓出土　西汉南越王博物馆藏　自摄

171　金镶玉臂环　西安南郊何家村窖藏　陕西历史博物馆藏　自摄

172　玉钗梁　河北定州静志寺塔塔基出土　定州博物馆藏　自摄

173　银镶水晶钗　扬州市蓝田大厦二期工地唐井出土　扬州博物馆藏　自摄

174·1　金穿玉摩竭戏珠耳环　河北易县大北城辽代窖藏　易县博物馆藏　自摄

174·2　银穿玉伞盖耳环　河北易县大北城辽代窖藏　易县博物馆藏　自摄

175　金镶宝包嵌墨玉耳环一对之一　通辽吐尔基山辽墓出土　内蒙古文物考古研究所藏　自摄

176　包金玉簪　浙江龙游寺底袁宋墓出土　龙游博物馆藏　自摄

177　金穿玉荷叶莲苞耳环　哈尔滨市新香坊金墓出土　黑龙江省博物馆藏　自摄

178　金穿玉凤簪　石家庄元史天泽家族墓出土　河北省文物研究所藏　自摄

179　银镶玉竹节簪　上海松江区圆应塔地宫出土　上海博物院藏　自摄

180·1　金累丝镶宝嵌玉牡丹鸾鸟满冠　明梁庄王墓出土　湖北省博物馆藏　馆方提供

180·2　金累丝镶宝嵌玉牡丹鸾鸟掩鬓　明梁庄王墓出土　湖北省博物馆藏　馆方提供

181　金累丝镶玉嵌宝群仙庆寿钿　浙江临海明王士琦墓出土　浙江省博物馆藏　自摄

182·1　金镶玉观音挑心　无锡市仙蠡墩十三号墓出土　南京博物院藏　院方提供

182·2　明成化《新刊全相莺哥孝义传》插图

183·1　银鎏金累丝镶玉嵌宝鱼篮观音挑心　北京定陵出土　明十三陵博物馆藏　自摄

183·2　银鎏金累丝镶玉嵌宝观音挑心　北京定陵出土　明十三陵博物馆藏　自摄

184　金镶宝八珠耳环　明益宣王夫妇墓出土　江西省博物馆藏　自摄

185　顾璘之妻沈氏容像　南京市博物总馆藏　自摄

186·1　金镶宝玉葫芦耳环　南京江宁将军山沐瓒夫人刘氏墓出土　南京市博物总馆藏　自摄

186·2　金镶宝玉葫芦耳环　上海李惠利中学明墓出土　上海博物馆藏　自摄

187·1　金镶玉寿字耳环　晋城泽州县陡坡村明张光奎墓出土　晋城博物馆藏　自摄

187·2　金镶玉寿字耳坠　江西南城县明益庄王夫妇墓出土　江西省博物馆藏　自摄

188　金累丝镶玉灯笼耳坠　兰州上西园明肃藩郡王墓出土　甘肃省博物馆藏　赵丰摄

189·1　金累丝镶宝玉鸭图掩鬓　无锡博物院藏　自摄

189·2　金蟾玉荷叶银脚簪　无锡博物院藏　自摄

190　明王翘《草虫花蝶图》　苏州博物馆藏　自摄

191　明郝杰夫人吴氏容像　蔚县博物馆藏　自摄

192　金蝉玉叶簪　苏州五峰山张安晚家族墓出土　南京博物院藏　自摄

193　金玉佩件　辽宁鞍山倪家台崔源家族墓出土　鞍山博物馆藏　自摄

194　金镶玉玎珰三事　苏州博物馆藏　自摄

195　金镶宝玉玎珰七事　南京太平门外板仓徐达家族墓地六号墓出土　南京市博物总馆藏　自摄

196　金镶玉玎珰七事　湖北蕲春明荆恭王墓出土　湖北明代藩王博物馆藏　自摄

197·1～7　金厢玉宝寿福禄首饰一副　北京定陵出土　明十三陵博物馆藏　自摄

198·1～6　金镶宝玉龙戏珠首饰一副　北京定陵出土　明十三陵博物馆藏　自摄

199　金累丝镶玉虫珠石蝴蝶簪　故宫博物院有偿提供

200·1　金丝髳髻　无锡明墓出土　无锡博物院藏　自摄

200·2　金西番莲纹挑心　南京江宁将军山明沐瓒夫人刘氏墓出土　南京市博物总馆藏　自摄

200·3　金镶宝日月纹掩鬓一对　江西南城县明益端王夫妇墓出土　江西省博物馆藏　自摄

200·4　金镶宝花钿　苏州市平望公社胜利大队十一小队出土　苏州博物馆藏　自摄

200·5　髳髻背面的满冠　江苏武进王洛家族墓出土　武进博物馆藏　自摄

200·6　银鎏金镶玉嵌宝蝶赶菊顶簪　北京定陵出土　明十三陵博物馆藏　自摄

200·7　金镶宝八珠耳环　南昌市通用机械厂明墓出土　江西省博物馆藏　自摄

200·8　金镶宝蝶赶花钮扣　北京丰台宋家庄出土　首都博物馆藏　自摄

200·9　金镶宝戒指　重庆江北区大竹林明蹇义家族墓出土　中国重庆三峡博物馆藏　自摄

200·10　金连珠镯　四川平武明王玺家族墓地出土　平武县文管所藏　自摄

200·11　金坠领　北京城南明万贵墓出土　首都博物馆藏　自摄

附　论

1　兽面金饰　张家川马家塬墓地出土　甘肃省文物考古研究所藏　自摄

2　张家川马家塬墓地十四号墓随葬车复原　甘肃省文物考古研究所藏　自摄

3·1　车轮金饰　张家川马家塬墓地三号墓出土　甘肃省文物考古研究所藏　自摄

3·2　马家塬出土车轮饰件复原　甘肃省文物考古研究所藏　自摄

4　车轮银饰　张家川马家塬墓地十六号墓出土　甘肃省文物考古研究所藏　自摄

5·1　金饰　张家川马家塬墓地十六号墓出土　甘肃省文物考古研究所藏　自摄

5·2　贴银铁泡　张家川马家塬墓地一号墓出土　甘肃省文物考古研究所藏　自摄

6　错金银猿形带钩　山东曲阜鲁国故城遗址三号墓出土　孔子博物馆藏　自摄

7　金神兽　陕西神木纳林高兔匈奴墓出土　陕西历史博物馆藏　自摄

8　铜鎏金当卢　山东章丘洛庄汉墓九号陪葬坑出土　济南考古馆藏　自摄

9　金带饰　西安长安区神禾原秦陵一号墓出土　陕西考古博物馆藏　自摄

10　金铜合金双龙纹牌饰（战国）　邯郸赵王陵二号墓出土　邯郸市博物馆藏　自摄

11　镂空螭纹银牌饰　西安长安区神禾原秦陵外藏坑出土　陕西考古博物馆藏　自摄

12　"金方奇"　宁夏盐池青山乡古峰庄村出土　盐池县博物馆藏　自摄

后　记

　　本书《小引》引述《中国史纲》作者《出版自序》中的两项标准以为先例，而《出版自序》下面还有一句话，即"这部书原不是作者创意要写的"。这句话我也可以一字不易照搬在这里，——创意要我写这部书之机会的是浙江人民出版社。虽然因为两年前完成了一部五卷本的《中国金银器》而实在不想重复自己，然而又无法拒绝出版社的满腔热情和前所未遇的诚意，那么最大的问题便是多少要有一点新面貌。感谢泸州博物馆给予四川六县市（绵阳、绵竹、阆中、南江、南充、泸县）及本馆考察与亲抚文物之便。感谢重庆长寿区博物馆惠允仔细观摩特展展品，且一次未足，又得蒙二次邀约。感谢十三陵管理中心的信任和大力支持，得以零距离细审文物，关注了二十多年的金银首饰此番终得了然于诸般细节。因此，尽管可以说此书是《中国金银器》的一个"极简本"，不过毕竟有许多不同，不论自己的认识还是所举实例，当然重复也是难以避免的。坦陈如上，祈请读者诸君荃察。

甲辰二月半